DE L'HORIZON DE LA DOCTRINE HUMAINE LA RESTITUTION UNIVERSELLE

DU MÊME AUTEUR
A LA LIBRAIRIE J. VRIN

Emmanuel KANT : *Recherche sur l'évidence des principes de la Théologie naturelle et de la Morale — Annonce du Programme des leçons durant le semestre d'hiver 1765-1766.* Traduction, Introduction et notes (1966).

Gottfried Wilhelm LEIBNIZ : *La "Réforme de la Dynamique". Le* "De corporum concursu" (1678), *et autres textes et documents inédits* (à paraître dans la collection "Mathesis").

BIBLIOTHÈQUE DES TEXTES PHILOSOPHIQUES
Fondateur : Henri GOUHIER Directeur : Jean-François COURTINE

Gottfried Wilhelm LEIBNIZ

DE L'HORIZON DE LA DOCTRINE HUMAINE

(1693)

Ἀποκατάστασις πάντων
(La Restitution universelle)

(1715)

Textes inédits, traduits et annotés
par
Michel FICHANT

suivis d'une Postface : *"Plus Ultra"*

Ouvrage publié avec le concours du Centre National de la Recherche Scientifique

PARIS
LIBRAIRIE PHILOSOPHIQUE J. VRIN
6, Place de la Sorbonne, V^e^

1991

ISBN 2-7116-1081-0

AVANT-PROPOS

Les textes de Leibniz réunis pour la première fois dans cette édition forment un ensemble dont la cohérence tient à l'unité de la méthode et à l'approfondissement du même thème.

*Louis Couturat avait fait état de l'*Horizon de la Doctrine humaine *dans la* Logique de Leibniz *(1901) comme dans sa publication d'*Opuscules et fragments inédits *(1903), mais avait renoncé à le reproduire* in extenso, *en se bornant à résumer l'argument en quelques lignes dont la brièveté pouvait induire en erreur sur sa portée exacte.*

Nous savons par l'avancement de l'édition de la Correspondance que ce mémoire, élaboré vraisemblablement en septembre 1693, était destiné par Leibniz à l'Académie des Sciences de Paris et fut envoyé à son Président, l'Abbé Bignon.

*Bien plus tard, au début de l'été 1715, Leibniz s'entretint avec le directeur adjoint du Gymnasium de Wolfenbüttel Adam Theobald Overbeck de la « révolution ou palingénésie de toutes choses ». Il rédigea à cette occasion deux versions successives d'une méditation qui fait suite aux thèses développées dans l'*Horizon. *La première est intitulée* Ἀποκατάστασις πάντων *; la seconde, complétée et précisée, a pour titre le seul mot d'*Ἀποκατάστασις. *C'est elle qui a été éditée, sous le titre qui est en fait celui du premier état du texte, par Max Ettlinger, en Appendice à sa conférence* Leibniz als Geschichtsphilosoph *(1921). Cette plaquette assez rare ne se trouve plus que dans quelques bibliothèques ; la traduction allemande d'Ettlinger, comme Dietrich Mahnke l'a relevé, était assez défectueuse. Une autre traduction, annotée et précédée d'un bref commentaire, a été proposée en 1963 par M. Hans Georg*

Schmitz, mais ce travail n'a pas été publié ; la bibliothèque de Hanovre en possède un exemplaire dactylographié, que j'ai consulté.

*On trouvera donc dans le présent volume le texte de l'*Horizon de la doctrine humaine, *dans le beau français de Leibniz, ainsi que deux morceaux en latin : l'un est l'exorde d'un développement équivalent du même sujet sous le même titre, l'autre une note de réflexion qui marque en quelque sorte un jalon sur la voie de l'*Ἀποκατάστασις. *J'y ai joint la reproduction de deux fragments apparentés déjà connus grâce à Louis Couturat et Eduard Bodemann.*

*Sont ensuite retranscrites, et accompagnées d'une traduction, les deux versions, en latin, de l'*Ἀποκατάστασις, *dont la première est inédite. La confrontation des deux états du texte pourra suggérer des enseignements sur la manière de penser de Leibniz et sur l'interprétation de l'argument. Ainsi, la simplification même du titre en* Ἀποκατάστασις *n'est-elle sans doute pas gratuite. J'ai néanmoins conservé, non sans hésitation, l'appellation reçue d'*Ἀποκατάστασις πάντων *sur la page de titre de cet ouvrage ; depuis Ettlinger, c'est sous elle que le texte a été cité et commenté par tous ceux dont il a retenu l'attention.*

Dans un premier Appendice sont réunis quelques extraits des lettres de Leibniz et de ses correspondants, qui éclairent l'histoire des écrits principaux. Les morceaux de la correspondance avec Overbeck sont inédits.

Un second Appendice offre une traduction des extraits, publiés par Gurhauer, du compte-rendu fait par Leibniz en allemand de l'ouvrage du théologien Johann Wilhelm Petersen Μυστήριον Ἀποκατάστασεως πάντων. *La présentation historique de l'Introduction en fera comprendre la raison.*

Des notes donnent au lecteur quelques éléments utiles à l'intelligence des textes, du point de vue de leur insertion dans la cohérence de l'œuvre leibnizienne et de leur situation dans l'histoire des idées.

On accordera que l'objet principal de mon travail d'édition a été de rendre accessibles et lisibles les textes de Leibniz. Mais commencé depuis longtemps, il ne pouvait pas ne pas entretenir, au fil du temps, une réflexion philosophique qui a peu à peu pris la forme d'un essai, que j'ai renvoyé à la suite des textes dans une Postface qu'on lira, si l'on veut, comme une partie indépendante de l'ouvrage.

*On sait déjà qu'il est question dans l'*Horizon de la doctrine humaine *de Combinatoire, et c'est donc l'occasion de mentionner ici les importants travaux consacrés à ce sujet par le Professeur Eberhard Knobloch et recueillis dans deux volumes, le premier d'étude historique et mathématique, le second d'édition de manuscrits :* Die mathematischen Studien von G.W. Leibniz zur Kombinatorik *(Studia Leibnitiana Supplementa, vol. XI et XVI, 1973 et 1976). Connaissant l'intérêt que je portais depuis longtemps à l'*Horizon de la doctrine humaine, *M. Knobloch ne l'avait pas retenu dans un recueil où il avait naturellement sa place, afin de me laisser toute liberté de l'éditer à ma guise. Je suis heureux de trouver enfin l'occasion de le remercier d'une marque de confiance qui en honore le bénéficiaire.*

J'ai disposé pour la préparation de cette édition de l'accueil et du concours de la Landesbibliothek de Hanovre. Ma reconnaissance s'adresse tout spécialement à son ancien Directeur le Professeur Wilhelm Totok, et n'oublie pas la mémoire du Professeur Kurt Müller, qui fut directeur du Leibniz-Archiv, et dont les secours me furent précieux lorsque je commençai à m'exercer au déchiffrement des manuscrits.

Yvon Belaval avait dès l'origine souhaité et encouragé cette publication de textes leibniziens comme d'autres qui vont la suivre. Qu'il ne soit plus là pour en recevoir l'aboutissement me fait mesurer davantage, et tristement, tout ce que ses jugements et ses avis auraient trouvé à redresser et à éclairer dans mon propre travail.

Je ne peux enfin dissocier l'un de l'autre, dans un même témoignage où la gratitude et l'amitié se confortent, Gerda Utermöhlen et le Professeur Albert Heinekamp, envers qui ma dette est grande. Puisse la réalisation tardive d'une ancienne promesse leur en rendre, partiellement, le tribut.

INTRODUCTION*

§ **1.** Leibniz écrit pour la première fois à l'Abbé Jean-Paul Bignon[1] le 19 octobre 1693. Auprès du Président (depuis 1691) de l'Académie des Sciences de Paris, il s'autorise du témoignage de Paul Pellisson-Fontanier, décédé le 2 février de la même année ; l'interlocuteur de la discussion sur la réunion des Églises avait aussi été, avec plus de dévouement que de réussite, l'intercesseur de la tentative visant à faire recevoir la dynamique leibnizienne dans l'Académie[2]. Or celle-ci vient de se doter, paraît-il, d'un organe

* Convenons une fois pour toutes que nous ne retiendrons, pour les lettres de Leibniz qui portent deux dates, que celle du « nouveau style » ou calendrier grégorien. Dans notre Introduction, comme dans les notes et la Postface, l'orthographe des citations sera modernisée ; les références des textes de Leibniz ou de ses correspondants seront données entre parenthèses après la citation, et à l'aide des sigles qu'on trouvera rappelés pages 211-2. Les citations traduites par nous du latin seront identifiées par le sigle *L* suivant la référence.

1. Jean-Paul Bignon (1662-1745), Prêtre de l'Oratoire, membre de l'Académie Française et membre honoraire de l'Académie des Inscriptions et Belles-Lettres, fut nommé simultanément en 1691 membre honoraire et « Chef » de celle des Sciences, à l'instigation de son oncle Pontchartrain, alors Contrôleur général des finances et Protecteur de l'institution savante. Leibniz correspondra avec lui jusqu'à sa mort.

2. Paul Pellisson-Fontanier (1624-1693), juriste et historiographe, membre de l'Académie française, était un protestant converti au catholicisme. Leibniz entra en relation avec lui en 1690 par l'entremise de Marie de Brinon, dans le cadre des discussions sur la réunion des Églises et au sujet de ses *Réflexions sur les différends en matière de Religion* 1686 (A I, 6, 73 sq) ; la première lettre adressée directement par Leibniz à Pellisson est du 7 mai 1691 (*ibid.*, 195 sq) ; sur ces relations, voir *Théodicée* §§ 96-97. Sur le rôle de Pellisson auprès de l'Académie des sciences dans l'introduction de la dynamique leibnizienne, voir Pierre Costabel, *Leibniz et la Dynamique,* Paris, 1960, 20 sq.

de publication de ses travaux[3] ; Leibniz ne verrait qu'avantage à figurer au sommaire des prochains Mémoires, d'autant qu'ayant été « presque » nommé académicien sur la fin de son séjour parisien, en 1676, il continue de se considérer comme « membre honoraire » de l'institution[4] :

> « Un ami me manda que Messieurs de l'Académie Royale n'auraient point de répugnance d'accorder place dans leurs mémoires à quelques productions de mon cru, en ne me considérant pas tout à fait comme étranger à leur corps. Mais je ne sais si cet ami n'aura pris la chose un peu trop favorablement pour moi. *En tout cas j'envoie ici une petite méditation dont on fera ce qu'on jugera à propos* » (A I, 9, 591).

3. En 1691 Pontchartrain « voulut que l'Académie donnât chaque mois au public ce qu'elle trouverait de nouveau, ou d'une utilité plus prompte dans les arts. M. l'Abbé Gallois, qui travaillait au Journal des Savants, fut chargé du soin de rendre ces Mémoires publics » (*Histoire de l'Académie Royale des Sciences,* tome II, *Depuis 1686 jusqu'au Renouvellement en 1699,* 1733, 133). C'est là l'origine des *Mémoires de Mathématiques et de Physique tirez des registres de l'Académie Royale des Sciences,* publication mensuelle dont la parution commença en 1692 pour s'achever dès 1693, au moment même où Leibniz proposait sa contribution. Voir Lucien Plantefol, « L'Académie des sciences durant les trois premiers siècles de son existence, ses visages successifs, ses publications », dans : *Institut de France, Académie des Sciences, Troisième Centenaire 1666-1966,* Paris, 1967, 53 sq.

4. La question de l'appartenance de Leibniz à l'Académie des Sciences dès 1676 a été controversée. Voir la mise au point de Claire Salomon-Bayet : « Les Académies scientifiques : Leibniz et l'Académie Royale des Sciences 1672-1676 », dans : *Leibniz à Paris,* Tome I, *Les Sciences,* SL Sup vol. XVII, Wiesbaden 1978, 155-170. La question paraît aujourd'hui plus claire grâce à la publication des premières lettres de Leibniz à Bignon, qui confirment d'ailleurs ce qui se déduisait déjà des autres correspondances connues (A I, 9, 590 et ici même p. 79). Le départ inopiné de Paris pour Hanovre rendit sans objet le dessein déjà bien engagé de donner un emploi d'académicien à Leibniz, qui n'a quant à lui *jamais dit autre chose* de 1677 (lettre à Jean Berthet, A II, 1, 382) à l'extrême fin de sa vie (Lettre à la Comtesse de Kilmansegg du 18 avril 1716, dans le *Recueil* de Des Maizeaux, 1720, vol. 2, 35). C'est Foucher qui donne à Leibniz le titre d'« Académicien honoraire » dans une lettre d'août 1692 (GP 1, 407), tout en confirmant que l'opinion à Paris voulait que la nomination de Leibniz eût été chose acquise en 1676 ; le terme d'« honoraire » ne doit pas en l'occurrence s'entendre comme relevant d'un statut réglementairement défini, mais plutôt comme une reconnaissance informelle de communauté intellectuelle. L'ambiguïté en cette affaire est imputable à l'Académie des sciences elle-même, dont l'*Histoire* antidate la nomination de Leibniz comme « associé étranger », effective en 1699, en la faisant remonter à 1675 (voir *Histoire de l'Académie des Sciences,* tome II, 1733, 365) ; curieusement, le diplôme adressé par Bignon, avec le contreseing de Fontenelle, en date du 13 mars 1700, pour certifier la qualité nouvellement acquise de Leibniz, stipulait : « Le Roy l'ayant dès le mois [un blanc !] 1677 nommé pour l'un de ceux qui composaient alors l'Académie Royale des Sciences, ainsy qu'il est porté ez Registres d'icelle » (document conservé en LH 41, 8, photographie dans K. Müller/G. Krönert, *Leben und Werk von G. W. Leibniz, Eine Chronik,* Frankfurt am Main, 1969, ad p. 152). Or les registres de l'Académie pour cette période ont disparus.

La réponse de Bignon, datée du 19 novembre, ne laisse aucun doute sur le sujet de cette « méditation » et permet d'en identifier sans hésitation le manuscrit conservé par Leibniz dans ses papiers. Car il s'agit, selon ce que Bignon du moins en a retenu, d'une démonstration « exacte et sûre... des bornes de l'esprit humain » (*ibid.*, 623). On reconnaît ainsi, comme d'autres passages connus des correspondances leibniziennes le confirment, le thème de l'opuscule intitulé en bref *De l'Horizon de la Doctrine humaine,* mentionné par ce titre dans le Catalogue descriptif de Bodemann (1895), puis dans l'édition des *Opuscules et Fragments inédits* par Couturat, qui en donnait un résumé assez énigmatique[5]. Bien que ni Leibniz, ni Bignon n'utilisent dans leurs lettres le vocable caractéristique d'*horizon,* dont l'emploi métaphorique était peut-être une innovation, le sous-titre figurant sur le manuscrit LH IV, 5, 9, f. 2r° décrit bien le contenu de l'opuscule comme une « *méditation* touchant le nombre de toutes les vérités ou faussetés possibles, que les hommes tels que nous les connaissons peuvent énoncer... Pour faire voir *les bornes de l'esprit humain,* et son étendue à les connaître ».

De l'Horizon de la Doctrine humaine prend en effet modèle de l'*Arénaire* d'Archimède pour appliquer la Combinatoire ou le calcul des dénombrements à la solution d'un problème simple : déterminer un nombre *plus grand* que celui de tous les énoncés d'une longueur définie, vrais ou faux, et même dénués de sens, formulables à l'aide d'un alphabet fini ; aussi bien, le nombre de tous les livres où ils seraient reproduits. A s'en tenir aux conditions qui rendent le calcul aisément effectuable, on pourra conclure que l'aphorisme de Térence : « Rien n'est dit qui n'ait été dit auparavant » sera strictement vérifié « un jour », quand ceux qui font métier de livres auront enfin épuisé le champ des possibles de l'écriture.

Le manuscrit cité (LH IV, 5, 9, ff. 2-5) couvre huit pages obtenues en pliant deux grandes feuilles insérées l'une dans l'autre. Le texte occupe la moitié gauche des pages, l'espace laissé libre accueillant adjonctions et corrections. Cette présentation, ainsi que la forme de l'écriture, qui trace des lettres presque verticales et nettement séparées, sont caractéristiques d'une étude bien élaborée, qui pourrait être reprise d'un brouillon antérieur (qui aurait disparu) ;

5. Bodemann, *Die Leibniz-Handschriften der Königlichen öffentlichen Bibliothek Hannover,* Leipzig 1895, 83. Couturat, *Opuscules et fragments inédits,* Paris, 1903, 96 ; voir aussi sa *Logique de Leibniz,* Paris 1901, 49 n. 2

en tout cas, le document est prêt à être définitivement mis au net pour un envoi ou une publication éventuels. Quelques indications de mise en page, comme le trait continu qui isole le résumé mathématique de Combinatoire, ou la mention marginale en allemand « plaz zu lassen » (laisser de la place), semblent s'adresser au copiste chargé de réaliser le document communicable.

Ce document dont Bignon a accusé réception est aujourd'hui introuvable dans les archives de l'Académie des Sciences. Nous savons toutefois, par le marquis de l'Hôpital qui le rapporte à Leibniz près de deux ans plus tard, que Bignon a bien transmis le texte à l'Abbé Gallois, présenté comme « secrétaire de l'Académie »[6]. Or Jean Gallois était en froid avec Leibniz et faisait partie des adversaires du calcul de l'infini. On peut imaginer qu'il n'a pas mis un grand zèle à diffuser davantage le fruit d'une spéculation, dont Leibniz reconnaissait le caractère singulier et déroutant.

Quoi qu'il en soit, Leibniz verra sa situation vis-à-vis de l'Académie des Sciences définitivement établie lorsque, en vertu des Règlements dont elle se dotera en 1699, il sera nommé tout à fait officiellement cette fois à la première des huit places affectées aux Associés étrangers (voir note 4). Il s'adressera alors au nouveau Secrétaire perpétuel Fontenelle, en des lettres riches de sollicitations et de suggestions ; évoquant à la fin de celle du 26 février 1701 l'éventualité de faire publier certains de ses travaux par l'Académie, il mentionne, plutôt pour mémoire désormais, « une petite recherche... envoyée autrefois à Monsieur le Président, touchant un nombre plus grand que le nombre de toutes les vérités possibles et énonçables par l'esprit humain »[7].

Dans l'état de notre connaissance actuelle de la correspondance postérieure à 1693, nous devons supposer que Leibniz n'a pas davantage songé à donner suite au projet de publier son mémoire,

6. GM 2, 297, lettre du 3 septembre 1695 (ici même p. 82). L'Abbé Jean Gallois (1632-1707), rédacteur du *Journal des Sçavans* de 1666 à 1674, était un protégé de Colbert. Membre de l'Académie des Sciences (1668) et de l'Académie française (1673), il finira sa carrière comme professeur de grec au Collège Royal. Leibniz fit sa connaissance à Paris en 1672, et ils correspondirent jusqu'en 1705. Sur l'état de leurs relations, voir K. Müller / G. Krönert, *o.c.* note 4, 40, et le jugement assez ironique porté par Leibniz sur Gallois à la mort de ce dernier, dans une lettre à Jean Bernouilli, 4 juin 1707, GM 3, 816.

7. A. Birembaut, P. Costabel et S. Delorme, « La Correspondance Leibniz-Fontenelle et les relations de Leibniz avec l'Académie Royale des Sciences en 1700-1701 », *Revue d'Histoire des Sciences* 19 (1966) 115-132 (passage cité 128-129 et ici même p. 84).

sous la forme qu'il lui avait donnée en l'adressant à l'Académie. Il vient ainsi s'ajouter aux ouvrages, projets d'articles et opuscules, mis au net et prêts pour ainsi dire à recevoir le « bon à tirer » que Leibniz, sollicité par ses « distractions » et toujours en mouvement vers d'autres « ouvertures », a conservé par devers lui.

§ 2. Mais si Leibniz ne pense qu'en écrivant, et si chaque expression de sa pensée tend à d'autres pensées qui la développent et en suivent la trace, il est vrai pour cela même qu'un écrit demeure chez lui rarement isolé et n'entre pas dans un réseau de textes renvoyant les uns aux autres. Et la recherche instaurée dans *De l'Horizon...*, dira-t-il au Marquis de l'Hôpital « a encore bien des suites qui... paraissent belles et considérables » (GM 2, 300).

De fait, aux huit pages du mémoire principal viennent s'ajouter, très probablement à la même date, une notice très brève déjà publiée par Bodemann, qui n'est qu'une ébauche du titre (LH IV, 8, f. 68)[8], ainsi qu'une sorte de prologue reproduit par Couturat[9], où le thème de l'horizon de la doctrine est introduit à titre d'exemple des applications variées de l'art des combinaisons, identifié à la « Spécieuse universelle ou Caractéristique » (LH IV, 8, f. 94-95). On peut y discerner, si l'on veut, les linéaments de ce qui aurait pu être un nouveau *De Arte combinatoria,* auquel Leibniz a toujours en effet plus ou moins songé : à coup sûr en 1680, puis à l'occasion de la réédition « sauvage », en 1690, de sa dissertation de jeunesse de 1666[10].

Nous trouvons en outre deux pièces entièrement inédites. La première (LH IV, 5, 9, f. 1) figure sur la double feuille qui sert en quelque sorte de « chemise » au manuscrit du *De l'Horizon...* ; il s'agit d'une page, rédigée en latin, où, après un titre très ressemblant, nous lisons un début de texte inachevé en deux alinéas, dont la teneur correspond, sous une forme plus ramassée, au quatre premiers de la version française destinée à Bignon. Très ressemblant, disons-nous du titre, mais non identique, car il témoigne d'un dépla-

8. Bodemann, 114 (et désormais aussi VE, fascicule 5, 1986, 1089).

9. C 530-533 (VE, fascicule 6, 1987, 1335-1338). La manière dont le thème de l'*Horizon* est formulé dans ce texte permet de conjecturer qu'il est antérieur à la mise au point définitive de 1693.

10. La lettre à Morell du 1er octobre 1697 (Grua T, 117, ici même p. 84) associe immédiatement dans la même évocation le *De Arte combinatoria* de 1666, sa réimpression non autorisée et trompeuse pour le public et enfin l'envoi de l'*Horizon de la doctrine humaine* à l'Académie des sciences.

cement et d'un élargissement du domaine d'investigation, dont les ratures du manuscrit permettent de suivre les étapes. Leibniz avait d'abord écrit '*Horizon doctrinae humanae*', avant d'intercaler '*actionisque*' : Horizon de la doctrine *et de l'action* humaines. Finalement, il a contracté le titre en '*Horizon rerum humanarum*' : Horizon des affaires humaines. Or, de la doctrine, ensemble des connaissances transmissibles par l'écriture, aux « affaires » des hommes, nous mesurons l'ampleur de ces « jolies conséquences » qu'on peut tirer d'un « commencement de méditation aisée », que Leibniz évoque dans la lettre déjà citée à Fontenelle.

La seconde pièce est une note, en latin, qui figure sur un coupon de petites dimensions (LH IV, 9, f. 7) ; il y est fait référence à la lettre à Fontenelle, et les conséquences dont il s'agit y sont explicitées. L'écriture d'abord ample se réduit à des traits minuscules occupant la moindre place restant disponible sur les bords du feuillet ; presque sans ratures, elle suggère le surgissement intérieur d'une pensée accomplie aussitôt jetée sans hésitation sur le premier papier disponible[11]. Le titre de la note évoque non plus l'étendue et la durée de la connaissance humaine, mais celles de l'univers ; après coup, Leibniz a inséré sous ce titre la remarque suivante, qui est comme un aide-mémoire pour classer le document : « A ce qui est dit ici s'ajoute mon Horizon de la science humaine, et ce que j'en ai écrit à Fontenelle le 26 février 1701 ».

Et en effet, que l'on compose la thèse de l'*Horizon* avec le principe de correspondance qui associe de manière bi-univoque les énoncés portant sur les faits et les actions à ces faits et actions eux-mêmes, il en résulte que le calcul qui démontre l'inéluctabilité de la *redite* implique aussi bien celle de la *répétition* des événements et réhabilite en un sens l'idée « platonicienne » du retour périodique des âmes. D'où le calcul démontre *a contrario* l'irrecevabilité de la supposition qui le fonde, et qui est de maintenir le genre humain « en l'état où il est maintenant » : ainsi on sauvera le progrès futur des esprits en récusant l'Éternel Retour.

§ 3. Or c'est à l'examen de ce même thème que Leibniz s'emploie sur les deux feuilles où l'antique idée du Retour dans l'histoire du monde et des hommes est désignée sous le titre lourd de

11. « Il faut... des papiers volants pour y mettre à la hâte ce qui se présente de mémorable... dans le travail et dans la méditation » (*Conversation du Marquis de Pianese et du Père Emery,* VE, fasc. 8, N. 383, 1818).

disputes théologiques d'Ἀποκατάστασις πάντων : restauration, ou restitution universelle. Ces feuilles se trouvent dans le dossier de la correspondance avec Adam Theobald Overbeck, qui nous permet en outre de cerner au plus près les circonstances de leur élaboration et de les dater.

Nous ne connaissons pas la date exacte de la naissance, à Lünebourg, de ce correspondant plein de zèle, qui mourra le 1er septembre 1719 à Zellerfeld. Nous le rencontrons en 1691, étudiant en théologie à Helmstedt, auprès d'une faculté parmi les plus réputées et fréquentées, où la doctrine évangélique est enseignée et conservée avec exacte vigilance[12]. Or, c'est sans doute à ce moment-là, comme nous allons le voir, que se nouent de loin et à leur insu, les fils de la conversation que Leibniz et Overbeck auront près d'un quart de siècle plus tard, et qui trouvera son écho dans l'Ἀποκατάστασις πάντων.

C'est qu'en 1691, la Faculté de Théologie d'Helmstedt résonne des bruits de la vive polémique que suscitent les thèses millénaristes ou la doctrine du *Chiliasme,* dont un Surindendant des églises de la ville natale d'Overbeck est alors le propagandiste aussi opiniâtre qu'inspiré, par la parole et les écrits : il s'agit de Johann Wilhelm Petersen[13]. Le Surintendant de Lünebourg se fie d'autant plus

12. Voir Jean Baruzi, *Leibniz et l'organisation religieuse de la terre,* 1907, 258-259 ainsi que le guide intéressant fourni par Hans Haase, *Die Universität Helmstedt 1576-1810 — Bilder aus ihrer Geschichte,* Bremen-Wolfenbütel 1976.

13. Né le 1er juin 1649 à Osnabrück, Johann Wilhelm Petersen passa son enfance à Lübeck, étudia à Giessen et Rostock, puis à Leipzig, Wittenberg et Iena. En 1675 il fit la connaissance à Francfort de Philipp Jacob Spener, l'un des fondateurs du mouvement piétiste. De retour à Lübeck, son antipapisme virulent lui valut de devoir s'éloigner et il devint professeur de poésie à Rostock. En 1677, il fut pasteur auprès de l'Aegidienkirche de Hanovre, qu'il dut encore quitter, en raison de l'hostilité de ses confrères qui lui en voulaient de dédaigner le « denier de confession » (Beichtgeld) ; il n'est pas certain que Leibniz ait dès ce moment rencontré personnellement Petersen (sur ce séjour à Hanovre, voir aussi Baruzi, *o.c.* 257). Celui-ci retourna à Lübeck pour y être Surintendant de l'Évêché. Il se maria le 7 septembre 1680 avec Johanna Eleonore von und zu Merlau, connue dans l'entourage de Spener. Docteur en Théologie en 1683. A partir de 1685, la lecture de l'Apocalypse par les deux époux, à l'insu l'un de l'autre, les persuada de la justification du Millénarisme. Ils s'installent à Lünebourg en 1688 et y demeurent le temps que Petersen soit évincé de ses fonctions de Surintendant par l'arrêt du Consistoire de Celle rendu le 28 janvier 1692. Bénéficiant de la protection de l'Électeur de Brandebourg, ils résideront alors près de Magdebourg, où la générosité de quelques donateurs leur permettra d'acquérir une propriété ; ils y mèneront une existence plus paisible, tout en continuant de voyager. En 1695, la lecture de Jane Leade (cf. n. 20) conduisit Petersen à adopter la thèse de l'Apocatastase dans le sens issu d'Origène, ou thèse du Salut universel et sans exception, y compris des réprouvés et du Diable même. Il mourut le 31 janvier 1727 (suite de la note p. suiv.).

à son inspiration, qui est aussi et peut-être d'abord celle de son épouse Johanna Eleonore, que le couple a recueilli au début de l'année à son domicile une jeune visionnaire, issue d'une famille noble de Magdebourg, Rosamonde Juliane von Assebourg ; c'est le Christ en personne qui lui confirme dans leurs conversations particulières son futur retour et l'instauration de son règne de mille ans.

La duchesse Sophie fut la première à faire connaître à Leibniz, le 15 octobre 1691, ce qui est « encore un secret, mais trop beau pour n'être pas communiqué à un homme comme vous » (A I, 7, 29). De son côté, Petersen leva le secret en publiant en novembre une *Épître (Sendschreiben)* aux théologiens, défendant l'idée que Dieu, après le départ provisoire du Christ, peut encore aujourd'hui se manifester aux « enfants des hommes », ce dont la noble Demoiselle von Assebourg apporte la preuve[14]. Les « oreilles théologiques », comme Leibniz les appelle (A I, 7, 102), n'apprécièrent que médiocrement : convoqué à répondre devant le Consistoire de Celle en janvier 1692, Petersen fut condamné à se démet-

La liste des écrits imprimés de J.W. Petersen donnée dans la deuxième édition de son autobiographie (parue en 1719 conjointement avec la deuxième édition de celle de Johanna Eleonore) comporte près de 70 titres.

L'article qui lui est consacré dans la *Realenzyclopädie für protestantische Theologie und Kirche* de Hauck (1904, t. XV, 169-175) présente Petersen comme l'un des théologiens les plus remarquables de la transition de l'orthodoxie au subjectivisme, entre Piétisme et Aufklärung, bien qu'il se soit affaibli par l'acharnement à défendre les lubies que lui suggèrait une imagination exaltée. On pourra consulter en outre : Johann Georg Walch, *Der Historischen und Theologischen Einleitung in die Religions-Streitigkeiten der Evangelisch-Lutherischen Kirche II. Theil,* 2e éd., Iena 1733, 586-664 ; Albrecht Ritschl, *Geschichte des Pietismus in der lutherischen Kirche des 17. und 18. Jahrhunderts Erste Abtheilung,* Bonn 1884 ; Walter Nordmann, *Die theologische Gedankenwelt in der Eschatologie des pietistischen Ehepaares Petersen,* Dissertation Berlin 1929 ; et surtout l'article de Karl Lüthi, « Die Erörterung der Allversöhnungslehre durch das pietisten Ehepaar Petersen », *Theologische Zeitschrift* 12 (1956) 362-377, ainsi que les pages 146 sq et 494 sq du livre de J.B. Neveux, *Vie spirituelle et vie sociale entre Rhin et Baltique au XVIIe siècle,* Paris, 1967.

14. *Send-Schreiben an einige Theologos und Gottes-Gelehrte betreffend die Frage, ob Gott nach der Auffahrt Christi sich nicht mehr heutiges Tages durch göttlicher Erscheinung den Menschenkindern offenbahren wolle und sich dessen gantz begeben habe ? Sampt einer ercehlten Specie facti von einer Adelichen Fraülein, was ihr vom 7. Jahr ihres Alters bis Hieher von Gott gegeben ist,* s.l. 1691. Sur cet épisode, voir les lettres ultérieures de Leibniz à Basnage de Beauval, sans date, en GP 3, 105-106 et 112 : « Tous ceux qui ont connu la demoiselle d'Assebourg l'ont estimée, à ses visions près » (« En Espagne elle aurait été une autre sainte Thérèse », NE IV, 19, § 16) ; on lira aussi avec intérêt l'interprétation des visions et des prophéties ordinaires conformes aux lois de la nature dans les lettres à la Duchesse Sophie des 23 octobre et 2 novembre 1691 (A I, 7, 33 sq et 45-46).

tre de ses fonctions et à quitter au plus vite le Lünebourg[15]. Et voici qui nous ramène à Overbeck, puisque nous trouvons deux ouvrages sous son nom parmi les nombreuses publications antimillénaristes qui attaquèrent vigoureusement Petersen.

Le premier, en latin, *Chiliasmus Profligatus,* « Le Chiliasme terrassé », se présentait comme une défense, tirée de l'Écriture, de la doctrine orthodoxe « contre les mensonges chiliastiques », et une réplique aux arguties d'un récent libelle de Petersen ; l'essentiel en est tiré des leçons de Gebhard Theodor Meier, qui professait la Théologie morale à Helmstedt depuis 1660 et qui, dans une courte Préface, loue le zèle de son étudiant, dont la thèse avait été soutenue sous sa présidence en octobre 1692[16]. Le second ouvrage d'Overbeck parut en 1693, en allemand ; c'était encore une réponse aux écrits de Petersen, où il s'agissait cette fois de prouver que sa doctrine du règne de mille ans ne s'accordait nullement aux propos du Christ rapportés par les Évangiles[17].

Cette année-là, Overbeck était bibliothécaire du couvent de Riddagshausen ; en 1700, il deviendra directeur adjoint (*Conrector*) du Gymnasium de Wolfenbüttel, cité où se trouve la fameuse bibliothèque ducale, l'une des première alors par la richesse de ses collections, sur lesquelles veillait l'autorité de Leibniz[18]. Leur corres-

15. Voir le résumé du procès dans la lettre de Leibniz à la Princesse Sophie-Charlotte du 20 février 1692 (A I, 7, 102). Peu après, Leibniz dira qu'à son avis Petersen est un homme simple plutôt que mauvais (« Petersen... mea sententia simplex magis quam malus vir », lettre à Hiob Ludolf du 28 avril 1692, A I, 8, 230).

16. *Chiliasmus Profligatus Seu Exercitatio Academica, quâ Orthodoxa de Novissimis Doctrina contra vanitates Chiliasticas e Scripturis roboratur, et a captiosis argutiis D.J.W. Petersen quas illi opposuit in editâ nuper animadversione vindicatur...,* Helmstedt, sans autre date que celle de la soutenance publique en octobre 1692 mentionnée dans la suite du titre. L'ouvrage visé de Petersen est la *Justa Animadversio Quâ Professorem aliquem Helmstadiensem contra Regum Jesu Christi... se armantem... refutat,* Francfort 1692. Sur G.T. Meier (1632-1693) voir C.G. Jöcher, *Allgemeines Gelehrten-Lexicon,* t. III, Leipzig 1751 ; la bibliographie des ouvrages de G.T. Meier donnée dans le quatrième *Ergänzungsband,* Breme 1813, lui attribue à tort le *Chiliasmus Profligatus.*

17. *Gründlicher Beweiss, Das Hrn. D.J.W. Petersen Lehre Vom Tausendjährigem Reiche Mit den Worten Christi Joh. VI. 39. seqq. und Matth. XXV. 31 ssq. keines weges könne verglichen werden ; zur Beantwortung dessen was dagegen von Hrn. D. Petersen in seiner Endlichen Erklärung und andern Schrifften eingeworffen...* Helmstedt 1693. L'ouvrage de Petersen auquel répond Overbeck est sans doute : *Schrifftmässige Erklärung und Beweis der Tausend Jahre, und der daran hangenden ersten Aufersthelung Aus der Offenbarung S. Johannis am 20. cap.*, Francfort 1692.

18. Il en était le Directeur depuis 1691 et attachait un intérêt particulier à l'établissement des catalogues. Voir C.P.C. Schönemann, « Das Gebaüde der Herzog-August Bibliothek zu Wolfenbüttel und ihr Oberbibliothekar Gottfried Wilhelm

pondance commença en 1705 et dura jusqu'à la mort de Leibniz. Le dossier comporte les minutes de 19 envois de Leibniz, les originaux de 26 lettres d'Overbeck, et de nombreuses notes ; y sont abordées essentiellement des questions mathématiques, où on releve l'intérêt porté à l'étude des puissances des polynômes, des sommes des exposants et des fonctions symétriques, tous domaines privilégiés d'application de l'analyse combinatoire à la théorie des nombres et à l'algèbre[19]. La lettre de Leibniz du 17 juin 1715 (L Br 705 f. 39 r°) fait état d'une conversation récente, chez lui à Hanovre, où fut évoquée une « méditation touchant la révolution ou palingénésie universelle, qui serait inéluctable si le genre humain durait assez longtemps dans l'état où il est maintenant » ; cette « méditation » répond exactement à l'objet des deux versions de notre texte. La première version, hâtivement rédigée, porte le titre d'Ἀποκατάστασις πάντων (L Br 705, f. 72 r° v°) ; la seconde, qui comporte de notables adjonctions, n'a plus pour titre que le seul mot d'Ἀποκατάστασις et s'étend sur quatre pages (L Br 705, ff. 73-74). L'ouverture du morceau traduit exactement le thème annoncé dans la lettre citée à l'instant : puisque les livres d'histoire, comme tous les livres, devront un jour se répéter, leur matière elle-même devra revenir à l'identique, quoique « évidemment il y aura toujours des distinctions entre l'ancien et le nouveau, mais imperceptibles et qui ne peuvent donc être exprimées dans des livres » (f. 39 r°). Répondant à la sollicitation de Leibniz, Overbeck fait part les 7 juillet et 1er août 1715 de commentaires et de calculs qui appliquent et prolongent ses indications (f. 40 et f. 42).

Or le terme d'ἀποκατάστασις vient de loin, tout chargé des résonnances de querelles théologiques auxquelles le jeune Overbeck avait naguère prêté son concours, et que Leibniz a toujours suivi avec la curiosité et l'ouverture d'esprit qui le portaient à scruter sans défaveur les idées réputées déviantes ou même saugrenues. Pour l'histoire la plus récente, le dernier en date des emplois d'Ἀποκατάστασις est celui qu'en avait fait J.W. Petersen. Après son départ de Lünebourg, il avait fini par s'installer près de Magdebourg grâce à la générosité de quelques bienfaiteurs, et il vivait

Leibniz », dans : *Leibniz : sein Leben, sein Wirken, seine Welt,* éd. par Wilhelm Totok et Carl Haase, Hanovre 1966 ; et Günther Scheel, « Leibniz' Beziehungen zu Bibliotheca Augusta in Wolfenbüttel (1678-1716) », dans le *Braunschweiger Jahrbuch,* 54 (1973) 1885.

19. Knobloch 146-160.

désormais de leçons privées ; la lecture d'un ouvrage de Jane Leade[20], alors que se propageait en Allemagne l'influence de la *Société Philadelphe,* convainquit les époux Petersen que la suite et le complément du Chiliasme se trouvaient dans la doctrine origéniste de la réintégration universelle de tous les êtres dans la bonté et la perfection originelles d'avant la Chute. En 1698, Johanna Eleonore publia l'*Évangile éternel de la restitution universelle de toutes les créatures*[21]. Et en 1700 parut à Francfort-sur-le-Main le premier gros volume in-folio, que deux autres suivirent en 1703 et 1710, du Μυστὴριον ἀποκατάστασεως πάντων *ou Mystère de la Restitution de toutes choses*[22].

20. Jane Leade (1623-1704), mystique et visionnaire, avait développé une théosophie inspirée par la lecture de Jacob Boehme, annonçant la restauration finale universelle et la venue prochaine du Christ. Ses premiers ouvrages : *The Heavenly Cloud now breaking...*, Londres 1681, *The Revelation of Revelations,* Londres 1683, n'attirèrent guère l'attention ; mais les traductions allemandes qui parurent à Amsterdam la rendirent célèbre : *Die Himmlische Wolcke...*, 1694 ; *Offenbahrung der Offenbahrungen,* 1695, suivis d'une dizaine d'opuscules dont on trouvera la liste par exemple dans Gottfried Arnold, *Unpartheyische Kirchen-und Ketzer-Historie, vom Anfang des Neuen Testaments bis auf das Jahr Christi* 1688, 2e éd. Francfurt am Main 1729, t. I, 1157. En 1694, elle fonda avec quelques adeptes la Société Philadelphe, au titre inspiré par *Apocalypse 3, 7-12,* et qui visait à rassembler les vrais croyants dispersés dans les diverses Églises chrétiennes, présentées comme des sectes. Morell recommande à Leibniz la lecture de Jane Leade dans ses lettres du 23 février et du 14 août 1698 (Grua T, 124, 134-135) ; Leibniz répond le 29 septembre : « Si j'avais le choix, je serais plutôt pour ce que vous rapportez de Jane Leade après Origène et autres, que pour ce que vous attribuez à Boehm » (*ibid.*, 140). Voir en outre Heinrich Corrodi, *Kritische Geschichte des Chiliasmus,* t. 3, 2e éd. 1782, 403-421 ; H. Hochhuth, « Geschichte und Entwicklung der philadelphischen Gemeinden », *Zeitschrift für historische Theologie* 35 (1865) 171 s ; Emmanuel Hirsch, *Geschichte der neueren evangelischen Theologie,* t. 2, Gütersloh 1951, 231 s.

21. *Das ewige Evangelium Der Allgemeinen Wiederbringung Aller Creaturen, wie solche unter andern in rechter Erkäntniss Des Mittleren Zustandes der Seelen nach dem Tode tieff gegründet ist, Und nach Ausführung Der endlichen Gerichte Gottes dermaleins völlig erfolgen wird. Von einem Mitgliede D. Ph. G.* (= *der Philadelphischen Gesellschaft*), s.l. 1698. Voir la lettre de Leibniz à Burnett du 21 août 1701, GP 3, 274-275 (= 280).

22. ΜΥΣΤΗΡΙΟΝ ΑΠΟΚΑΤΑΣΤΑΣΕΩΣ ΠΑΝΤΩΝ, *Das ist : Das Geheimnis Der Wiederbringung aller Dinge / Darinnen In einer Unterredung zwischen PHILALETHAM und AGATOPHILUM gelehret wird / Wie das Böse und die Sünde Die keine Ewige Wurtzel hat, sondern in der Zeit geuhrständet ist / wiederum gäntzlich solle auffgehoben, und vernichtet ; Hergegen die Creaturen Gottes Die nach seinem Willen das Wesen haben, doch eine jegliche in ihrer Ordnung, von der Sünde und Straffe der Sünden nach Verfliessung derer in der Göttlichen Oeconomie darzu bestimmten Perioden, und nach Ausübung der Gerechtigkeit, krafft des ewigen Rath-Schlusses Gottes durch JESUM CHRISTUM Den Wiederbringer aller Dinge / Zum Lobe und Preis seines herrlichen Namens, sollen befreyet und errettet werden, auf dass da bleibe Das Gute / und Gott sey alles in Allen / Offenbaret durch Einen*

Un compte-rendu plutôt sympathique à l'auteur parut anonymement en avril 1701 dans la revue mensuelle d'extraits littéraires que dirigeait Johann Georg Eckart, le collaborateur depuis 1698 de Leibniz dans ses recherches historiques. Or Leibniz se reconnaît dans une lettre à Fabricius du 14 octobre 1706 comme l'auteur de cette notice, dont Gurhauer, s'autorisant de cette déclaration, a publié un extrait dans son édition des *Deutsche Schriften*[23] ; nous donnons en Appendice la traduction de cet extrait. Il est vrai que le compte-rendu est plutôt un résumé qu'une analyse critique, dont Leibniz s'est dit '*autor et concinnator*', ce qui n'exclut pas tout à fait qu'il se soit contenté de l'inspirer à Eckart et d'en reviser le texte ; il n'en reste pas moins que les références qui y sont faites à van Helmont et à la polémique entre Bayle et Le Clerc ne peuvent être que de Leibniz, et que, s'agissant de Petersen, il donne ailleurs un jugement qui s'accorde parfaitement avec la tonalité de l'article. Évoquant dans une lettre à Burnett du 27 février 1702 le « sentiment d'Origène de la salvation finale de toutes les créatures intelligentes », il écrit :

> « Nous avions il y a quelques années un Surintendant à Lünebourg, nommé M. Petersen, très savant homme, qui quitta sa charge parce qu'il voulait dogmatiser sur le Chiliasme. Le même continuant ses méditations dans sa retraite est allé au même sentiment et a publié il y a deux ans ou environ, un livre en allemand in folio, intitulé ἀποκατάστασις πάντων

Zeugen Gottes und seiner Warheit... Gedruckt in Pamphilia... In Jahr Christi 1701. A ce long titre qui résume la thèse de l'ouvrage, on peut joindre le passage suivant, emprunté au § 11 de la Préface : « Quand nous voudrions en bref représenter en une définition tout le sujet, l'Évangile éternel et avec lui l'apokatastasis pantôn : l'Évangile éternel est une annonce joyeuse de la restitution de toutes choses ; il y est proclamé que, pour toutes les créatures, qu'elles soient dans le ciel, sur la terre ou sous terre, dans la mer et dans tous les tréfonds, chacune en son temps et selon l'ordre déterminé par Dieu, une fois accomplie sa purification au cours de ce temps ou durant les éons à venir, selon le jugement en dernière instance, de l'espèce la plus équitable de toutes, de Dieu juste et très bon, doit être finalement sauvée du péché et de la punition du péché, par Jésus Christ, commencement et fin des créatures, restituteur de toutes choses, rédempteur et pacificateur ; toutes seront promues et restituées à l'état antérieur où elles se trouvaient avant l'existence du péché et même dans un état meilleur, à la louange, gloire et splendeur du Créateur très saint et tout-puissant ». Voir ci-après, Appendice II et note 1, page 119. Leibniz fait état dans la *Théodicée,* §§ 17 et 156 du livre de Petersen.

23. Lettre à Fabricius du 14 octobre 1706 dans Dutens 5, 278. Extrait du compte-rendu dans Gurhauer, *Leibnitz's Deutsche Schriften,* vol. 2, Berlin 1840, 342-347, et notre traduction ici même p. 94 sq.

ou de la restitution de toutes choses ; ce livre est fait avec beaucoup d'érudition et de jugement. L'auteur apporte tous les passages des anciens et des modernes favorables à cette doctrine et il soutient son sentiment contre des savants adversaires avec beaucoup de modération et de zèle. Je l'ai parcouru avec plaisir et quoique je n'aie garde de le suivre, je ne laisse pas de reconnaître son mérite » (GP 3, 283. Nous nous autoriserons de ce texte à traduire ἀποκατάστασις par « restitution »).

Mais ce n'est pas la seule occasion que Leibniz aura eue de témoigner de sa bonne opinion à l'égard de Petersen : quelque temps plus tard, une correspondance s'établira entre eux. Il n'en reste que peu de choses dans le dossier L Br 720 de la Bibliothèque de Hanovre : il contient quatre lettres de Petersen, respectivement datées des 15 octobre 1706 (il s'agit là de leur première relation épistolaire), 14 décembre de la même année, puis 3 juillet et 19 décembre 1715. Les deux dernières portent la mention « *resp* » de la main de Leibniz, ce qui indique qu'il y a répondu. Sur la place encore vacante au revers de la deuxième page de la première lettre, Leibniz, comme il le faisait souvent, a griffonné hâtivement un brouillon de réponse, dans lequel il invite son correspondant, « seul entre tous » à pouvoir le faire avec succès, à entreprendre un « chant héroïque », retraçant avec la « majesté virgilienne » l'histoire sacrée du monde depuis la création jusqu'aux fins dernières. C'est là la première mention de l'idée-mère de ce qui deviendra le poème philosophique de Petersen qui paraîtra, après la mort de Leibniz, en 1720 : *Uranias seu opera Dei magna carmine heroico celebrata*. Il faut toutefois attendre 1711 pour que la suggestion prenne corps et que Leibniz assume directement et activement le rôle d'inspirateur et de guide de Petersen dans l'élaboration de son œuvre. La correspondance avec le théologien d'Helmstedt Fabricius, publiée par Dutens, permet de suivre de près la façon dont Leibniz en fournit le plan et les thèmes, puis en corrigea la langue et la prosodie. A sa parution, le poème sera bien présenté par son auteur et accueilli comme la mise en vers de thèmes leibniziens, qui culminent, au-delà de ce que Leibniz a pu publiquement avouer pour sien, dans l'ἀποκατάστασις πάντων, au sens origéniste du Salut universel et de la réintégration finale de toutes les créatures dans la bonté et la félicité d'avant le péché[24].

24. Voir la *Note Complémentaire* à la fin de l'Introduction.

C'est tout cet arrière-plan qu'il faut donc avoir présent à l'esprit en abordant les quatre pages si denses de l'Ἀποκατάστασις de 1715, où Leibniz expose sa méditation sur l'hypothèse du Retour des mêmes individus dans une existence faite des mêmes événements, et où elle n'est écartée qu'après avoir été examinée dans sa formulation la plus démonstrative. L'ancien étudiant en théologie Overbeck, qui fut l'adversaire déclaré par Petersen, et Leibniz, bienveillant envers le théologien hétérodoxe dont il partageait secrètement, en leur donnant un autre tour, les convictions réconciliatrices, eurent-ils eu alors l'occasion de confronter leurs opinions et leurs souvenirs ? Rien ne le prouve, ni ne l'exclut. Le fait est seulement que, dans sa lettre du 15 août 1715, Overbeck reproduit sans broncher le mot d'ἀποκατάστασις reçu en simple synonyme de « révolution » ou « palingénésie ». Or, s'il s'agit bien du retour à l'identique dans l'histoire profane des États et des individus, *ce ne peut plus être* l'apocatastase d'Origène ou le salut universel final de toutes les créatures rétablies dans le Bien. C'est que Leibniz a renoué avec une autre acception, plus ancienne et pré-chrétienne, du même mot, évoquant cette fois l'extrapolation astrologique des doctrines de la Grande Année traduite en Retour Éternel. Dès lors par l'affirmation d'un progrès des âmes qui transcende tout « horizon » du savoir et les mène infiniment « à de nouveaux plaisirs et de nouvelles perfections » (GP 6, 606), et qui par là-même écarte toute répétition, Leibniz a bien plutôt cherché à préserver, en accord avec les principes de sa métaphysique, une autre perspective de salut universel.

Ces questions toutefois, débordent le cadre d'une présentation des textes. Sur ce sujet, comme sur d'autres problèmes d'interprétation qu'ils posent, des études distinctes pourront être menées d'autant plus sûrement qu'ils seront rendus accessibles ensemble. On en abordera ici même quelques aspects, dans une Postface, qui demeure indépendante de ce qui a été pour nous l'essentiel : permettre qu'on lise pour elles-mêmes les pages de Leibniz qui vont suivre. Un rare bonheur d'écriture y sert, comme en se jouant, une invention intellectuelle suivie, avec la plus haute maîtrise, jusqu'à l'accomplissement d'une promesse métaphysique.

NOTE COMPLÉMENTAIRE

Nous publions ci-dessous le passage du brouillon de la réponse de Leibniz à la lettre de Petersen du 15 octobre 1706, où il est pour la première fois fait état du projet qui prendra corps avec le poème *Uranias* de ce dernier.

L Br 720, f. 2 v° (Inédit)

Ego qui saepe cogitare soleo, quomodo fieri queat ut dotes magnorum hominum maxime in communia commoda proficiant, vidi a Te posse proficisci, quod saepe optavi, justum opus rerum coelestium heroico carmine comprehensum. Theologia enim sublimior etiam in prosa splendet, qui si induat virgilianam majestatem, quam tu unus et omnium optime circumdare posses. Materia tanti operis : primum Deus in abdito aeternitatis sibi perpetuo sufficiens, tum Cosmogonia, mox Oeconomia providentiae in gubernatione rerum ; sed altera pars operis de futuris, sive ad corpora sive ad animas pertineant et ad hunc vel alium, ubi de purificatione animarum et restitutione rerum, vel potius amplificatione et exaltatione per gradus. Novissiman nec infimam partem dari optem magnitudini coelestis regni et ut sic dicam Aulae divinae, ibi admiranda Angelicarum virtutum pingenda essent vivis coloribus et beatarum animarum celebranda felicitas, quibus non noster tantum sub pedibus orbis sed innumerabiles mundi paterent, et variis in omne aevum spectaculis divinae sapientiae et bonitatis, incederent magis magisque amorem et venerationem supremae Mentis. Hic castus elegantissimarum fictionum locus esset ; etsi nihil a nobis tam pulchrum fingi possit, quod non veritate superetur. Praeter Te autem, a quo tale quid sperari posset, neminem novi, cui et divinarum rerum recessus interiores patent, et vim eloquendi entheam.

Traduction

Quant à moi, qui ai coutume de songer souvent à la façon dont il se pourrait que les dons des grands hommes servissent à l'avantage du public, j'ai aperçu que pourrait venir de vous ce que j'ai souvent souhaité : le traitement approprié des choses célestes sous la forme d'un chant héroïque. Car la plus sublime Théologie resplendit même en prose : qu'en serait-il si elle revêtait la majesté virgilienne, dont vous pourriez seul entre tous l'entourer ? Voici la matière de ce grand ouvrage : Dieu d'abord, se suffisant perpétuellement à lui-même dans le secret de l'éternité ; puis la cosmogonie ; ensuite l'économie de la Providence dans le gouvernement du monde. Mais l'autre partie de l'œuvre traiterait des choses futures, qu'elles concernent les corps ou les âmes et tout un chacun ; il s'y agirait de la purification des âmes et de la restitution des choses, ou plutôt de leur accroissement et élévation graduels. Je souhaiterais que la partie la plus neuve et non la moindre soit consacrée à la grandeur du royaume céleste et, si je puis dire, à la Cour divine ; là il faudrait peindre en vives couleurs les merveilles des vertus angéliques et célébrer la félicité des âmes bienheureuses, pour qui seraient visibles non seulement notre terre qui est sous nos pieds mais des mondes innombrables ; et par les spectacles variés au cours de toute éternité (aevum) de la bonté et de la sagesse divines, elles avanceraient de plus en plus dans l'amour et la vénération de l'Esprit suprême. Ce serait le lieu sacré des plus élégantes fictions, quoique rien ne puisse être imaginé par nous de si beau qu'il ne soit dépassé par la vérité. Or je ne sais personne de qui on pourrait espérer quelque chose de semblable en dehors de vous, à qui sont visibles les replis cachés des choses divines et à qui <est donnée> l'éloquence divinement inspirée.

Il se trouve qu'au moment où il avait reçu la lettre de Petersen en date du 15 octobre 1706, Leibniz venait tout juste d'écrire, le 14 du même mois, à Fabricius, pour lui dire avoir goûté des vers de Petersen et se souvenir d'avoir lu avec profit et plaisir « le grand ouvrage sur l'Apokatastasis » (Dutens 5, 278). Mais il faut attendre le 3 septembre 1711 pour que Leibniz développe, toujours dans une lettre à Fabricius, le plan des « Uraniades » en des termes très voisins, un peu plus développés toutefois, de ceux du brouillon qu'on vient de lire :

« J'ai souvent pensé en moi-même qu'il (Petersen) pourrait mieux que quiconque composer un Chant Uranien, ou plutôt sous le titre d'Uraniades, qui célèbrerait la Cité de Dieu et la vie éternelle en une œuvre régulière selon le mètre virgilien. Il faudrait commencer par la Cosmogonie et le Paradis, ce qui occuperait le premier Livre, ou le premier et le second. S'il en était ainsi, le 3e, le 4e et le 5e présenteraient la chute d'*Adam* et la rédemption du genre humain par le *Christ* et toucheraient l'histoire de l'Église. De là je permettrais quant à moi volontiers au poète dans un sixième Livre la description du règne de mille ans, et dans le septième l'invasion de l'Antéchrist avec Gog et Magog, chassé finalement par le souffle de la divine bouche. Nous aurions alors dans le huitième le jour du Jugement et les peines des damnés ; mais dans les neuvième, dixième et onzième, la félicité des Bienheureux, la grandeur et la beauté de la Cité de Dieu, le séjour des heureux et leurs voyages au travers des espaces immenses de l'univers pour faire le tour des œuvres merveilleuses de Dieu ; s'y ajouterait encore la description de ce Royaume céleste. Le douzième conclurait l'ensemble par l'ἀποκατάστασις πάντων, les méchants eux-mêmes étant amendés et ramenés à la félicité et à Dieu, Dieu désormais accomplissant tout en tous sans exception. Une philosophie plus sublime mêlée de Théologie mystique s'introduirait aisément partout à sa place, là où il s'agirait des sources des choses, à la manière de Lucrèce, Vida et Frascator. Et on permettrait au poète des choses qui seraient plus difficilement tolérées de la part d'un dogmatiste. Un tel ouvrage rendrait son auteur immortel et pourrait être d'un usage admirable pour conduire les âmes des hommes à l'espoir des choses meilleures et allumer les étincelles d'une piété plus véritable » (*id.*, 293-294 *L*).

On peut donc douter si l'esquisse jetée au dos de la lettre de Petersen au moment de sa réception a été tout aussitôt retranscrite à l'intention du destinataire ; il n'est pas à exclure que Leibniz ait écarté de la réponse qu'il dut faire alors un développement à la hardiesse peut-être prématurée et qu'il ait donc attendu le mois de septembre 1711 pour transmettre ses suggestions à Petersen. Il faudrait, pour en décider, connaître les lettres effectivement parvenues à Petersen. Quoi qu'il en soit, la suite de la correspondance avec Fabricius permet de suivre de près les étapes de la collaboration de Leibniz avec Petersen, d'ailleurs rapidement tempérée et en fin de compte suspendue.

Le 8 décembre 1711, Leibniz se félicite de ce que « notre Petersen » ait accepté de mettre en chantier les Uraniades, et le 21 décembre il admire que le travail soit déjà presque achevé (*id.*, 295). Les lettres suivantes relèvent les faiblesses de la composition, et plus Leibniz avance dans la lecture du poème et ses corrections, plus il laisse voir sa déception ; mais surtout : « Je souhaiterais que l'auteur très savant corrige et achève son dernier Livre des Uraniades, car il y traite une thèse que pour ma part je condamne le moins du monde, mais que pourtant je ne saurais faire mienne » (lettre du 10 mars, *id.*, 297 *L*) : il s'agit bien sûr de l'apocatastase.

Le 17 mars 1712, Leibniz a accepté d'écrire la Préface (*id.*, 299), qu'en fait il ne fera pas, et il renouvelle son souhait que l'auteur écrive seul le dernier livre. Dans sa dernière lettre à Fabricius, le 6 juillet 1716 (quatre mois avant sa mort), il s'inquiète encore de l'édition des Uraniades (*id.*, 301).

En résumé, Leibniz a bel et bien fourni à Petersen le plan et l'idée-mère de son poème, y compris l'évocation finale de l'apocatastase, permise sous le couvert de l'expression lyrique. Devant la qualité médiocre de vers écrits trop vite, il laisse à Petersen la responsabilité de cette fin, qu'il ne rejette pas quant au fond, pas plus qu'il ne l'adopte. On lira donc avec un certain amusement ce que Leibniz écrit à Des Bosses le 6 janvier 1712, alors qu'il est occupé aux corrections de l'ouvrage qu'il a sollicité et inspiré : « Petersen, autrefois Surintendant de Lünebourg, renvoyé pour défense publique du Chiliasme, qui défendait aussi ensuite la doctrine d'Origène dans un grand ouvrage sur l'ἀποκατάστασις, prépare de façon vraiment savante un poème théologique sous le titre d'Uraniades, où est embrassé le système de sa Théologie assez paradoxale. C'est certainement un poète d'un esprit qu'il ne faut pas dédaigner » (GP 2, 428 *L*).

L'ouvrage de Petersen paraîtra finalement à Francfort et Leipzig en 1720, sous le titre : *Uranias, qua opera Dei magna omnibus retro seculis et oeconomiis transactis usque ad apocatastasin seculorum omnium per spiritum primogeniti gloriosissime consumanda carmine heroico celebrantur*. Dans la Préface de cette Théodicée poètique, comme on a pu la nommer, Petersen reconnaît sa dette envers l'incitation « de ce grand homme, le premier (*princeps*) aisément des savants illustres ». Lessing, qui juge favorablement l'œuvre poétique de Petersen, loue aussi la valeur d'Uranias : « Petersen était un homme très savant et plein de sens, et un génie poétique nullement commun. Son *Uranias* est emplie de passages excellents ; et ce qu'on peut dire de mieux à sa louange est que Leibniz s'est honoré de l'améliorer, après en avoir lui-même préparé le plan » (*Briefe die neueste Litteratur betreffend, 8. Brief, Sämtliche Schriften,* éd. K. Jachmann revue F. Muncker, t. VIII, Stuttgart 1892, p. 17).

LES TEXTES

TEXTES PUBLIÉS

I. Brouillon de titre (LH IV, 8, 19, f. 68 — Édité par Bodemann, *Die Leibniz-Handschriften der königlichen öffentlichen Bibliothek zu Hannover,* 1895, 114 ; *Vorausedition,* fascicule 5, 1986, N. 243, 1089).

II. Prologue (LH IV, 8, 25, f. 94-95 — Édité par Couturat, *Opuscules et fragments inédits,* 1903, 530-533 ; *Vorausedition,* fascicule 6, 1987, N. 301, 1335-1338).

III. *De l'Horizon de la Doctrine Humaine, ...* (LH IV, 5, 9. f. 2-5 — *INÉDIT*).

IV. *Horizon rerum humanarum...* (LH IV, 5, 9, f. 1 — *INÉDIT*).

IVbis. Traduction.

V. *Demonstrationes de Universo immenso aeternoque...* (LH IV, 5, 9, f. 7 — *INÉDIT*).

V^bis. Traduction.

VI. Ἀποκατάστασις πάντων (L Br 705, f. 72 : première version, *INÉDIT*).

VIbis. Traduction.

VII. Ἀποκατάστασις (L Br 705, f. 73-74 : deuxième version, éditée par Max Ettlinger, *Leibniz als Geschichtsphilosoph,* Münich 1921, 25-34).

VIIbis. Traduction.

APPENDICES :

I. *Documents annexes : extraits des correspondances de Leibniz.*

1 a — Leibniz à Jean-Paul Bignon, 9/19 octobre 1693 (A I, 9, 589-591).

b — Jean-Paul Bignon à Leibniz, 19 novembre 1693 (A I, 9, 623-624).

c — Leibniz à Jean-Paul Bignon, 26 janvier/5 février 1694 (A I, 10, 243-244).

2 a — Le marquis de l'Hôpital à Leibniz, 3 septembre 1695 (GM 2, 297).

b — Leibniz au marquis de l'Hôpital, 30 septembre 1695 (GM 2, 300).

3 — Leibniz à Morell, 1er octobre 1697 (Grua T, 117).

4 — Leibniz à Fontenelle, 26 février 1701 (*Revue d'Histoire des Sciences* 19 (1966) 128-129).

5 a — Leibniz à Adam Theobald Overbeck, 17 juin 1715 (L Br 705, f. 39 r°, *INÉDIT*).

b — Adam Theobald Overbeck à Leibniz, 7 juillet 1715 (L Br 705, f. 40, *INÉDIT*).

c — Adam Theobald Overbeck à Leibniz, 1er août 1715 (L Br 705, f. 42, *INÉDIT*).

II. « Johann Wilhelm Petersen : Μυστὴριον ἀποκατάστασεως πάντων » Compte-rendu de Leibniz, dans le *Monatlicher Auszug aus allerhand neuherausgegeben nützlichen und artigen Büchern,* avril 1701 (extrait traduit d'après Gurhauer, *Leibnitz's Deutsche Schriften,* 2, Berlin 1840, 342-347).

ÉTABLISSEMENT DES TEXTES

Tous les textes publiés sous les nos I à VII ont été établis ou revus d'après les manuscrits conservés à la Landesbibliothek de Hanovre.

L'orthographe de Leibniz a été respectée. En quelques occasions, des signes de ponctuation ont été ajoutés pour corriger l'usage d'ailleurs variable d'un scripteur souvent pressé ; il n'a pas paru indispensable de signaler ces menues corrections.

Les autres corrections sont signalées par des < >. Les mots que Leibniz a omis de raturer en se corrigeant lui-même sont mis entre [ ].

Les notes explicatives sont appelées dans les textes par des chiffres arabes et regroupées à la suite des Appendices (p. 99 sq). Les notes critiques concernant l'établissement du texte sont appelées par des lettres minuscules et figurent en bas de page. Notre intention n'a pas été de restituer l'intégralité des variantes génétiques, selon la règle en vigueur dans la publication des *Sämtliche Schriften und Briefe* ; nous avons retenu celles qui nous paraissaient apporter au lecteur une information complémentaire utile à l'intelligence des textes.

Nous avouons en effet ne pas adhérer davantage au dogmatisme du « bon texte », d'où toute trace de genèse serait effacée, qu'à celui qui poserait en préalable à toute édition la photographie intégrale des « avant-textes ». S'agissant de la publication séparée d'un groupe d'opuscules et de fragments, l'intérêt herméneutique des variantes doit dépendre de l'état du manuscrit et de la thématique particulière des textes édités. Il n'y a bien sûr jamais de frontière univoquement déterminée qui séparerait les repentirs de plume sans conséquence des corrections ayant une évidente portée conceptuelle ou doctrinale. Il ne peut donc s'agir que de choix pragmatiques, donc contestables.

Les textes figurant en Appendice I sont reproduits tels qu'ils sont établis dans les éditions où nous les avons empruntés (sauf la correspondance avec Overbeck, encore inédite). Toutefois, nous avons comparé au manuscrit les deux courts extraits de la correspondance avec le marquis de l'Hôpital et rétabli l'orthographe originelle, que Gerhardt n'avait pas complètement respectée.

I —
LH IV, 8, 19, f. 68

Du nombre des vérités ou faussetés possibles, qui sont concevables par les hommes tels que nous les connoissons ; et du nombre des livres faisables. Ou l'on demonstre que ces nombres sont finis ; et qu'un nombre encor plus grand peut estre designé. On demonstre aussi que, supposé qu'on produise tousjours quelque chose de nouveau[a] tous les ans, tous les siecles ou moins, ou durant quelque autre periode plus grand, il faut necessairement qu'enfin, si le genre humain continue de subsister, on ne puisse plus rien dire, qui ne soit déjà dit, même mot pour mot. Ce qu'on explique pour faire connoistre tant les bornes de l'esprit humain que son etendue à les voir.

II —
LH IV, 8, 25, f. 94-95

94 r° Le corps entier des sciences peut estre consideré comme l'ocean, qui est continué partout, et sans interruption ou partage, bien que les hommes y conçoivent des parties, et leur donnent des noms selon leur commodité[1]. Et comme il y a des mers inconnues, ou qui n'ont esté navigées que par quelques vaisseaux que le hazard y avoit jettés, on peut dire de même qu'il y a des sciences dont on a connu quelque chose par rencontre seulement et sans dessein. L'art des combinaisons est de ce nombre ; elle signifie chez moy, autant que la science des formes ou formules ou bien des varia-

a. « de nouveau » *omis par Bodemann*

tions en general ; en un mot c'est la Specieuse universelle ou la Characterique. De sorte qu'elle traite de eodem et diverso ; de simili et dissimili ; de absoluto et relato ; comme la Mathematique ordinaire traite de uno et multis, de magno et parvo, de toto et parte. On peut même dire que la Logistique ou bien l'Algebre luy est sousordonnée en un certain sens. Car lorsqu'on se sert de plusieurs notes indifferentes ou qui au commencement du calcul pouvoient estre echangées et substituées mutuellement sans faire tort au raisonnement, en quoy les lettres d'Alphabet sont fort propres ; et lorsque ces lettres ou notes signifient des grandeurs, ou des nombres generaux, il en vient l'Algebre ou plus tost la Specieuse de Viete[2]. Et c'est justement en cela que consiste l'Avantage de l'Algebre de Viete et de Descartes sur celle des anciens, qu'en se servant des lettres au lieu des nombres tant connus, qu'inconnus, on vient a des formules, ou il y a quelque liaison et ordre, qui donne moyen à nostre esprit de remarquer des theoremes, et des regles generales[3]. Ainsi les meilleurs avantages de l'algebre ne sont que des echantillons de l'art des caracteres, dont l'usage n'est point borné aux nombres ou
94 v° grandeurs. Car si ces lettres signifioient | des points (comme cela se practique effectivement chez les Geometres) on y pourroit former un certain *calcul* ou sorte d'operation, qui seroit entierement different de l'Algebre, et ne laisseroit pas d'avoir les mêmes avantages qu'elle a ; c'est de quoy je parleray une autre fois[4]. Lorsque ces lettres signifient des termes ou notions, comme chez Aristote, cela donne cette partie de la logique qui traite des figures et des modes. Et j'avois raisonné làdessus dans les commencemens de mes etudes, m'estant hazardé de publier un petit traité de l'Art des combinaisons qui a esté assez bien reçeu et reimprimé malgré moy, car ayant eu bien d'autres veues depuis, j'aurois pu traiter les choses tout d'une autre façon[5]. Cependant (pour le dire en passant) j'avois remarqué des lors ce theoreme general de Logique : que les quatre figures

des Syllogismes ont chacune un nombre pareil de modes utiles ; et que dans chaque figure il y a six modes[6]. Enfin quand les lettres ou autres caracteres signifient des veritables lettres de l'Alphabet, ou de la langue, alors l'art des combinaisons avec l'observation des langues donnent la Cryptographie <ou l'art de> déchiffrer[a][7]. J'ay encore remarqué qu'il y a un calcul des combinaisons ou le composé n'est pas un tout collectif, mais distributif, c'est-à-dire ou les choses combinées ne doivent concourir qu'alternativement, et ce calcul a encor ses loix toutes differentes de celles de l'Algebre[8]. Enfin la Specieuse generale reçoit mille façons, et l'Algebre n'en
95 r° contient qu'une. | Or sans entrer dans la discussion particuliere des loix qui diversifient la Specieuse, on peut la combiner avec l'Arithmetique en calculant *le nombre des variations possibles* que les notes generales peuvent recevoir. Ces variations peuvent estre prises de differentes façons, et dans les ecritures que nous formons en nous servant des lettres d'alphabet, il y a de la varieté tant à l'egard des lettres que de l'arrangement des lettres, et des intervalles ou distinctions (car nous n'ecrivons point tout de suite, mais nous laissons de la distinction entre les mots.) Or puisque toutes les connaissances humaines se peuvent exprimer par les lettres de l'Alphabet, et qu'on peut dire que celuy qui entend parfaitement l'usage de l'alphabet, sçait tout[9] ; il s'en suit, qu'on pourra calculer le nombre de verités dont les hommes sont capables et qu'on peut determiner la grandeur d'un ouvrage qui contiendroit toutes les connaissances

a. Le manuscrit porte ici de nombreuses ratures et adjonctions interlinéaires. Si on établit le texte terminal en éliminant les mots raturés et en conservant les ajouts, on obtient : « ... la Cryptographie de déchiffrer », — leçon qui résulte de la typographie adoptée par Couturat et que retient la *Vorausedition* (fascicule 6, 1336). Cette formulation est irrecevable en français. Il est préférable d'admettre que Leibniz n'a pas été cohérent dans ses corrections ; on peut donc soit éliminer « de déchiffrer », soit rétablir le groupe explicatif « ou l'art de déchiffrer », ce que nous choisissons.

humaines possibles[10] ; et ou il y auroit tout ce qui pourroit jamais estre sçû, ecrit, ou inventé ; et bien au dela, car il contiendroit non seulement les verités, mais encor les faussetés que les hommes peuvent enoncer ; et meme des expressions qui ne signifient rien. Cette recherche sert à mieux concevoir, combien peu est l'homme au prix de la substance infinie, puisque le nombre de toutes les verités que tous les hommes ensemble peuvent sçavoir est assez mediocre quand il y auroit une infinité d'hommes qui par toute une eternité se relevassent dans l'avancement des connoissances, et supposé tousjours que la nature humaine ne soit pas plus parfaite qu'elle est a present ; car il ne s'agit point icy de l'autre vie, quand l'ame humaine sera elevée à un estat plus sublime. Ce paradoxe est bien d'une autre force que celuy d'Archimede, qui fit voir aux courtisans du Roy Hieron que le nombre des grains de sable qui rempliroient non seulement tout le globe de la terre, mais encor l'espace d'une partie de l'univers etendu d'icy jusqu'aux astres, est assez petit et aisé à écrire[11], car ce nombre n'est presque rien au prix de celuy des verités, puisqu'il n'y a point de grain de sable, qui n'ait sa figure particuliere, et qui ne pourroit fournir un grand nombre de verités, sans parler des verités tirées des autres choses. Il ne s'en suit pourtant pas, si le monde avec le genre humain dureroit assez, qu'on ne pourroit trouver que des verités déja connues autresfois car le genre humain
95 v° se pourroit contenter d'un certain petit nombre de | verités, pendant toute une eternité, qui ne seroit qu'une partie de celles dont il est capable, ainsi il laisseroit tousjours quelque chose en arriere. Mais supposé qu'on aille tousjours en avant pendant qu'on peut, quoyque peut estre lentement pourveu que le progres demeure tousjours le même, il faut enfin que tout s'epuise et qu'on ne puisse pas même faire de Roman, qu'un autre n'ait déja fait ; ny former de chimere nouvelle. Ainsi il faudroit tousjours qu'il fut un jour vray au pied de la lettre, qu'on ne dira plus rien, qui n'ait deja esté dit, nihil

dici, quod non dictum sit prius[12]. Car ou l'on dira ce qui a esté dit, ou bien, si l'on veut continuer de dire des choses nouvelles, l'on épuisera ce qui reste encor à dire, puisque cela est fini comme nous demonstrerons tantost. Il s'agit donc de donner un nombre plus grand que le nombre de tout ce qui se peut dire ou enoncer ; c'est ce que nous allons faire.

III —
LH IV, 5, 9, f. 2-5

2 r° [a]*De l'Horizon de la Doctrine Humaine, ou Meditation touchant le nombre de toutes les verités ou faussetés possibles, que les hommes tels que nous les connoissons peuvent enoncer ; et touchant le nombre des livres faisables. Ou l'on demonstre que ces Nombre‹s› sont finis, et qu'il est possible d'écrire, et aisé de concevoir un nombre bien plus grand*[b]*. Pour faire voir les bornes de l'esprit humain, et son etendue à les connoistre.*

c

Archimede qui estoit consideré dans la cour d'Hieron, Roy de Sicile, étonna les courtisans de ce prince en disant que la multitude de tous les grains de sable qui se peuvent trouver au rivage de la mer, ou ailleurs,

a. *Leibniz a raturé un début de titre en latin* : HORIZON DOCTRINAE HUMANAE, *puis...* Mentis Humanae, *avant d'adopter le français.*

b. *Développements raturés du sous-tire* : (*1*) D'où il s'ensuit que si le genre humain duroit assez long temps dans le pre (*2*) D'où il s'ensuit, que si le genre humain duroit assez long temps dans le present estat, et donnoit [tousjours, *raturé*] (*a*) quelque nouvelle enontiation par intervalles egaux (*b*) au moins une nouvelle enontiation dans chaque million d'années, ou dans quelque intervalle encor plus grand, que toutes les verités enonçables seroient enfin epuisées, et que tous les livres faisables, se trouveroient faits un jour. Apres quoy on ne pourroit rien dire, qui n'ait esté dit mot à mot.

c. *Remarque ajoutée dans la marge, puis raturée d'un trait oblique* : Peu de probabilité que le genre humain dure tousjours.

n'est pas sans nombre, ou plustost qu'un nombre encor plus grand, bien loin d'estre immense, pourroit estre écrit en n'employant que tres peu de chifres[1]. Pour demonstrer ce qu'il avoit avancé, il prouva qu'il seroit aisé d'exprimer un nombre bien plus grand que celuy de ces grains quand on supposeroit que non seulement tout le globe de la terre, mais encor tout l'intervalle entre le ciel et la terre fut rempli de sable.

Mais le nombre du sable n'est presque rien au prix du nombre des verités et faussetés possibles, que l'homme peut enoncer, et il n'y a pas un des grains dont on vient de parler qui ne pourroit fournir luy meme un tres grand nombre de verités nouvelles, bien que peu importantes, mais c'est de quoy il ne s'agit point icy. Cependant qu'est ce que le nombre de toutes ces verités touchant le sable en comparaison de tant d'autres qu'on peut connoistre en d'autres matieres ?

On voit bien aussi par avance que le nombre du sable est fini. Mais on en pourroit douter si les verités ou faussetés que la connoissance humaine peut atteindre, ne vont à l'infini[2]. Je ferois pourtant voir que leur nombre ne laisse pas d'estre borné, et qu'il est aisé meme de concevoir et encor d'exprimer un nombre bien plus grand, lors qu'on se veut servir des abregés receus aujourd'huy[3] ; et que meme sans cela il est possible d'écrire tout au long un nombre plus grand que celuy qui est en question. Non pas qu'il faille penser que ce soit une chose à faire, mais parce qu'en concevant cette possibilité on peut mieux determiner la nature de ces nombres.

2 v° ‖ Mais afin qu'il n'y ait point de difficulté sur nostre raisonnement, je declare de ne vouloir parler que des *verités enonçables,* car je ne nie pas que les hommes n'ayent et ne puissent avoir quantité de pensées et de sentimens confus, songes, phantasies, et impressions qu'on ne sçauroit enoncer, puisqu'il est constant <que> nous n'avons pas assés de noms pour toutes les differences subtiles des qualités sensibles comme des couleurs,

sons, odeurs, gousts ou attouchemens ; ny pour toutes les differences des sentimens internes, comme des appetits, plaisirs, douleurs ; qui se changent selon les objets et meme selon les estats de nostre temperament ou de nostre santé. Et je donne l'exclusion icy à toutes ces choses qui ne sçauroient estre enoncées. C'est pourquoy j'ay voulu appeller cette estime du nom de l'Horizon de la doctrine humaine, et non pas de la pensée ou de l'esprit humain, car tout ce qui appartient à la doctrine est enonçable. J'entends *les enontiations qu'on peut mettre par écrit* ; et je distingue entre enonçable et prononçable.

Je parle aussi des *Hommes tels que nous les connoissons*. Car nous ne sçaurions concevoir des affirmations ou des negations, ou en un mot des theses, qui seroient trop prolixes, et dont nous oublierions le commecement avant que de venir à la fin. Cela n'empeche point cependant que l'esprit de l'homme ne puisse estre elevé un jour à un degré d'étendue incomparablement plus grand, et qu'il n'y aye dés apresent des creatures, auxquelles nos plus grandes et plus embarrassées propositions de Mathematique, ou nos procés les plus enveloppés, ne seroient qu'un jeu comme pourroit estre à nostre egard un petit syllogisme in barbara ; puisque nous voyons que même parmy les hommes d'apresent il y en a qui peuvent faire des grands calculs sans plume et presque sans meditation ; il est vray que toute cette force de l'esprit humain ne va gueres loin dans les hommes que nous connoissons ; neantmoins j'ay voulu estre liberal, et sans me contenter des verités qu'un homme peut concevoir, je vay jusqu'aux verités ou propositions qu'on peut lire, depuis les moindres jusqu'à celles dont une seule seroit assez grande pour ne pouvoir estre lüe que durant la vie d'un homme, quand il vivroit mille ans ; je pense que c'est le *non plus ultra* de l'enontiation humaine dans cette vie.

‖ Maintenant il faut considerer que toutes nos pensées enonçables s'ecrivent par le moyen d'un petit nombre de lettres ; quoyque les Chinois[4] et chez nous les

Chymistes quelques fois, aussi bien que les Astronomes, se servent d'autres caractères qui n'ont point de rapport à la prononciation du mot. C'est une plus grande merveille qu'il ne semble d'abord qu'on a pû reduire tous les sons articulés à ces lettres, et par ce moyen *donner de la couleur et du corps aux pensées*[5]. Et que la simple variation d'un petit nombre de characteres nous donne moyen d'exprimer tant de choses, comme Lucrece a déjà remarqué[a][6]. On a coustume de compter 24 lettres dans nostre Alphabet latin, sçavoir A, B, C, D, E, F, G, H, I, K, L, M, N, O, P, Q, R, S, T, U, W, X, Y, Z. On en pourroit compter d'avantage, non seulement en adjoutant des diphthonges composés des voyelles, mais encor en contant les lettres composées de consones, comme <θ> ou φ [b] ; mais puisqu'on peut resoudre ces composées en leurs composantes, le nombre de 24 peut suffire.

3 r° Je laisse là aussi ces sons qui ne s'ecrivent point ou ne s'ecrivent que par les lettres dont je viens de parler, comme par exemple ce qu'on appelle parler gras, que les Anglois ecrivent par th, mais qu'on n'a pas coutume de marquer ailleurs. Car les lettres ordinaires suffisent pour nostre dessein. Et lors qu'il y a quelque peu d'ambiguité, en ecrivant des sons differens par les mêmes lettres, comme or (atqui) et or (aurum) en françois, ce qui precede ou qui suit, la leve ordinairement. C'est pourquoy je n'ay pas voulu faire deux lettres de l'i ou de l'u qui sont tantost voyelles tantost consonantes. Je neglige aussi les differences qui viennent des accens, puisque leur omission n'empeche gueres l'intelligence de l'écriture. Quant aux verités que nous pouvons connoistre sur les nombres, à fin qu'on ne se plaigne point que je les aye omises à cause de leurs propres caracteres differans des lettres ; on n'a qu'à remarquer que

a. *Leibniz a raturé la citation* : Namque eadem terras significant, verum positum discrepitant haec.

b. *Les surcharges rendent illisible le premier exemple donné par Leibniz, et laissent seulement conjecturer* φ *pour le second.*

tous les nombres se peuvent écrire encor par lettres, comme on les enonce, et comme on a coustume de les écrire dans les contracts. Ainsi ces verités se trouveront comprises dans nostre calcul.

‖ Cherchons maintenant le *Nombre des Mots* qu'on peut former de ces lettres[7], soit qu'ils soyent signifians ou non signifians, prononçables ou non prononçables. Les mots peuvent estre monogrammes, digrammes, trigrammes, tetragrammes, etc. Les *Monogrammes,* ou mots d'une seule lettre, ne sçauroient estre plus que 24, j'entends tous ceux qu'on peut écrire, soit qu'on les puisse prononcer ou non. Or a chacun des monogrammes adjoutant à la fin chacune des 24 lettres, on aura en tout 24 fois 24 (c'est-à-dire 576) *digrammes,* ou mots de deux lettres. Et de même à chacun des digrammes adjoutant à la fin chacune des 24 lettres, on aura 576 fois 24 (c'est-à-dire 13824) *trigrammes* ou mots de trois lettres. Et de meme 13284 fois 24 (c'est-à-dire 331776) *Tetragrammes.* Et generalement le nombre des mots de *n* lettres sera 24^{n}, sçavoir celuy de 2, 3, 4, etc. lettres sera respectivement24^{2}, 24^{3}, 24^{4}, etc. Les latins, quoyqu'ils ne soyent pas heureux en compositions, autant que les Grecs et les Allemands, ne laissent d'avoir des mots assez grands. L'on sçait ce distique composé de quatre mots :

> Conturbabantur Constantinopolitani
> innumerabilibus sollicitudinibus[8]

Auquel on peut joindre cet autre, fait contre les mangeurs de fromage gasté, mais dont les mots sont forgés exprés pour rire :

> Rancidovermivori, viventecadaverilambae,
> Lumbricocomedae, putriligurriferae :
> Dicite, num vobis, queis turpivermeliquescens
> Caseus ambrosia est, nausea nectar erit ?[9]

Je me souviens d'un mot grec, mais fait aussi exprés par maniere de jeu, pour marquer un cabinet de raretés :

> Πανεξωτικοθαυματωργηματοταμεῖον

qui est de 31 lettres, et qui écrit en latin, en feroit 32[10].

Et le nombre des mots possibles bons ou mauvais de 32 lettres seroit 24^{32}, qui seroit la 32me dignité de 24, et proviendroit par 31 multiplications continuelles de 24 par 24. Car 24, ou 24^1 est la premiere dignité, mais 576 ou 24^2 est la seconde dignité, et vient par une multiplication, sçavoir de 24 par 24 ; 13824 ou 24^3 est la troisieme dignité, et vient par deux multiplications, sçavoir de 24, par 24, par 24. Et ainsi de suite.

On peut encor appeler *puissance* ce que d'autres appellent *dignité*[11] ; mais quelques uns qui comprennent le costé ou la racine sous les dignités ne le veulent pas comprendre sous les puissances.

3 v° ‖ Si on ne se contentoit pas de sçavoir apart le nombre des monogrammes, digrammes, trigrammes, etc. et en general le nombre des mots d'une grandeur donnée ou le nombre des lettres soit donné ; mais demandoit generalement le nombre des mots, dont la grandeur ne passe pas un nombre de lettres donné depuis les moindres mots jusqu'aux plus grands ; il est encor aisé d'y arriver, puisqu'il s'agit de trouver la somme des nombres de progression Geometrique. Car si on demande *les mots qui ne passent pas les digrammes,* on n'a qu'a adjouter ensemble les monogrammes et les digrammes, $24 + 24^2$ ou $24 + 576$, c'est-à-dire 600. *Les mots qui ne passent pas les trigrammes,* seront les monogrammes, digrammes et trigrammes ensemble, sçavoir $24 + 24^2 + 24^3$, ou $24 + 576 + 13824$, c'est-à-dire 14424. Mais dans les mots plus grands, et generalement, on peut proceder ainsi : $a + a^2 = a^3 - a, :, a - 1$ c'est-à-dire $a + a^2$ est égal à $a^3 - a$, divisé par, $a - 1$.

$$a + a^2 + a^3 = a^4 - a, :, a - 1$$
$$a + a^2 + a^3 + a^4 = a^5 - a, :, a - 1$$

Et de meme la somme d'$a + a^2 + a^3 + a^4 + a^5 + a^6 + a^7 + a^8 + a^9 + a^{10}$ est $a^{11} - a, :, a - 1$.[12] Ainsi mettant 24 à la place de la lettre *a,* la somme de tous les mots possibles, dont le plus grand ne passe pas dix lettres ou n'est pas au dessus du decagramme sera $24^{11} - 24$, divisé par 23. Et si on suppose que le plus grand de tous les mots ne passe point 32 lettres, (: comme le mot precedent formé du Grec :) *le nombre de tous les mots* possibles, sera $24^{33} - 24$, divisé par 23, ou selon ma maniere d'écrire $24^{33} - 24$, :, 23. C'est-à-dire, pour avoir ce nombre, il faudroit multiplier continuellement 24 par soy même 32 fois, et du produit oster 24, puis diviser le reste par 23. Car la division par 23 reussit tousjours exactement dans ce calcul. Les Logarithmes pourroient servir utilement pour l'abreger, s'il estoit utile de l'entreprendre. Mais il suffit d'en monstrer le fondement, sans qu'on ait besoin de le faire, puisque ce qu'on en donne icy est pour la meditation et non pas pour la practique des nombres. Outre que je conçois mieux un nombre, en disant qu'il est la trentetroisieme dignité de 24, qu'en le voyant écrit tout au long.

‖ Cette Methode du Calcul des Mots ou termes nous donne le moyen d'arriver à celuy des enontiations ou des verités et faussetés ; ou plustost, celuyci ne differe de celuyla que comme le plus du moins, le tout de la partie. Le discours humain est composé de periodes, qui font un sens achevé. Les periodes ont leurs coles, hemicoles, commes[13], et Erycius Puteanus[14] a fait un traité exprés de ces distinctions, quoyque on n'ait pas encor de reglement bien fixe la dessus ; aussi peut on s'en passer, sans qu'on ait besoin d'aller en cecy à une subtilité pareille à celle des Masoretes[a][15]. Et si toutes les distinctions estoient levées, comme chez les Latins dans les vieilles inscriptions, et si mêmes les distinctions des mots entre eux estoient negligées, comme dans quelques anciens manuscrits, on ne laisseroit pas d'attraper ordinairement le sens de l'écriture.

a. *Passage ajouté en marge, puis raturé* : Car les plus sçavans ne pensent point que les accents et marques distinctives des Hebreux, pour ne rien dire des points servant de voyelles, soyent plus anciens que la decadence de la langue, qui a porté des personnes intelligentes à tacher d'en conserver la pronontiation bien distincte par ces moyens extraordinaires, et par des marques inventées exprés. Ces marques ont leur utilité dans l'écriture de quelque langue que ce soit, cependant

4 r° Ainsi pour nous debarasser de toutes ces distinctions et pour arriver plus aisément au calcul, nous ne considererons icy les periodes, et mêmes les livres entiers, que comme des mots bien grands : c'est-à-dire nous negligerons tant les intervalles qui distinguent les mots, que les marques qui distinguent les periodes ou leur‹s› parties : et nous en userons comme si les lettres alloient tousjours tout de suite, les unes après les autres d'une manière uniforme. Et de cette façon nous n'aurons egard qu'au simple arrangement des lettres, c'est-à-dire à la combinaison jointe à la transposition, pour voir, comme parle Lucrece

Cum quibus et quonam sint ordine quaeque locata[16].

a

Pour prendre la chose de plus haut, il faut considerer que les *Variations* sont de la matiere, ou de la forme, ou de toutes deux[17]. Celles de la matière seule sont les *Combinaisons,* qui ne different, que parce qu'il y a une lettre ou note dans l'une qui n'est pas dans l'autre. Les Combinaisons sont simples ou redoublées. Les *Combinaisons simples* sont differentes selon le nombre des *ingredians*[18], sçavoir les *solunions* ou monades, comme a, b, c, etc. (s'il est permis de comprendre les monades sous les combinaisons, comme l'unité se comprend sous les nombres), les *binions,* comme ab, ac, bc, etc., les *ternions,* comme abc, abd, acd, bcd. Et ainsi de suite.

Les nombres des combinaisons simples ont esté donnés par plusieurs. Ce sont ceux qu'on appelle aussi nombre figurés de la maniere qui suit[19] :

a. *Ici commence un trait continu qui encadre tout le résumé de Combinatoire qui va jusqu'en haut du f. 5 recto. En marge du début de ce morceau, Leibniz a indiqué, sans doute à l'usage d'un secrétaire chargé de recopier le mémoire :* Plaz zu lassen (« *laisser de la place* »).

Unités	1	1	1	1	1	1	1	1
Naturels	1	2	3	4	5	6	7	8
Triangulaires	1	3	6	10	15	21	28	36
Pyramidaux	1	4	10	20	35	56	84	120
Triangulo-triangulaires	1	5	15	35	70	126	210	330

[a]

Voicy comme j'explique la chose un peu plus pleinement qu'on n'a coustume de faire. *Nul* ingrediant, ne donne qu'une Nullion. *Un* ingrediant donne une nullion, et une solunion. Deux ingredians donnent une nullion (c'est-à-dire lorsqu'on n'en pose rien), deux solutions a et b, et une binion, ab. *Trois* ingrediens donnent une nullion, trois solunions, a, b et c, trois binions, ab, ac, bc, une ternion abc. *Quatre* ingredians donnent 1 nullion, 4 solunions, 6 binions, 4 ternions, 1 quaternion. Et ainsi de suite, suivant les nombres de la Table pris obliquement.

Les combinaisons redoublées sont ou quelque ingrediant se trouve repeté. Ainsi chaque combinaison simple peut estre variée à l'infini par le redoublement de l'un[e] ou de plusieurs de ses ingrediens, sans que pour cela les ingrediens soyent augmentés, diminués ou changés. Par exemple, s'il n'y avoit que deux ingrediens a, et b, qui font une seule binion ab, on en pourra faire une infinité de combinaisons redoublées, comme ab, ab^2, ab^3, ab^4, etc., a^2b, a^2b^2, a^2b^3, a^2b^4, etc., a^3b, a^3b^2, a^3b^3, a^3b^4, etc., a^4b, a^4b^2, a^4b^3, a^4b^4, a^4b^5, etc., a^5b, a^5b^2, a^5b^3, a^5b^4, a^5b^5, a^5b^6, etc. Et ainsi de suite. Les nombres mis au dessus des lettres en marquent la repetition, comme par exemple a^5b^4 signifie par abregé : aaaaabbbb. Ainsi d'*un ingrediant,* a, on peut

a. *Sous le tableau, début de phrase raturé* : On en peut voir le Triangle Arithmétique de M. Pascal

faire un monogramme a, un digramme aa, un trigramme aaa ou a^3, un tetragramme a^4 ; etc. De *deux ingrediens* ou lettres, on peut faire un digramme ab, deux trigrammes aab, ou abb, trois tetragrammes, aaab, aabb, abbb (ou a^3b, a^2b^2, ab^3), quatre pentagrammes, a^4b, a^3b^2, a^2b^3, ab^4. Et ainsi à l'infini. Et de *trois ingredians* on pourra faire 1 trigramme, 3 tetragrammes, 6 pentagrammes, 10 hexagrammes, etc. De *quatre ingredians* on pourra faire un tetragramme, 4 pentagrammes, 10 hexagrammes, 20 heptagrammes ; etc. Par ou l'on voit que les nombres figurés servans à donner les combinaisons simples, servent encor, mais d'une autre façon, à donner les combinaisons redoublées.

Dans le calcul de l'algebre literale chaque membre du calcul est une combinaison soit simple ou redoublée. J'appelle *membre* une partie de la formule qui se joint aux autres par plus ou par moins, sans estre composée de même par d'autres. Ainsi disant aa-bc, on voit qu'il y a deux membres aa, et bc, dont aa est un digramme fait d'un seul ingredient, bc est une binion, c'est-à-dire une combinaison simple faite de deux ingrediens. Une telle quantité comme bc pourroit aussi estre appellée *Terme*. Cependant tous les isogrammes ou termes du meme nombre de lettres (qu'on appelleroit homogenes ou d'une meme dimension en Algebre), bien qu'ayans les mêmes ingredians, ne sont pas tousjours d'une même *forme*[20]. Par exemple, s'il y avoit trois ingrediens, a, b, c ; on en pourra faire six pentagrammes, mais qui ne seroient que de deux formes, sçavoir trois d'une forme a^3bc, ab^3c, abc^3, et trois d'une autre
4 v° forme, a^2b^2c, a^2bc^2, ab^2c^2. | Je ne veux pas m'appliquer maintenant à chercher le nombre des formes, ny à examiner plusieurs autres questions qui ne sont pas de nostre but.

Quant aux variations de la forme, on pourroit considerer le voisinage[21], les intervalles plus ou moins grands, et plusieurs autres circomstances, mais je n'y veux et ne dois considerer presentement que l'ordre. Car en considerant les combinaisons simples ou redoublées, aussi bien que dans les membres du calcul de l'Algebre literale, on n'a point d'egard à l'ordre, et ab et ba, ou a^2b et ba^2 passent pour une même chose. Mais il n'en est pas de meme dans les mots. Roma, amor, maro, armo, oram, ramo, mora, ont des significations bien differentes. Et puisque nous voulons considerer une periode et memes un livre entier comme un mot bien grand, et comme si les lettres y estoient posées tout de suite sans intervalles, il ne reste à considerer d'autre forme, que celle de l'ordre des lettres. Ainsi lors que deux termes ont les memes lettres avec les mêmes redoublemens, leur difference ne consiste que dans la transposition, comme roma, mora ; immo, mimo ; ordo, rodo ; abba, baba. D'autres[22] ont deja fait voir, que quand il n'y a point de redoublement, les changemens de l'ordre se comptent par les nombres continuellement produits. *Une chose* comme a, ne peut estre posée que d'une façon, donc le nombre des façons est 1. *Deux choses* a, b, ne peuvent estre posées que de deux façons ; ab et ba, donc le nombre des façons est 1 par 2, ou 2. *Trois choses* peuvent estre posées de six façons, car chaque façon de deux choses peut recevoir la troisième chose en trois differens endroits, ce qui fait 1.2.3 ou 6. *Quatre* choses peuvent estre posées de 24 façons ; car chaque façon de trois choses peut recevoir la quatrieme chose en quatre endroits ce qui fait 6 fois 4, ou 1.2.3.4, c'est-à-dire 24. Et ainsi de suite. Quand il y a du redoublement mêlé dans les combinaisons, il est encor aisé de trouver le nombre de variations que la transposition peut produire, mais je ne veux pas maintenant m'ỳ amuser ; parce que j'ay expliqué cy dessus un moyen general qui donne toutes les variations ensemble, soit de la matière ou de la forme. Car s'il n'y avoit que deux lettres a et b, on en pourroit faire

Monogrammes	2,	a , b
Digrammes	4	a^2, ab ; ba, bb
Trigrammes	8	a^3, a^2b ; aba, abb ; baa, bab ; bba, bbb
Tetragrammes	16	a^4, a^3b ; a^2ba, a^2bb ; abaa, abab ; abba, abbb, baaa, baab ; baba, babb ; bbaa, bbab ; bbba, bbbb
etc.	etc.	

Ou l'on voit que le nombre precedant, pris deux
fois, donne le suivant ; parce que chaque façon prece-
dente donne autant de nouvelles, qu'il y a de lettres
qu'on peut adjouter à la fin, comme par exemple a^3
5 r° donne a^4 et a^3b, en y mettant à la fin a ou b. | Il en
est de meme de 24 lettres, ou il faut multiplier conti-
nuellement par 24 comme il a déja esté montré cy
dessus[a].

‖ Ce qu'on appelle *periode* est proprement la partie du discours qui doit contenir une verité, proposition ou these, c'est-à-dire une affirmation ou negation. On n'aime pas que leur grandeur soit excessive, et on voudroit qu'elles pussent estre prononcées ou lües d'une haleine. Cependant on trouve quelques fois chez les Mathematiciens des propositions qui remplissent une page entiere, et au-delà, quoyque ordinairement ce ne soyent pas les plus belles. Et dans la practique du barreau, et même dans les chanceleries et dans les Actes publics ou particuliers on trouve quelquesfois des arrests, des recés, des Dietes, des edits ou declarations, des bulles, des traités, des dispositions et testamens, ou il faut parcourir plusieurs feuilles de papier, avant que de pouvoir attrapper le verbe final, qui doit conclure la periode. Or, si nous supposons que la proposition, enontiation ou periode, ne passe pas la grandeur d'une page ; et si nous donnons vingt mille lettres à une page, il s'ensuit,

a. *Ici prend fin le trait continu entourant le texte qui commence en haut du f. 4 r°.*

que le nombre de toutes les verités ou faussetés, periodes ou meme enontiations, signifiantes ou non signifiantes, qui ne sont pas plus grandes d'une page, ne passe pas 24^{20000}[a] – 24, :, 23, c'est-à-dire un nombre, qui se trouveroit en prenant la 20 milliême dignité ou puissance de 24, et apres en avoir osté 24, divisant le reste par 23. Mais puisque nous sommes déja convenus qu'il y a des periodes de plusieurs feuilles, et qui pourroient aller à la grandeur d'un livre, usons de plus de liberalité ; ou plustost allons aussi loin qu'il est possible ; et passons jusqu'aux verités ou periodes, qu'un homme pourroit à peine lire durant toute sa vie ; car on m'avouera que l'homme, comme nous le connoissons n'est pas capable d'enoncer des verités plus grandes que celles qu'il peut lire. Pour cet effect, concevons qu'un homme puisse lire 100 feuilles par jour, et que chaque feuille soit de 100 mille lettres ; nous aurons 36500.00000 lettres par an. Et supposant que l'homme vive mille ans, (puisqu'on ne connoist qu'Artephius[23], auteur chymiste, qui les ait passé, *si Diis placet*) la plus grande periode enonçable, ou bien le plus grand livre qu'un homme puisse achever de lire, sera de 36500.000.00000 lettres, et le nombre de toutes les verités, faussetés ou periodes enonçables ou plustost lisibles, prononçables ou non-prononçables, signifiantes ou non signifiantes, sera

$$24^{36500.000.00001} - 24, :, 23.$$

Prenons un nombre encor plus grand, mais plus simple, et omettant la soustraction de 24, et la division par 23, prenons $24^{36500.000.00001}$ ou plustost prenons le nombre encor plus grand $25^{36500.000.00000}$, ou bien $5^{73000.000.00000}$, ou enfin pour aller à la derniere sim-
5 v° plicité, mais avec une | augmentation immense du nombre, prenons $10^{73000.000.00000}$, ce qui est la même chose,

a. *Leibniz commet un lapsus calami : il faut substituer* 24^{20001}, *conformément à la formule qui va d'ailleurs être correctement appliquée quelques lignes plus bas.*

comme s'il y avoit 100 lettres de l'Alphabet au lieu de 24 ; ce nombre sera la 73000.000.00000^me dignité du denaire, ou bien son logarithme sera justement 73000.000.00000 ; ce qui suffit pour le concevoir distinctement. Car pour l'écrire tout au long, il faudroit mettre une unité, suivie de 73000.000.00000 zeros, et vingt mille écrivains y auroient de quoy travailler 37 années ou environ, donnant à chacun mille pages par ans, et dix mille zeros à une page. Mais mille presses le pourroient imprimer environ en deux ans de temps, chacune ne donnant que mille pages par jour. Car la composition ne s'y changeroit point. Et pourtant un nombre si borné (qu'on comprend aisement sans l'écrire ou sans l'imprimer au long, et dont le logarithme n'est que de 12 chiffres), surpasse d'un excés immense le nombre de toutes les verités et de toutes les faussetés enonçables par les hommes ; et il surpasse de même le nombre de tous les livres possibles qu'un homme puisse lire.

‖ Si le genre humain duroit assés long temps dans le présent état, et si tous les 100 ans, ou tous les millions d'années, ou quelques autres intervalles encor plus grands, produisoient chacun pour le moins une nouvelle enontiation ou proposition ; il s'ensuivroit necessairement, qu'enfin toutes les propositions enonçables se trouveroient epuisées ; et ce qui viendroit par apres seroit une parfaite repetition mot pour mot, de ce qui auroit déjà esté dit, ou enoncé autres fois. On ne pourroit faire aucun sermon, ni poësie ou Roman, ny livre qui n'auroist déja esté fait par un autre. Et ce mot vulgaire, *nihil dici quod non dictum sit prius*[24], seroit veritable à la lettre. Je trouve pourtant que l'hypothese d'un certain intervalle d'années produisant au moins une nouveauté, n'est pas certaine, ny mêmes raisonnable. Il semble plustost, que la difficulté de produire des nouveautés croistroit tousjours ; ainsi peut estre que le nombre des verités enonçables bien que fini, ne s'epuiseroit jamais, comme dans les asymptotes l'intervalle entre la droite et la courbe de l'Hyperbole, ou de la Conchoide bien que fini n'est jamais epuisé. Et mêmes si nous voulions feindre, que le genre humain tel que nous le connoissons presentement eût subsisté depuis toute l'eternité[25], il ne s'ensuit point necessairement que tout ce qui se peut dire ait déja esté dit. Cependant il est vray que si le genre humain duroit assez long temps, presque tout ce qu'on pourroit dire ne seroit que redites. Et s'il y avoit souvent des nouveautés, on seroit enfin reduit à n'en pouvoir plus fournir. Et quoyque à cause des intervalles immenses des temps, qui auroient détruit toute la memoire des auteurs precedens, ces redites paroistroient des nouveautés[26], cela ne laisse pas de choquer l'harmonie des choses, et de nous faire croire, que l'estat present du genre humain ne durera pas assez pour cela. Mais laissant là des propositions, qui ne sont pas entierement demonstrées, contentons nous d'avoir rencontré une espece d'horizon, qui borne la doctrine humaine, et d'avoir elevé nostre esprit à des reflexions qui le font reconnoistre en quelque façon ces bornes que la nature luy a données.

IV —
LH IV, 5, 9, folio 1

Horizon rerum humanarum[a] seu demonstratio : numerum Veritatum aut Falsitatum ab hominibus quales nunc sunt, enuntiabilium, esse limitatum ; atque adeo si generis humani praesens status satis diu subsisteret rem eo deventuram, ut plerique discursus qui verbo aut scriptis fierent, verbotenus cum aliis jam olim factis coincidere deberent, imo quod amplius est, ut homines novi eadem ad sensum penitus tota vita agerent, quae alii jam egerunt.

Archimedes cujus magna erat apud Hieronem Siciliae regem autoritas, Regis aulicorumque admirationem excitavit, cum forte dixisset, numerum arenae adeo non infinitum esse, ut facile futurum sit enuntiare multo majorem, quam omnia sabuli granula conficere possent, si spatium a tellure ad sidera usque arena repletum esset : Hoc ille libello demonstravit, qui etiamnum extat. Sed quid est numerus arenae, si numero veritatum falsitatumque enuntiabilium comparetur ? Cum nullum arenae granulum sit quod non hujusmodi veritates falsitatesque plurimas peculiares praebere possit ; quae omnes in computum venirent, praeter alias Enuntiationes innumeras circa alia objecta. Et tamen facile enuntiari intelligique numerus potest, qui harum omnium numerum vincat : quod jam ostendam.

Caeterum quo minus moveri contra difficultates possint, declaro me tantum de *propositionibus enuntiabilibus* loqui : neque enim nego homines habere et habere posse magnam copiam cogitationum et sensionum confusarum, impressionum, phantasmatum, som-

a. *Premier titre raturé* : Horizon doctrinae | actionisque, *ajouté* | humanae

IVbis —
Traduction

Horizon des affaires humaines[a], ou démonstration : le nombre des vérités ou faussetés énonçables par les hommes tels qu'ils sont maintenant est limité ; et de ce fait, si l'état du genre humain subsistait assez longtemps, on en viendrait à ce que la plupart des discours qui se feraient verbalement ou par écrit devrait coïncider mot à mot avec d'autres discours déjà faits jadis, et qui plus est encore, à ce que de nouveaux hommes mèneraient de bout en bout toute une vie sensiblement identique à celle que d'autres auraient déjà menée.

Archimède, dont le prestige était grand chez le roi de Sicile Hiéron, suscita l'admiration du roi et des courtisans, en disant à l'occasion que le nombre du sable n'est pas infini, au point qu'il serait facile d'énoncer un nombre bien plus grand que celui que tous les grains de sable pourraient composer si l'espace de la terre jusqu'aux étoiles était empli de sable[1]. Il le démontra en un livre fameux qui existe encore. Mais qu'est-ce que le nombre du sable si on le compare au nombre des vérités et des faussetés énonçables ? Puisqu'il n'y a aucun grain de sable qui ne puisse fournir plusieurs vérités et faussetés particulières de cette sorte, qui viendraient toutes en compte, outre les innombrables autres énonciations portant sur d'autres objets. Et pourtant on peut aisément énoncer et concevoir un nombre qui surpasse leur nombre à toutes ; ce que je vais tantôt montrer.

D'ailleurs, pour qu'on puisse moins objecter de difficultés, je déclare ne parler que des *propositions énonçables* : car je ne nie pas non plus que les hommes n'aient et ne puissent avoir une grande foule de pensées et de sensations confuses, d'impressions, d'imaginations, de songes, qui ne peu-

a. *Premier titre raturé* : Horizon de la doctrine et de l'action humaine…

niorum, quae enuntiari non possint. Certum enim est non satis nobis suppetere verborum, ad omnes differentias subtiles qualitatum sensibilium, colorum, sonorum, odorum, gustuum, tactuum ; et sensuum etiam internorum, appetituum, voluptatum et dolorum exprimendas ; quae etiam et objectorum, et nostra quotidiana mutatione plurimum variantur.

V —
LH IV, 5, 9, folio 7 recto.

Demonstrationes de Universo immenso aeternoque ; de Mundis et aevis, deque rerum longiquarum et futurarum statu.

> Hic dictis addatur meus Horizon scientiae humanae, et quae de eo scripsi ad Fontenellam, 26[a] Feb. 1701.

Posito satis durare humanum genus, tempus venire necesse est ubi nihil dicatur, quod non dictum sit prius. Etsi certum non sit, tempus affuturum quo nihil dici possit, quod non dictum sit prius. Fieri enim potest ut quaedam etsi tota impenderetur aeternitas, nunquam dicantur, ea ergo semper supererunt dicibilia et nondum dicta. Nunquam dantur regressus perfecti, ut circulorum et ellipsium, nec fieri potest, ut unus locus aut unum tempus universi alteri perfecte sit simile sed tantum ad sensum.

Posito autem aliquando nihil dici quod non dictum sit prius, oportet esse tempus quoque, quo redeant etiam eadem gesta, nihilque fiat quod non factum sit prius, nam quae geruntur materiam praebent sermonibus.

Imo necesse est esse periodos quasdam anno pla-

a. *Bodemann, qui cite les quatre premières lignes de ce feuillet transcrit à tort 20, au lieu de 26.*

vent être énoncées. Il est certain en effet que nous ne disposons pas d'assez de mots pour exprimer toutes les subtiles différences des qualités sensibles, des couleurs, des sons, des odeurs, des goûts, des touchers ; et aussi des sens internes, des appétits, des plaisirs et des douleurs ; lesquels aussi sont diversifiés tant par le changement des objets que par notre propre changement perpétuel.

V^bis — Traduction

Démonstrations à propos de l'immensité et de l'éternité de l'Univers ; des mondes et des âges, comme de l'état des choses passées et futures.

> Mon « Horizon de la science humaine » et ce que j'en ai écrit à Fontenelle le 26 février 1701 s'ajoutent à ce qui est dit ici[1].

Supposé que le genre humain dure assez, le temps viendrait nécessairement où rien ne serait dit qui n'eût été dit auparavant. Quoiqu'il ne soit pas certain qu'il y aura un temps où rien ne puisse être dit qui n'ait été dit auparavant. Il peut arriver en effet que certaines choses ne soient jamais dites, même si l'éternité tout entière était employée : elles resteront donc toujours dicibles et jamais dites. Il n'y a jamais de retours parfaits comme ceux des cercles ou des ellipses, et il ne peut pas arriver non plus qu'un lieu ou un temps de l'univers soient parfaitement semblables aux autres, mais ils ne peuvent l'être que sensiblement.

Mais supposé qu'un jour rien ne soit dit qui n'ait été dit auparavant, il faut qu'il y ait aussi un temps où reviennent aussi les mêmes événements et où rien n'arrive qui ne soit arrivé auparavant, car les faits offrent la matière aux discours.

Bien plus, il y a nécessairement certaines périodes

tonico similes, ita ut toto aliquo seculo exacte ad sensum eadem fiant quae aliquo alio seculo jam sunt facta ; nam totius seculi res pro magno aliquo facto, et totius seculi Historia pro magno aliquo dicto haberi potest, quaelia et ipsa necesse est vel repeti vel exhauriri, id est post exhaustionem etiam repeti. Quae de diversis temporibus eorundem locorum seu earundem rerum, extendi etiam possunt ad diversa loca ejusdem temporis, ut eadem recurrant ; imo in unaquaque mente tales intelligi possunt periodi, cum cogitet semper, etiam cum confuse et sine animae attentione.

7 v° Et licet ponamus venire tempus, quo non supersit humanum genus ; si tamen supersint intelligentes substantiae, quae non aliis quam nos cogitandi materiis, sive notionibus, utantur, idem de illis contingere oportet.

Hinc porro, quia dignitati naturae consentaneum non est, ut priora tantum repetantur, consequens est, ut eatur ad intelligentias factas perfectiores, quae alias habeant notiones profundiores, et quae capaces sint majorum et magis compositarum veritatum ; ita sciendo profici poterit in infinitum.

Itaque conveniens foret, si durarent humanae mentes, et platonicos quosdam annos haberent, eundem hominem reverti, non ut simpliciter in orbem redeat, sed ut velut spiraliter aut tortuose, inde progrediatur in aliquod majus. Est regredi ad prosiliendum magis, ut ad fossam.

Fieri tamen etiam potest, ut progressus sit non spiralis aut aliter regressivus ; qualis cycloidum secundararium ; sed directus, qualis in cycloide primaria. Et fortasse quaedam creaturae platonicas habent periodos, aliae secus.

In periodicis foret non tantum animae immortalitas, sed et aliquid corporis resurrectioni aequipollens, si non ipsa sit. Imo illud video periodos platonicas evitari non posse, saltem in notionibus quae manere debent seu quae sunt distinctae, ubi non detur materiae novitas, sed formae seu combinationis quae terminatur. Et

semblables à l'Année platonicienne[2], de sorte qu'au cours de tout un siècle exactement arrivent des choses sensiblement les mêmes que celles qui sont déjà arrivées en un autre siècle ; car les affaires de tout un siècle peuvent être tenues pour un vaste fait et l'Histoire de tout un siècle pour un grand énoncé ; ces mêmes affaires à leur tour nécessairement ou se répètent, ou s'épuisent, c'est-à-dire se répètent encore après épuisement. Ce qui vaut pour des temps différents des mêmes lieux ou des mêmes faits peut être aussi étendu à des lieux différents du même temps, de sorte que les mêmes reviennent ; bien plus, on peut concevoir de telles périodes en chaque âme, puisqu'elle pense toujours, même confusément et sans attention de l'esprit.

Et quoique nous supposions que vienne un temps où le genre humain ne subsisterait plus, si subsistaient du moins des substances intelligentes, qui n'emploieraient pas d'autres objets de pensée ou notions que nous, il faudrait que la même chose leur arrive.

Au surplus, puisqu'il ne convient pas à la dignité de la nature que les antécédents se répètent seulement, la conséquence en est qu'on en vienne à des intelligences rendues plus parfaites, qui aient d'autres notions plus profondes et qui soient capables de vérités plus amples et plus composées ; ainsi pourra-t-on progresser en savoir à l'infini.

C'est pourquoi si les âmes humaines duraient et passaient par des années platoniciennes[3], il serait convenable que le même homme soit de retour, non pour revenir simplement sur terre, mais pour y revenir pour ainsi dire suivant une spirale ou par une voie sinueuse, d'où il progresserait à quelque chose de plus grand. C'est reculer pour mieux sauter, comme au bord d'un fossé[4].

Il peut pourtant arriver aussi que le progrès ne soit pas une spirale, ou, autrement dit, ne soit pas régressif comme celui des cycloïdes secondaires, mais qu'il soit direct comme dans la cycloïde primaire[5]. Et peut-être certaines créatures passent-elles par des périodes platoniciennes et d'autres non.

Au cours des périodes, il y aurait non seulement immortalité de l'âme, mais aussi quelque chose d'équivalent à la résurrection des corps, sinon cette résurrection elle-même. Bien plus, je considère qu'on ne peut échapper aux périodes platoniciennes, à l'égard du moins des notions qui doivent demeurer ou qui sont distinctes, où il n'y aurait pas nouveauté de la matière, mais de la forme ou combinaison, laquelle a

revera confusae notiones si quis intelligeret resolvuntur in distinctas ; cum ergo etiam mentes quae eunt ad majorem perfectionem tantum majores faciunt propositiones, quae ex minoribus componuntur, erunt acta earum composita ex majore tantum combinatione anteriorum actarum, atque adeo progressione spirali seu anno platonico cum augmento, ita ut credi possit, redire saepe eosdem ad telam persequendam. Et hoc est fortasse reviviscendi promisssum Democriti, quod plane Plinius non intelligens videt.

VI —
L Br 705, folio 72 recto

Αποκατάστασις πάντων

Definiri potest numerus omnium librorum possibilium certae magnitudinis, ex vocabulis significantibus vel non significantibus constantium.

Librum certae magnitudinis voco, qui constet certo numero literarum. Exempli causa sit liber in folio constans 10̇000 paginis, pagina 100 lineis, linea 100 literis, erit liber 100̇000̇000 literarum. Jam finitus est numerus librorum tantae magnitudinis, seu qui 100 millionibus literarum Alphabeti formari possunt. Et numerus etiam iste ex calculo combinationum haberi potest, qui sit N. Simul etiam patet omnes libros possibiles minores his majoribus inesse.

Ponamus porro Historiam publicam annalem orbis terrarum tantae magnitudinis libro, qui contineat 100 milliones literarum sufficienter describi posse : patet Historiarum quoque orbis terrae publicarum possibilium inter se differentium, numerum esse definitum, quaevis enim novum librum daret.

des bornes. Et de fait, si l'on comprend les notions confuses, elles se résolvent en notions distinctes : donc puisque les esprits aussi qui vont à une plus grande perfection font des propositions d'autant plus longues, qui sont composées des plus courtes, leurs actions seront composées d'une combinaison d'autant plus vaste de leurs actions antérieures, et de plus selon une progression en spirale ou en une année platonicienne avec accroissement, de sorte qu'on puisse croire que les mêmes reviennent souvent ourdir la trame. Et c'est là peut-être la promesse de résurrection faite par Démocrite, que Pline trouve tout à fait sotte[6].

VIbis — Traduction

Ἀποκατάστασις πάντων

La Restitution universelle[1]

On peut déterminer le nombre de tous les livres possibles d'une longueur définie, formés de mots signifiants ou non-signifiants.

J'appelle « livre d'une longueur définie » un livre qui consiste en un nombre défini de lettres. Soit par exemple un livre in-folio formé de 1000 pages, chaque page de 100 lignes, chaque ligne de 100 lettres : ce sera un livre de 100.000.000 de lettres. Or le nombre des livres de cette longueur ou qui peuvent être formés de 100 millions de lettres de l'alphabet est fini. On peut bien obtenir ce nombre par le calcul des combinaisons : soit N ce nombre. Il est clair aussi que tous les livres possibles plus courts sont en même temps contenus dans ces livres plus longs.

Supposons en outre que l'histoire publique universelle d'une année[2] puisse être décrite de manière suffisante dans un livre de telle longueur qu'il contienne 100 millions de lettres : il est clair que le nombre aussi des histoires publiques universelles possibles, différentes entre elles, est déterminé ; chacune en effet fournirait un nouveau livre.

Hinc porro sequitur, si fingatur genus humanum satis diu durare in statu qualis nunc est, redire debere priores Historias publicas. Nam si assumatur numerus annorum aequalis numero N, dico durantibus illis annis N semper quovis anno aut novae contingere historiae differentes a quavis praecedentium in his annorum in istis N comprehensorum, aut rediit Historia alicujus anni inter hos prioris. Si factum est posterius habemus intentum. Sin minus, seu si semper nova fuit Historia annua, sequitur exhaustas esse hoc annorum numero omnes Historias publicas possibiles et annis sequentibus redire priores. Itaque si genus humanum in statu qualis nunc est per annos plus quam N duret, necesse est redire priores annales Historias. Q.E.D. Itaque Leopoldum et Ludovicum, et Guilielmum et Georgium nostrum cum suis gestis intra hoc temporis spatium redire necesse est.

Sed manifestum est idem valere si descendamus ad Historiam privatam, tantumque opus fore concipi librum majorem annosque plures ; utique enim possibilis est liber sufficientis magnitudinis, in quo describantur minutissime quae homines per totum orbem terrarum intra annum egere. Fingantur esse in orbe mille hominum milliones (a quo numero longissime abest humanum genus),
72 v° et homini cuilibet ad unum vitae ejus annum | minutatim describendum assignetur tantus liber, quantum Historiae publicae annuae tribuimus, nempe constans ex 100 millionibus literarum. Nam etsi anno tribuerentur 1000 horae, tamen cuilibet horae hominis describendae [plagula] superforent 10000 literae seu pagina 100 linearum, quarum quaevis sit 100 literarum.

Ergo opus continens Historiam annalem totius generis humani ad minutissima descendentem, sufficiet habere numerum literarum qui perveniat ad centies mille milliones Millionionum ; si *Millionio* idem significet quod millio millionum. Jam etiam numerus possibilium operum tantae magnitudinis inter se aliquatenus diffe-

D'où il s'ensuit en outre que si l'on imagine que le genre humain dure assez longtemps en l'état où il est maintenant, les histoires publiques antérieures doivent revenir. Car si on admet un nombre d'années égal au nombre N, je dis que, durant ces N années, en n'importe quelle année et toujours, ou bien arrivent des histoires nouvelles différentes de n'importe laquelle des années précédentes comprises dans ces N années, ou bien revient l'histoire de quelque année antérieure d'entre elles. Si le second cas se réalise, nous obtenons ce qui est cherché. Dans le cas contraire, c'est-à-dire si l'histoire annuelle fut toujours nouvelle, il s'ensuit que toutes les histoires publiques possibles sont épuisées en ce nombre d'années et que les histoires antérieures reviennent au cours des années suivantes. C'est pourquoi, si le genre humain dure en l'état où il est maintenant pendant plus de N années, les histoires antérieures d'une année reviennent nécessairement. CQFD. C'est pourquoi Leopold et Louis, Guillaume et notre Georges[3] reviennent nécessairement avec leurs actions dans cet intervalle de temps.

Mais il est manifeste qu'il en va de même si nous descendons à l'histoire privée et qu'il y faudra seulement concevoir un livre plus long et des années plus nombreuses ; car un livre de longueur suffisante où serait décrit de la façon la plus détaillée ce que les hommes ont fait en un an par toute la terre est bien sûr possible. Qu'on imagine qu'il y ait sur la terre mille millions d'hommes (nombre dont le genre humain est extrêmement éloigné[4]) et qu'on assigne à chaque homme, pour décrire dans le détail une année de sa vie, un livre aussi long que celui que nous attribuons à l'histoire publique annuelle, c'est-à-dire formé de 100 millions de lettres. Car même en attribuant 10.000 heures à un an, il resterait encore pour décrire chaque heure d'un homme 10.000 lettres, ou une page de 100 lignes dont chacune serait de 100 lettres.

Ainsi il suffira que l'ouvrage contenant l'histoire descendant aux moindres détails d'une année de tout le genre humain ait un nombre de lettres qui arrive à cent mille millions de millionions[5], si *millionion* signifie autant que million de millions. Or le nombre aussi des ouvrages possibles de cette longueur, différents à quelque égard entre eux, est fini ; bien

rentium finitus est, imo ex numeris combinationis haberi potest. Is numerus vocetur Q[a].

Hinc jam sequitur : si genus humanum satis diu duret in eo qui nunc est statu, affore tempus quo singulorum etiam vita minutatim per easdem circumstantias redeat. Ego ipse verbi gratia sedens in urbe Hanovera dicta, ad Leinam fluvium sita, occupatus in Brunsvicensi Historia, scribens literas ad amicos eosdem, sensibus iisdem. Nam eadem demonstratio institui potest adhibito numero <Q>[b], quam supra instituimus adhibito numero N, cum nullum sit nisi in magnitudine discrimen.

Atque haec non semel tantum, sed saepies, imo numero vicium majore quam qui assignari potest, fierent, si genus humanum satis duraret. Et talia veteres quoque in animo habuisse videntur, qui de Anni magni platonici revolutionibus locuti sunt, etsi rationem suae sententiae ad posteros non transmiserint, sed quae ex dictis manifesta est.

Denique etiamsi non semper duraturum sit genus humanum, [quia] tamen modo semper ponamus existere mentes veritatem cognoscentes et indagantes, sequitur aliquando mentes eo perventuras ut veritates a sensuum autoritate independentes, seu theoremata demonstrabilia jam inventa quae certam magnitudinem (verb. gr. paginae si scribantur) non excedant, et multo magis breves sententias quae verbis scribi possunt, redire necesse sit, atque adeo nova theoremata invenienda oporteret magnitudine crescere in infinitum. Quod si fieret, necesse foret mentes etiam fieri capaciores ut tam magna theorema‹ta› capere possent.

Sed [quae ad] veritates sensibiles [attinent], seu quae non ratione, sed experientia constant, variari possunt in infinitum, etsi non fiant prolixiores, quia sensus in confusa perceptione consistunt, quae infinitis modis

a. *Leibniz a écrit d'abord la lettre* P.

b. *Leibniz a oublié de remplacer la lettre P par Q, ce que nous corrigeons.*

plus on peut l'obtenir par le nombre des combinaisons. Soit Q ce nombre.

D'où il s'ensuit alors : si le genre humain durait assez longtemps en l'état où il est maintenant, un temps viendrait où la vie même des individus repasserait au détail près par les mêmes circonstances. Moi-même, par exemple, demeurant dans une ville appelée Hanovre, située au bord de la rivière Leine, occupé à l'histoire de Brunswick, écrivant aux mêmes amis des lettres ayant les mêmes significations. Car la même démonstration peut être établie en recourant au nombre Q que celle que nous avons établie plus haut en recourant au nombre N, puisqu'il n'y a aucune différence si ce n'est de grandeur.

Mais ces retours se produiraient non seulement une fois, mais plus souvent, et même un nombre de fois plus grand qu'on le peut assigner, si le genre humain durait assez longtemps. Et les Anciens qui ont parlé des révolutions de la Grande Année platonicienne[12] semblent aussi avoir eu des idées de ce genre dans l'esprit, bien qu'ils n'aient pas transmis à la postérité la justification de leur thèse ; mais le sens littéral en est manifeste.

Enfin, même si le genre humain ne devait pas durer toujours, à condition toutefois de supposer que des esprits connaissant et recherchant la vérité existent toujours, il s'ensuit que les esprits parviendront un jour au point où reviendront nécessairement des vérités indépendantes du témoignage des sens, c'est-à-dire des théorèmes démontrables déjà trouvés, qui n'excèdent pas une longueur déterminée (par exemple d'une page s'ils sont écrits), et d'autant plus reviendront les formules brèves qui peuvent être écrites en peu de mots ; mais il faudrait dès lors que les nouveaux théorèmes à trouver croissent en longueur à l'infini. Et si cela arrivait, les esprits deviendraient aussi nécessairement d'une capacité plus grande pour pouvoir comprendre des théorèmes aussi longs.

Mais les vérités sensibles, ou qui relèvent non de la raison mais de l'expérience, peuvent être diversifiées à l'infini, quoiqu'elles ne deviennent pas plus prolixes, parce que les sens consistent en une perception confuse qui peut être diversifiée d'une infinité de façons en conservant sa brièveté ; car il peut

variari potest salva brevitate, nam possunt infinitae esse species viventium, sensuum, sensibilium, quod secus est in theorematibus seu in veritatibus quae adaequate seu perfecta demonstratione cognosci possunt.

VII —
L Br 705, f. 73 recto

Αποκατάστασις

Definiri potest Numerus omnium Librorum possibilium determinatam magnitudinem non excedentium ex vocabulis significantibus vel non significantibus constantium, qui proinde etiam omnes *Libros sensum habentes* comprehendet.

Librum determinatae magnitudinis voco qui non excedat certum numerum literarum. Exempli causa sit liber in folio constans 10000 paginis, pagina 100 lineis, linea 100 literis, erit liber 100000000 literarum. Et determinatae magnitudinis dicentur, qui hunc non excedent.

Jam finitus est numerus Librorum possibilium tantam magnitudinem non excedentium, seu qui ad summum centum millionibus *literarum alphabeti* formari possunt.

Nec tantum finitus est hic numerus, sed etiam ex calculo combinationum inveniri potest quot possibiles sint libri inter se vel minimum differentes, propositum literarum numerum non excedentes, magni vel parvi. Hic numerus vocetur N.

Ponamus porro *Historiam publicam annalem Orbis terrarum* tantae magnitudinis libro, qui contineat centum milliones literarum vel etiam minore sufficienter describi posse.

Sequitur Historiarum quoque Orbis terrae publicarum possibilium inter se differentium numerum esse definitum, neque excedere numerum N, quaevis enim novum librum daret.

y avoir une infinité d'espèces de vivants, de sensations, de qualités sensibles ; il en va à l'opposé des théorèmes ou des vérités qui peuvent être connus adéquatement ou par démonstration parfaite.

VIIbis — Traduction

Ἀποκατάστασις
La Restitution[1]

On peut déterminer le nombre de tous les livres possibles n'excédant pas une longueur définie, formés de mots signifiants ou non-signifiants ; ce nombre comprend aussi par conséquent tous les livres *ayant un sens*.

J'appelle « livre d'une longueur définie » un livre qui ne dépasse pas un nombre déterminé de lettres. Soit par exemple un livre in-folio formé de 10.000 pages, chaque page de 100 lignes, chaque ligne de 100 lettres : ce sera un livre de 100.000.000 de lettres ; et on appelera « livre d'une longueur définie » ceux qui ne l'excèdent pas.

Or le nombre des livres possibles n'excédant pas une telle longueur, ou qui peuvent être formés d'au plus cent millions de *lettres de l'alphabet,* est fini.

Non seulement ce nombre est fini, mais on peut même trouver par le calcul des combinaisons combien sont possibles de livres, longs ou brefs, différents si peu que ce soit entre eux, n'excédant pas le nombre proposé de lettres. Soit N ce nombre de livres.

Supposons en outre que l'histoire publique universelle d'une année[2] puisse être décrite de manière suffisante dans un livre d'une telle longueur, qui contienne cent million de lettres, ou même dans un livre plus court.

Il s'ensuit que le nombre aussi des histoires publiques universelles possibles, différentes entre elles, est déterminé et n'excède pas le nombre N ; chacune en effet fournirait un nouveau livre.

Si jam ponatur genus humanum satis diu durare in statu qualis nunc est, ut Historiarum publicarum materiam praebere possit, necesse est aliquando priores Historias publicas exacte redire, quod sic demonstro.

Assumatur numerus annorum major numero N, quo genus humanum in tali statu duret. Utique durantibus annis N, aut novae quovis anno contingere Historiae, differentes quantumlibet ab Historia cujuslibet anni praecedentis ; aut alicujus anni historia historiae alicujus anni praecedentis exacte consentit. Si posterius factum est, habemus intentum ; sin prius sequitur exhaustas esse hoc annorum numero omnes Historias publicas possibiles, et quia (ex hypothesi) genus humanum ultra numerum annorum N durat, sequitur annis post numerum N sequentibus redire exacte Historias priores. Q.E.D.

a

Sed satis apparet, eandem ratiocinationem valere, si descendatur ad Historiam privatam, tantumque opus foret concipi animo librum majorem, annosque assumi plures.

73 v° Utique enim possibilis est liber sufficientis magnitudinis, etsi plurium voluminum, in quo describantur minutissime quae homines singuli in toto orbe terrarum intra annum gessere.

Fingantur esse in orbe mille hominum milliones (a quo tamen numero longissime abest humanum genus) et homini cuilibet ad unum vitae ejus annum minutatim describendum assignetur tantus liber quantum Historiae publicae annuae tribuimus, nempe constans ex centum millionibus literarum ; eum utique sufficere manifestum est.

a. *Trois lignes raturées* : Itaque Leopoldum et Ludovicum et Guilielmum et Georgium nostrum et unumquemque cum suis gestis hoc temporis spatio redire in hoc orbis theatro necesse foret.

Si on suppose alors que le genre humain dure assez longtemps en l'état où il est maintenant de pouvoir donner matière aux histoires publiques, il est nécessaire que les histoires publiques antérieures reviennent exactement un jour, ce que je démontre ainsi :

Qu'on admette un nombre d'années, où le genre humain dure en cet état, plus grand que le nombre N. Durant N années à coup sûr, ou bien arriveraient chaque année des histoires nouvelles différentes autant qu'on voudra de l'histoire de n'importe quelle année précédente, ou bien l'histoire de quelque année concorde exactement avec l'histoire de quelque année antérieure. Si le second cas se réalise, nous obtenons ce qui est visé ; si c'est au contraire le premier, il s'ensuit que toutes les histoires publiques possibles sont épuisées en ce nombre d'années ; et puisque (par hypothèse) le genre humain dure au-delà du nombre N d'années, il s'ensuit que les histoires antérieures reviennent exactement au cours des années suivant la Nième. C.Q.F.D.

a

Mais il est assez clair que le même raisonnement s'applique si l'on descend à l'histoire privée, et qu'il faudrait seulement se représenter un livre plus long et admettre des années plus nombreuses.

Car un livre d'une longueur suffisante, de plusieurs volumes au besoin, où serait décrit de la façon la plus détaillée ce que tous les hommes en leur particulier ont fait en un an sur toute la terre, est possible à coup sûr.

Qu'on imagine qu'il y ait sur la terre mille millions d'hommes (nombre dont le genre humain est toutefois extrêmement éloigné)[4], et qu'on assigne à chaque homme, pour écrire le détail d'une année de sa vie, un livre aussi long que celui que nous attribuons à l'histoire publique annuelle, c'est-à-dire formé de cent millions de lettres ; il est manifeste en tout cas qu'il y suffit.

a. *Passage raturé* : C'est pourquoi il serait nécessaire que Leopold, Louis, Guillaume, notre Georges[3], et tout un chacun avec leurs actes revinssent dans cet intervalle de temps sur ce théâtre du monde.

Nam etsi anno tribuerentur 10000 horae, cuilibet tamen unius hominis horae describendae suppeterent 10000 literae, seu pagina 100 linearum, quarum quaevis sit 100 literarum.

100	10000
100	10000
10000	10ö000ȯ000

Ergo Opus continens Historiam annalem totius generis humani ad minutissima descendentem sufficiet non excedere numerum literarum qui perveniat ad centies mille Milliones Millionionum, seu ad centies mille Millionioniones.

Nam compendii causa *Millionio* mihi est Millio Millionum, et *Millionionio* mihi est Millio millionionum, et ita porro. Marcus Polus qui ex Cataja Venetias redierat, cujus extat descriptio itinerum, dicebatur *Messer Millione* vel Dominus Millio, quod non nisi per Milliones loqueretur ingentibusque numeris perstreperet : id nobis quoque hic faciendum est.

Porro etiam possibilis numerus operum aliquatenus inter se differentium in quibus multitudo literarum centies mille Milliones Millionionum non excedat, finitus est, imo ex calculo combinationum numerus adhuc major facile assignari potest. Is numerus vocetur Q.

Si jam ponatur genus humanum satis diu durare in statu qualis nunc est, seu qui materiam historiae suppeditet ; necesse est affore tempus quo singulorum vita per annum integrum minutatim per easdem circumstantias redeat, quod demonstrabitur eodem modo ratiocinando circa numerum Q quo paulo ante ratiocinati sumus circa numerum N.

74 r° Nempe sumto numero annorum paulo majore quam numerus Q, necesse est contingere, ut aliquando redeat aliquis annus generis humani totus qualis jam antea fuit, cum omnibus circumstantiis suis.

Et pari modo demonstrari potest fore tempus quo

Car même en attribuant 10.000 heures à un an, 10.000 lettres, ou une page de 100 lignes dont chacune soit de 100 lettres, suffiraient pourtant à décrire chaque heure d'un seul homme.

$$\begin{array}{r} 100 \\ \times\ 100 \\ \hline 10.000 \end{array} \qquad \begin{array}{r} 10.000 \\ \times\ 10.000 \\ \hline 100.000.000 \end{array}$$

Ainsi il suffira que l'ouvrage contenant l'histoire descendant aux moindres détails d'une année de tout le genre humain ne dépasse pas un nombre de lettre qui arrive à cent mille millions de millionions[5], ou à cent mille millionionions.

Car un million de millions est pour moi par abréviation *un millionion,* et un million de millionions *un millionionion,* et ainsi de suite. Marco Polo, après son retour de Chine[6] à Venise (il existe un récit de son voyage), était surnommé *Messer Millione* ou « Monsieur Million »[7], parce qu'il ne parlait que par millions et menait grand bruit de nombres énormes : c'est aussi ce qu'il nous faut faire ici.

En outre aussi, le nombre possible des ouvrages différents à quelque égard entre eux, où la multitude des lettres ne dépasse pas cent mille millions de millionions, est fini ; bien plus, un nombre encore plus grand peut aisément être assigné par le calcul des combinaisons. Soit Q ce nombre.

Si on pose maintenant que le genre humain demeure assez longtemps en l'état où il est maintenant, c'est-à-dire où il fournit de la matière à l'histoire, le temps viendra nécessairement où la vie des individus repasserait au détail près par les mêmes circonstances, ce qui se démontrera en raisonnant de la même façon sur le nombre Q que nous avons raisonné tantôt sur le nombre N.

En prenant en effet un nombre d'années un peu plus grand que le nombre Q, il arriverait nécessairement qu'une année tout entière du genre humain reviendrait un jour telle qu'elle fût déjà antérieurement, avec toutes ses circonstances.

Et on peut démontrer de la même façon qu'il y aurait

integrum redeat seculum ; imo quo integer millenarius annorum ; vel etiam integer millio, aut millionio.

Etsi autem ex solo calculo demonstrari non possit rediturum praecise Leopoldum I. aut Ludovicum XIV. aut me vel alium privatum ; quoniam si aliqui alii repetantur saepius, non est necesse repeti omnes.

Quia tamen ex rationibus Metaphysicis constat praesens esse gravidum futuro ; judicari potest uno seculo exacte satis redeunte, etiam plura satis exacte reditura, quia redeuntibus fere iisdem causis redire consentaneum est eosdem fere effectus.

Interim etsi redeat prius seculum quoad sensibilia seu quae libris describi possunt, non tamen redibit omnino quoad omnia : semper enim forent discrimina etsi imperceptibilia et quae nullis satis libris describi possint. ‖ Quia continuum in partes actu infinitarum divisum est, adeoque in quavis parte materiae mundus est infinitarum creaturarum qui describi nequit libro quantocunque. Sane si corpora constarent ex Atomis, omnia redirent praecise in eadem collectione Atomorum, quandiu novae Atomi aliunde non admiscerentur ; veluti si poneretur Mundus Epicuri ab aliis per intermundia separatus. Sed ita talis mundus foret machina quem Creatura finitae perfectionis perfecte cognoscere posset, quod in mundo vero locum non habet.

Et ob hanc rationem fieri posset, ut res paulatim etsi imperceptibiliter in melius proficerent post revolutiones.

‖ Quaeri etiam posset an ii quorum Historia plus semel repetenda esset, iidem futuri forent, eadem numero anima (paulatim fortasse proficiente) praediti ; an revera diversi, etsi valde similes. Sed talia calculis definiri non possunt, pertinentque ad doctrinam de congruentia rerum, seu de eo quod optimum est, maximeque conveniens Sapientiae Divinae.

Atque hae revolutiones, durante in hoc statu genere humano non semel tantum sed saepius, imo numero

un temps où un siècle entier reviendrait ; mieux, un millénaire entier, ou même un million entier d'années ou un millionion.

Mais on ne pourrait toutefois démontrer par le seul calcul que Leopold Ier ou Louis XIV ou moi ou tout autre particulier reviendront précisément, puisque si quelques autres se répètent plus souvent, il n'est pas nécessaire que tous se répètent.

Puisqu'il est établi cependant par raisons métaphysiques que le présent est gros de l'avenir[8], on peut juger que quand un siècle revient assez exactement, plusieurs siècles reviendront aussi assez exactement, puisqu'il convient que se reproduisent des effets presque identiques quand des causes presque identiques se reproduisent.

Cependant, même si un siècle antérieur revient en ce qui concerne les faits sensibles, ou ce que les livres peuvent décrire, il ne reviendra pas pourtant complètement à tous égards : car il y aurait toujours des distinctions, quoiqu'imperceptibles, et qui ne pourraient être assez décrites par aucun livre, parce que le continu est divisé en une infinité actuelle de parties, au point qu'en chaque partie de la matière il y a un monde d'une infinité de créatures[9] qui ne peut être décrit par aucun livre si long soit-il. Assurément, si les corps étaient faits d'atomes, tout reviendrait précisément à la même collection d'atomes, tant que des atomes nouveaux ne viendraient pas d'ailleurs s'y mêler ; comme si l'on supposait un monde selon Épicure, séparé des autres mondes par des intermondes[10]. Mais un tel monde serait ainsi une machine qu'une créature à la perfection finie pourrait parfaitement connaître, ce qui n'a pas lieu dans le monde véritable.

Et pour cette raison il pourrait arriver que les choses progressent peu à peu, quoiqu'imperceptiblement, vers le mieux à la suite de révolutions.

On pourrait même demander si ceux dont l'histoire doit se répéter plus d'une fois seraient les mêmes, dotés d'une âme numériquement identique (progressant peut-être peu à peu) ; ou s'ils seraient réellement différents, quoique fort semblables[11]. Mais de telles questions ne peuvent être déterminées par les calculs et relèvent de la théorie de la congruence des choses, ou de ce qui est le Meilleur et s'accorde le plus à la Sagesse divine.

Et ces révolutions, tandis que le genre humain durerait en cet état, se produiraient non seulement une fois, mais plus

vicium majore, quam qui assignari potest fierent. Quod veteres quoque in animo habuisse videntur, qui de *Anno magno platonico* locuti sunt ; etsi non satis intellecti fuerint, quia rationes sententiae suae ad posteros non transmiserunt, sed quae ex dictis manifesta est.

74 v° Caeterum vel ex his judicari potest genus humanum semper in hoc statu non esse mansurum ; quia divinae Harmoniae consentaneum non est eadem semper chorda oberrare. ‖ Credendumque est vel ex naturalibus congruentiae rationibus res vel paulatim, vel etiam aliquando per saltus in melius proficere debere. ‖ Quanquam enim subinde in pejus ire videantur ; hoc ad eum modum fieri putandum est, quo interdum recedimus ut majore impetu prosiliamus.

Denique etiamsi non semper duraturum sit quale nunc est genus humanum ; modo tamen semper ponamus existere mentes veritatem cognoscentes et indagantes ; sequitur aliquando mentes eo perventuras, ut veritates a sensuum testimonio independentes seu Theoremata purae scientiae, quae scilicet exacte per rationes demonstrari possunt, quae jam inventa sunt, magnitudinem (verbi gratia paginae si scribantur) non excedentia ; et multo magis breves sententia‹s›[a] quae verbis scribi possunt ; redire necesse sit.

Itaque nova theoremata invenienda oporteret crescere magnitudine in infinitum, quemadmodum videmus quasdam esse propositiones Geometricas satis longas, et tamen pulchras.

Hoc si fieret, necesse foret mentes etiam quae nondum satis capaces essent, fieri capaciores, ut tam magna theoremata capere et excogitare possent, qualibus etiam opus foret ad cognoscendam penitius naturam, veritates physicas revocando ad Mathematicas, v.g. ad cognoscendam machinam animalis, ad praevidendum

a. Le manuscrit porte *sententiae,* que nous corrigeons conformément au texte de la première version (supra p. 64) et à la grammaire.

souvent, et même un nombre de fois plus grand qu'on ne le peut assigner. Ce que les Anciens qui ont parlé de la Grande Année platonicienne[12] semblent aussi avoir eu en l'esprit, bien qu'ils ne furent pas bien compris, parce qu'ils ne transmirent pas à la postérité la justification de leur thèse ; mais le sens littéral en est manifeste.

En outre on peut aussi conclure de cela que le genre humain ne restera pas toujours en cet état, parce qu'il n'est pas conforme à l'harmonie divine de faire toujours vibrer la même corde.

Et il faut plutôt croire, selon les raisons naturelles de la congruence, que les choses doivent avancer vers le mieux soit peu à peu, soit aussi quelquefois par sauts.

Car quoiqu'elles paraissent souvent aller au pire, il faut penser que cela se produit à la manière dont parfois nous reculons pour mieux sauter[13].

Enfin, même si le genre humain ne devait pas durer toujours tel qu'il est maintenant, à condition toutefois de supposer qu'il existe toujours des esprits connaissant et recherchant la vérité, il s'ensuit que les esprits parviendront un jour au point où reviendront nécessairement des vérités indépendantes du témoignage des sens, c'est-à-dire des théorèmes de la science pure, qui peuvent bien sûr être démontrés exactement par des raisons, qui ont déjà été trouvés et qui n'excèdent pas une longueur déterminée (d'une page par exemple s'ils sont écrits) ; et d'autant plus reviendront les formules brèves qui peuvent être écrites en quelques mots.

C'est pourquoi il faudrait que les nouveaux théorèmes à trouver croissent en longueur à l'infini, tout de même que nous voyons qu'il y a des propositions de géométrie passablement longues, et pourtant belles.

Si cela arrivait, il faudrait aussi que les esprits qui n'étaient pas encore assez étendus, devinssent d'une capacité plus grande pour pouvoir comprendre et inventer des théorèmes aussi longs ; dont on aurait besoin en outre pour connaître plus profondément la nature, en ramenant les vérités physiques aux mathématiques, pour connaître par exemple la machine de l'animal, pour prévoir certains futurs contingents avec un degré déterminé de vraisemblance, et surtout pour exécuter aussi dans la nature des merveilles qui

quaedam futura contingentia certo verisimilitudinis gradu, atque adeo etiam ad mira quaedam in natura praestandum, quae nuc superant humanum captum. Si enim muscam consideremus ut subjectum scientiae, quemadmodum tale subjectum est circulus, patet definitionem Muscae, quae structuram ejus exhibeat immenso excessu magis compositam esse quam definitionem circuli. Atque adeo prolixa fore theoremata de musca demonstranda, et magis adhuc de tali specie muscae, ne quid jam de individuis dicam, quae et ipsa cuidam semiscientiae subjiciuntur qua opus est cum venitur a theoria ad praxin.

‖ At veritates sensibiles, seu quae non pura ratione sed in totum vel pro parte experientia constant, variari possunt in infinitum, etsi non fiant prolixiores ; itaque novam semper ac novam scientiae seu theorematibus magnitudine crescentibus materiam suppeditare possunt.

Cujus rei ratio est, quod sensiones in perceptione confusa consistunt, quae infinitis modis variari potest salva brevitate, possuntque esse infinitae species viventium, sensuum, sensibilium. Quod secus est in veritatibus quae adaequate seu perfecta demonstratione cognosci possunt, quae cum verbis explicari possint, multitudinem habent pro ratione magnitudinis limitatam. ‖ Et quaevis mens horizontem praesentis suae circa scientias capacitatis habet, nullum futurae.

aujourd'hui dépassent la portée humaine. Car si nous considérons une mouche comme objet de science, au même titre que le cercle en est un, il est clair qu'une définition de la mouche qui en exposerait la structure[14] est immensément plus compliquée que la définition du cercle. Et les théorèmes à démontrer à propos de la mouche seraient extrêmement prolixes, pour ne rien dire des individus, qui sont eux-mêmes l'objet d'une sorte de science mixte[15], dont on a besoin pour passer de la théorie à la pratique.

Mais les vérités sensibles, ou qui relèvent non de la raison mais en tout ou partie de l'expérience, peuvent être diversifiées à l'infini, quoiqu'elles ne deviennent pas plus prolixes ; c'est pourquoi elles peuvent fournir une matière toujours renouvelée à la science ou à des théorèmes de longueur croissante.

Dont la raison est que les sensations consistent en une perception confuse, qui peut être diversifiée d'une infinité de façons en conservant sa brièveté, et qu'il peut y avoir une infinité d'espèces de vivants, de sensations, de qualités sensibles. Il en va à l'opposé des vérités qui peuvent être connues adéquatement ou par démonstration parfaite, qui, puisqu'elles peuvent être expliqués par des mots, sont d'une multitude limitée proportionnée à leur grandeur.

Et chaque esprit a un horizon de sa capacité présente au regard des sciences, mais n'en a pas de sa capacité future[16].

APPENDICES

I — *Documents annexes : extraits des correspondances de Leibniz*

1 a —
Lettre de Leibniz à Jean-Paul Bignon (extrait).

9-19 octobre 1693

Monsieur,

J'avois appris de feu M. Pellisson, avec combien de bonté pour moy vous aviés bien voulu favoriser dans l'Academie Royale des Sciences, le dessein qu'il avoit de soumettre aux yeux éclairés des membres de cet illustre corps, quelques unes de mes pensées de dynamique, dont la discussion lui paroissoit estre de quelque consequence pour connoistre la nature des corps, et pour satisfaire à certaines difficultés où la religion prend part.

(...)

Comme l'Academie Royale m'a fait autresfois l'honneur de me compter presque parmy ses membres, m'ayant vû nommer par M. Colbert pour y entrer (quoyque je n'en eusse point joui parce que Monseigneur le feu Duc d'Hanovre m'avoit appelé presque en meme temps pour me donner une place parmy les conseillers de sa régence), je seray tousjours reconnoissant de l'honneur qu'on m'a fait à Paris et je m'interesse pour la gloire de cette fameuse compagnie qui travaille sur les sciences avant tant de succès et dont les recueils publiés depuis quelque temps quoyque je n'en aye pas vû que les titres me font attendre quelque chose de grand. Si je pouvois contribuer par mes soins à ses louables desseins tendans au bien commun du genre humain, je n'y manquerois pas.

(...)

D'ailleurs à mesure que mes petites occupations me laissent quelque loisir, je publie de temps en temps quelques echantillons de mes decouvertes dans les Mathematiques, ayant eu le bonheur d'y ouvrir quelques nouvelles routes que le public commence de suivre.

Un amy[1] me manda que Messieurs de l'Academie Royale n'auroient point de repugnance d'accorder place dans leurs *memoires* à quelques productions de mon crû, on ne me considerant pas tout à fait comme estranger de leur corps. Mais je ne scay si cet amy n'aura pris la chose un peu trop favorablement pour moy. En tout cas j'envoye icy une petite méditation dont on fera ce qu'on jugera à propos.

(...)

(*Texte publié en A I, 9, 589-591*)

1 b —
Lettre de Jean-Paul Bignon à Leibniz (extrait).

Paris, 19 novembre 1693

Personne ne meritoit moins que moi l'escrit que vous m'avez envoié, Monsieur. Je ne suis que trop convaincu par moi mesme des bornes de l'esprit humain et si quelque chose m'en pouvoit faire doutter ce seroit la maniere dont vous les decouvrez. Quelque exacte et seure que soit votre demonstration, De bonne foy croiez vous, Monsieur, que l'on soit si borné quand on peut le sentir et l'exprimer d'une maniere si relevée. C'est à quoi je metts la principale grandeur de l'esprit. Et si la perfection de l'intelligence divine consiste à connoistre l'ocean de ses propres grandeurs, je reduirois l'eccelence de la raison humaine à bien sentir l'éccez de son neant. C'est *une maniere d'infini en diminution* qui n'est gueres moins incomprehensible que l'autre, et il faut une estrange force pour sonder ces abismes comme vous le faittes. C'est le seul doutte que m'a laissé vostre methode, et plus je suis prevenu d'estime en vostre faveur moins je vous crois capable de le resoudre. Laissez à d'autres, Monsieur, à nous estaler la foiblesse de l'homme, vos paroles se dementiroient tous jours elles mesmes et il vous siera mieux d'aprofondir ou les grandeurs de Dieu ou les merveilles de la nature. Je sçais que l'un et l'autre vous est esgallement facile. Vous avez sceu reunir les talens qui paroissoient les plus opposez, sans vous borner à une seule espece d'estude, vous eccelez en touttes.

(...)

(*Texte publié en A I, 9, 623-624).*

1 c —
Lettre de Leibniz à Jean-Paul Bignon (extrait).

Hannover, 26 janvier (5 février) 1694

Monsieur,

C'est trop autoriser ma hardiesse, que d'y repondre avec autant de bonté que vous faites en m'accordant un commerce de lettres. Cependant c'est cela même, qui m'a retenu de vous écrire d'abord de nouveau ; à fin que vous ne commenciés d'avoir peur de mon importunité. Le jugement que vous donnés de la petite piece que je vous avois envoyée *touchant le Nombre des Verités,* dont les hommes sont capables me fait croire que l'Academie Royale l'aura receu favorablement ; mais c'estoit apparemment parce qu'il venoit par vos mains. Vos pensées sur les bornes de nostre esprit, que j'avois voulu marquer en quelque façon, sont si profondes, et en meme temps si agreablement exprimées dans vostre lettre que je me sçay bon gré, de vous en avoir donné l'occasion. Elles me serviront meme pour la Meditation que j'ay en veue depuis long temps de la science de l'infini[2] ; qui est la partie superieure de la Science de la Grandeur ; et traite des quantités, lignes et expressions, dont on a souvent besoin dans les problemes importans, et que j'appelle transcendentes, parce qu'elles passent les degrés de l'Algebre, qui est la science generale des grandeurs finies. La manière de calculer que j'ay publiée pour ces choses, qui n'avoient pas esté cruës si traitables, commence à plaire à des habiles Geometres, et Mons. Hugens vient de me marquer, qu'il y prend goust[3]. Lorsque vous dites si bien Monsieur, que nostre neant est un *infini en diminution,* vous me fournissez une belle expression, de ce que nous avons coustume d'appeler infiniment petit.

(...)

(*Texte publié en A I, 10, 243-244*).

2 a —
Lettre du Marquis de l'Hôpital à Leibniz (extrait).

(3 septembre 1695)

(...)

J'ai parlé à M. l'Abbé Bignon qui m'a dit avoir receu de vôtre part un livre in folio dont il trouva la preface que vous y avez mise excellente[4], et ensuitte un petit écrit ou il étoit parlé du nombre des livres possibles, et du nombre et du temps des ouvriers qu'il faudroit avoir pour les ecrire[5]. Il m'a dit qu'il avoit remis cet ecrit entre les mains de M. l'Abbé Galoys pour l'inserer dans nos memoires, et que ce qui a apparemment empeché que cela n'ait été executé est qu'il y a deja longtemps qu'on ne fait plus de memoires, et qu'il falloit que M. l'Abbé Galoys eût dans ce temps là plusieurs autres écrits pour composer les memoires parce qu'il les mettoit ordinairement selon l'ordre du temps que l'on les lui avoit donnez. Lorsque je verrai ce dernier, je lui en parlerai et je trouve que nos memoires auroient été fort honnorez si vous aviez bien voulu les enrichir de quelques unes de vos decouvertes.

(...)

(*Texte publié en GM, 2, 297*).

2 b —

Lettre de Leibniz au Marquis de l'Hôpital (extrait).

(Hannover, 30 septembre 1695)

(...)

Je vous suis obligé, Monsieur, et à Mons. l'Abbé Bignon, de ce que vous me mandés de sa part. Vous exprimés si bien et si plausiblement ma pensée philosophique, que je ne le sçaurois faire mieux moy même. Elle a encor bien des suites, qui me paroissent belles et considerables.

(*Texte publié en GM, 2, 300*).

3 —
Lettre de Leibniz à Morell (extrait).

Hanover, 1er octobre 1697

(...)

Ce que j'ay fait *de Arte Combinatoria,* estant encor jeune garçon, a esté imprimé la premiere fois l'an 1666. Ainsi parmy quelques bonnes choses il y en a qui sentent presque son petit garçon, c'est pourquoy j'ay esté faché qu'un libraire l'avoit fait reimprimer sans m'en dire mot, et sans marquer même que c'estoit une seconde impression, comme si j'estois capable à present de faire une telle piece[6]. J'ay envoyé autres fois à Messieurs de l'Academie Royale des Sciences une petite dissertation : je l'appelois l'Horizon de la science humaine, par ce qu'à l'exemple d'Archimede qui avoit donné un nombre plus grand que celuy de tous les grains de sable qui pourroient remplir nostre systeme, j'ay donné un nombre plus grand que celuy de toutes les verités capables d'estre entendues par les hommes, tant que la capacité des hommes sera telle qu'elle est icy bas.

(*Texte publié en Grua, T, 117*).

4 —
Lettre de Leibniz à Fontenelle (extrait).

Hanover, 26 fevrier 1701

(...)

... quand je seray sorti des embarras causés par une longue absence, je verray si je pourray trouver quelque chose dans mes papiers qu'on vous puisse envoyer pour estre publié, si l'Academie le juge à propos. Maintenant je suis un peu trop distrait, et si je vous devés envoyer de nouveau une petite recherche que j'avois envoyée autresfois à Monsieur le Président, touchant un nombre plus grand que le nombre de toutes les verités possibles et enonçables par l'esprit humain, j'aurois de la peine à le faire[7]. C'estoit un commencement de méditation aisée à la verité, mais dont on pourroit tirer quelques jolies consequences. Aussi est-ce sur un objet plus considerable que les grains de sable d'Archimede. Il s'ensuit, entre autres, que si le genre humain duroit assez, il y auroit un temps où il seroit vray à la lettre nihil dici quod non dictum sit prius.

(*Texte publié par A. Birembaut, P. Costabel, S. Delorme*, Revue d'Histoire des Sciences, 19 (1966) 128-129).

5 a —
Lettre de Leibniz à Overbeck (extrait).
L Br 705, f. 39 recto

[Hanovre, 17 juin 1715]

Cum nuper apud me esses loquebar de meditatione mea circa revolutionem seul palingenesiam omnium rerum, quae necessaria foret, si satis diu duraret genus humanum in eo quod nunc est statu. Tandem enim efficeretur, ut literalissime vera esset sententia haec : nihil dictum iri quod non dictum fuisset prius ; imo ut ver-
39 v° botenus redirent priores libri. Ex quo amplius | sequitur etiam Historias priores redituras. Nam si ponamus, ut hodie, Historiam temporis semper conscribi (certe conscribi potest), utique cum libri sint futuri iidem, erit etiam eorum materia eadem, id est eadem erit Historia. Erunt quidem semper discrimina aliqua inter vetus et novum ; sed imperceptibilia, et quae adeo in libris exprimi non possint. Eaque ipsa discrimina per repetitas revolutiones minuentur. Agnoscebas multa hinc mira consequi, atque etiam ad ea meditanda ferabare. Itaque gratum mihi erit si TIBI animum nonnihil huic rei adhibere vacet et digerere eam per propositiones.

5 b —
Lettre d'Overbeck à Leibniz (extrait).
L Br 705, f. 40 recto

[7 juillet 1705]

Per Illustris Domine,
Vir Magnifice Consultissimeque,
Domine mi Gratiosissime

Quae postremis a V^tra^ Excell^tia^ datis literis e discursu Hannoverano repetita sunt, ea de recursu histo-

5 a^{bis}
Lettre de Leibniz à Overbeck du 17 juin 1715 (extrait).

Lorsque vous étiez voici peu chez moi, j'avais parlé de ma méditation touchant la révolution ou palingénésie de toutes choses, qui serait nécessaire si le genre humain durait assez longtemps en l'état où il est maintenant. Car il arriverait enfin que se vérifierait de la façon la plus littérale l'adage : Rien n'est dit qui n'ait été dit auparavant ; bien mieux, que les livres précédents reviendraient mot à mot. D'où s'ensuit davantage que les Histoires précédentes reviendraient aussi. Car si nous supposons comme aujourd'hui que l'histoire d'un temps soit toujours couchée par écrit (elle peut l'être à coup sûr), dès lors que les livres seront les mêmes leur matière sera aussi la même, c'est-à-dire l'histoire sera la même. Sans doute y aura-t-il toujours des distinctions entre l'ancien et le nouveau, mais imperceptibles et qui ne pourraient donc être exprimées dans des livres. Ces distinctions elles-mêmes s'amoindriraient au cours des révolutions répétées. Vous reconnaissiez que bien des conséquences étonnantes en suivent, et que vous étiez même disposé à les méditer. C'est pourquoi il me serait agréable qu'il vous soit loisible de porter un moment votre attention sur ce sujet et de l'ordonner en propositions[8].

5 b^{bis} —
Lettre d'Overbeck à Leibniz du 7 juillet 1715 (extrait).

Les rappels de la conversation de Hanovre dans la dernière lettre adressée par Votre Excellence traitaient du retour des

riarum priorum ex valde nobili fundamento agebant. Puto tamen distinctas hic formari posse Quaestiones :

1) An omnes historias oporteat recurrere iisdem Periodis,
2) An oporteat certum historiae segmentum recurrere ?
3) An oporteat praecise hoc segmentum vel aliud aeque magnum certo recurrere ?
4) An semper restare possit segmentum quale nunquam antea fuit ?

quod voco Segm: Reservatum

Priores duas Quaestiones affirmare non ausim, quin potius, si Deo placitum fuerit infinitas quantumvis magnas multorumque annorum dari historias existimem quae recurrant. Ut enim vastissimam rerum variationem in Problema Mathematicum convertam, pono elaborari quolibet momento temporis unam Notam Decimalem seriei $\sqrt{5}$ valorem explicantis et fluxum hujus seriei accipi pro fluxu temporis. Initium hujus seriei est 2,23606797772334 etc: Si jam haec series tandem per certas Periodos recurrat hoc indicio foret, Valorem $\sqrt{5}$ esse rationalem in integris Numeris saltem ineffabilem uti ex inductione aliarum ejusmodi serierum constat. Sed quia Valor $\sqrt{5}$ talis non est, hinc Quaestio prima statim rejici poterit.

Secundam Quaestionem nemo arbitror affirmabit qui primam negaverit. Verbi gratia Segmentum 2360679777 praecise eo ordine ut necessario recurrat non poterit extorqueri nisi praesuppositum fuerit totam seriem per certas Periodos resolvi.

At tertiam ergo Quaestionem Affirmativam cogor amplecti, nam etsi Segmentum 2360679777 praecise non recurrere ponas ; tamen aliud aeque magnum segmentum necessario recurret (ad longissimum) absumtis omnibus combinationibus per quas tam magnum segmentum potest diversificari, idque certum manebit etiam si pro exemplo sumtum sit segmentum multa millia

toires selon un fondement des plus remarquables. Je crois toutefois que l'on peut formuler ici des questions distinctes :

1) Faut-il que toutes les histoires fassent retour aux mêmes périodes ?
2) Faut-il qu'un segment déterminé d'histoire fasse retour ?
3) Faut-il que ce segment précisément ou un autre d'égale grandeur fasse certainement retour ?
4) Peut-il toujours rester un segment tel qu'il n'exista pas antérieurement ? C'est ce que j'appelle segment réservé.

Je n'oserais répondre par l'affirmative aux deux premières questions ; j'estimerais bien plutôt que, s'il plut à Dieu, il y a une infinité d'histoires aussi longues que l'on veut, de nombreuses années, qui ne font jamais retour. Pour traduire l'immense variation des choses en problème mathématique, je suppose que soit appliqué à un moment quelconque du temps une décimale de la série développant la valeur de $\sqrt{5}$, et je prends le flux de cette série pour le flux du temps. Le commencement de cette série est 2,23606797772334 etc. Or si cette série repassait enfin par des périodes déterminées, ce serait l'indice de ce que la valeur de $\sqrt{5}$ est rationnelle, quoique non exprimable en nombres entiers, comme il ressort de l'examen inductif d'autres séries de même nature. Mais puisque la valeur de $\sqrt{5}$ n'est pas telle, la première question pourra donc être incontinent rejetée.

Nul à mon avis ne répondra par l'affirmative à la seconde question après avoir nié la première. Par exemple, que le segment 23067977 fasse retour précisément dans cet ordre ne pourra être obtenu que s'il a été présupposé que la série tout entière est divisée en périodes déterminées.

Mais je suis ainsi contraint d'accepter par l'affirmative la troisième question. Car même si on suppose que le segment 2360679777 précisément ne fait pas retour, un autre segment de même grandeur fera nécessairement retour (dans très longtemps), une fois épuisées toutes les combinaisons par lesquelles un segment de cette grandeur peut être diversifié[9], et cela restera certain même si l'on choisit par exemple un segment com-

Notarum continens. Inveniri insuper potest Notarum Numerus intra quem ut vel hoc datum vastissimum segmentum vel aliud aeque magnum recurrat, necesse erit.

40 v° Interea segmentis aliquibus saepius recurrentibus reliqua segmenta licentiam retinent eo rarius vel etiam nunquam recurrendi. Non ergo simpliciter necesse est ut nostrae historiae recurrant ; sed fieri poterit ut Deus historias alias annuas longe steriliores eo saepius jubeat recurrere. Atque ejusmodi campus historiarum valde sterilium futura videtur aeternitas si ex nostrae imbecillitatis conceptibus res sit judicanda. Quid autem in his meditationibus sit emendandum, illud a nemine rectius quam a V^{ra} Exc: didicero, si ea denuo velit se talibus applicare.

Quarta interim Quaestio forte erit nodus inextricabilis. Negativam tueri opus est si ex his fundamentis deducere velimus necessitatem futuram Proverbii Nullum est jam dictum quod non sit dictum prius possetque ejus haec esse Demonstratio :

Pone aliquod segmentum Z nondum recurrisse et ne semel quidem occurrisse. Illud aut aliquando occurret aut nunquam. Si prius, non erit amplius post illud aliquando segmentum reservatum. Si posterius, multo minus erit segmentum reservatum. Nam segmentum reservatum est quod omnes segmentorum recursus nondum quidem occurrit aliquando tamen ita recurret ut non fuerit prius. Si tamen infinita copia segmentorum Reservatorum formari posset demonstratio haec eludi posset. At eam copiam non esse infinitam combinationum natura evincit. Insuper si aliquid ultimum concipere possemus in serie infinita temporum, facile foret segmentum reservatum in ultimum locum conjicere et sic demonstrationem eludere. Sed jam effugium omne praeclusum video etsi nescio quam facile mihi alias videretur ut Deus quaedam segmenta tam longo intervallo reservet ut quantumcunque seriem extendamus, tale segmentum nunquam attingere liceat.

(...)

prenant plusieurs milliers de chiffres. On peut trouver en outre un nombre de chiffres à l'intérieur duquel il sera nécessaire qu'ou bien cet immense segment donné ou bien un autre d'égale grandeur fasse retour.

Cependant, certains segments faisant plus souvent retour, les autres segments gardent la faculté de le faire d'autant plus rarement ou même jamais. Il n'est donc pas nécessaire simplement que nos histoires reviennent ; mais il pourra arriver que Dieu ordonne que d'autres histoires annuelles bien plus pauvres[10] reviennent d'autant plus souvent. Et le champ ainsi formé des histoires très pauvres passe pour une éternité future, si la question doit être appréciée d'après la faiblesse de nos notions. Mais je n'apprendrai de personne mieux que de Votre Excellence ce qui serait à corriger dans ces méditations, si elle veut s'occuper à nouveau de tels sujets.

Cependant la quatrième question sera peut-être un nœud inextricable. Il faut soutenir la négative si nous voulons déduire de ces fondements la nécessité future du proverbe « Rien n'est dit maintenant qui n'ait été dit auparavant », et la démonstration pourrait en être celle-ci :

Supposez qu'un segment Z n'ait jamais fait retour et ne soit même jamais arrivé une seule fois. Il fera retour un jour, ou jamais. Dans le premier cas, il ne sera plus jamais après cela un segment réservé. Dans le second cas, il sera encore moins un segment réservé. Car un segment réservé est tel qu'après tous les retours des segments où il n'arrive pas encore, il fera pourtant retour un jour de telle sorte qu'il n'exista jamais auparavant. Si on pouvait toutefois constituer un fond infini de segments réservés, cette démonstration pourrait être éludée. Mais la nature des combinaisons prouve que ce fond n'est pas infini. En outre, si nous pouvions concevoir un terme dernier dans la série infinie du temps, il serait facile de conjecturer que le segment réservé est à la dernière place et d'éluder ainsi la démonstration. Mais j'observe alors que toute échappatoire est fermée, quoique par je ne sais quelle facilité il me semblerait par ailleurs que Dieu réservera certains segments durant un intervalle si long qu'il ne serait jamais possible d'atteindre un tel segment, si loin que nous prolongions la série.

5 c —
Lettre d'Overbeck à Leibniz (extrait).
L Br 705, f. 42 recto

[15 août 1705]

PerIllustris Magnifice,
Domine mi Gratiosissime

Adeo exacte convincunt quae super ἀποκατάστασει disseruntur, ut reluctari non liceat quamque certum est si plures statuantur vaccae, quam quot pilos vacca habet hirsutissima aliquas vaccas habituras esse pilos numero aequales, tam hoc quoque exploratum erit libros redituros plane eosdem, si scribantur infinitis saeculis novi libri.

[a]Calculavi quoque numerum librorum et inveni eum fore 1000 etc: cum 100,000,000, zifris atque si 100 etc: cum 50 zifris implere potest totum Orbem Pythagoricum granis arenae, Numerus ille librorum implebit orbes 99,999,950 zifris praemissa unitate numeratos id est 1000 etc: cum 99,999,950 zifris tam parum hic numerus decrescit tanto saltu a grano arenae ad Orbem Pythagoricum, qui sane numerus ipsa etiam aeternitate vastior videtur.

(...)

a. *Overbeck a ajouté dans la marge de cet alinea la note suivante :* Praesupposui Numerum Literarum valde exiguum scil. 10. Si 100 literae ponantur, bis tot zifrae veniunt.

5 c^bis —
Lettre d'Overbeck à Leibniz du 1er août 1715 (extrait).

Les arguments touchant l'ἀποκατάστασις sont si exactement convaincants qu'il n'est pas permis de s'y opposer ; et autant il est certain que, si on considère plusieurs vaches, si abondants que soient les poils de la vache la plus velue, d'autres auront des poils en nombre égal, autant est assuré que des livres tout à fait identiques reviendront si on écrit des livres nouveaux pendant une infinité de siècles.

[a]J'ai calculé aussi le nombre des livres et j'ai trouvé qu'il sera 1 suivi de 100.000.000 zéros, et que si 1 suivi de 50 zéros peut emplir de grains de sable tout l'Orbe Pythagorique, le nombre de livres emplira des Orbes dénombrés par 99.999.950 zéros précédés de l'unité, c'est-à-dire 1 suivi de 99.999.950 zéros ; si peu ce nombre est diminué alors que l'écart est si grand d'un grain de sable à l'Orbe Pythagorique[11] ; nombre qui paraît vraiment plus vaste que l'éternité même.

a. *En marge du dernier alinéa :*
J'ai supposé un nombre de lettres très restreint, à savoir 10. Si on suppose 100 lettres il vient deux fois plus de zéros.

II — Le compte-rendu du livre de Petersen par Leibniz dans le *Monatlicher Auszug aus allerhand neuherausgegeben nützlichen und artigen Büchern,* avril 1701 (1-37) (Extrait par Gurhauer, *Leibnitz's Deutsche Schriften,* 2, Berlin 1840, 342-347).

Μυστήριον ἀποκατάστασεως πάντων, **ou Mystère de la Restitution de toutes choses, etc. (par W. Petersen), imprimé en Pamphilie[1], l'an du Christ 1700, in-folio.**

Dans la Préface, l'auteur de cet ouvrage veut se fonder sur l'Ἀποκατάστασις πάντων dont fait état l'Apôtre Pierre (Actes, 3). Il déclare que le temps arrive aujourd'hui, où l'on va comprendre droitement ce qu'il en est : prière, oraison, intercession *pour tous les hommes* et *pour toute autorité,* qui était alors encore païenne ; comment Dieu a voulu que tous les hommes soient secourus et que le Christ s'est donné pour la rédemption *de tous.* C'est le temps du grand Évangile, auquel Apoc. XVI, 6, 7, aurait pensé [1-2]... C'est, poursuit l'auteur, le vrai *Catholicismus amori divini* (Universalisme de l'amour de Dieu), qu'il faut soutenir contre la thèse des Supralapsaires[2], qu'on ne peut lire sans effroi : ce que les Évangélistes et les Remontrants[3] ont enseigné là-contre ne suffit nullement, car, suivant leur opinion, cet amour universel de Dieu est vain pour le plus grand nombre [3-4].

Ches les méchants le mal lui-même doit enfin cesser, car il n'a pas de racine éternelle, et il n'y a que ce qui vient de Dieu et peut demeurer en Dieu qui subsistera. Il n'y a qu'une Éternité unique qui soit sans fin, qui seule demeure en Dieu et par Dieu, si Dieu doit être tout en tous[4] ; là où toutes choses qui se succèdent prennent fin subsistera au contraire un Éternel unique [7].

Sont cités aussi des passages du bienheureux Luther, où d'abord il croit encore au Purgatoire, mais en doutant s'il ne sert pas à l'amendement plutôt qu'à la punition [8]. Tout comme, selon l'opinion de l'auteur, il n'est pas conforme à la justice de Dieu que tous souffrent pareillement longtemps, c'est-à-dire éternellement, alors qu'il y a une différence dans la malice. Sur quoi il raconte comment son esprit a été écartelé entre l'autorité de la doctrine reçue de la damnation éternelle et la considération de ce qu'il est dur que tant d'hommes, qui n'ont jamais entendu la vérité, doivent être damnés éternellement ; jusqu'à ce qu'enfin il soit délivré de l'erreur commune et ait reçu la joie en son cœur. Il ajoute qu'un grand personnage, qui était convaincu en conscience de l'iniquité de cette damnation aurait pendant longtemps fait peu de cas du témoignage de l'Écriture, jusqu'à ce qu'on lui montre que la Restitution y est conforme. Il ne semble pas non plus convenable à l'auteur que des chrétiens mourant avec de nombreuses faiblesses doivent aussitôt entrer dans le séjour céleste [16].

L'auteur ajoute que quelques-uns ont encore soutenu cette doctrine, surtout au temps de la Réforme [19]. La *Comtesse anglaise,* dans les *Opuscula philos. quibus continentur principia philosophiae antiquissimae et recentissimae,* 1690 (Opuscules philosophiques, où sont compris les principes de la philosophie la plus ancienne comme de la plus récente)[5], écrit : « Le Christ a sanctifié dans la nature de l'homme la nature de toutes les créatures... afin de restaurer les créatures de la corruption » [20]. (Cette Dame était une Comtesse de Connaway, et sœur du Chancelier Henneage Finch, comme on se souvient l'avoir entendu du sieur Helmont) [20 note].

Ernest Sonnerus doit avoir écrit à Altdorf en 1603 un livre : *Demonstratio Theologica et Philosophica, quod aeterna impiorum supplicia non arguant Dei justitiam, sed injustitiam* (Démonstration théologique et philosophique, que les supplices éternels des impies ne prouvent pas la justice de Dieu, mais son injustice)[6]. C'était un socinien[7], et le précepteur de J. Crellius ; les Sociniens sont seulement d'avis que les athées seront finalement anéantis [22-23] (le court texte de Sonnerus est imprimé et existe ; il procède in forma, mais son raisonnement logique n'est pas sans défaut ; car en essayant de démontrer que les péchés sont infinis non en quantité mais en qualité, il a oublié un cas : qu'ils soient infinis en nombre, et que les peines puissent donc être éternelles, si les péchés se renouvellent en effet éternellement. Car les esprits ou les âmes, et donc les pécheurs avec eux, se succèdent dans l'éternité et seraient alors punis justement dans l'éternité. Il aurait donc dû argumenter selon les principes platoniciens et démontrer d'abord qu'une créature ne peut toujours rester coupable)[8] [22 note].

Notre auteur estime que les sanctions infinies, disproportionnées, dont on menace, rencontrent une contradiction interne, et n'ont aucun effet : c'est pourquoi il est préférable de dire que chaque péché sera puni selon la justice et à sa mesure [25]. Comme il y a des degrés dans l'autre vie, chaque temps a aussi en cette vie son économie : les hommes ont aujourd'hui davantage de révélation que leurs ancêtres, et la créature et l'homme doivent toujours s'élever de degré en degré avec plus d'éclat dans l'illumination (Verklärung) [26]. Les Molinistes[9] disent : « Supprimez le libre-arbitre, il n'y aura plus de quoi être damnés » ; les Jansénistes en revanche : « Supprimez la grâce, il n'y aura plus de quoi être sauvés ». Ce conflit sera résolu par la doctrine de la Restitution, comme seront vaincus les Manichéens[10] et les Pélagiens[11]. Les Réformés disent droitement : « Dieu ne peut être dépossédé de sa fin », et pareillement les Évangélistes : « Dieu les aime tous », d'où résulte la Restitution de toutes choses [27].

Notre auteur estime que celui qui ne se purifie pas de toute corruption par la foi va d'abord en prison avant de voir Dieu [31]. Il soutient à cet égard que ceux qui sont en prison n'ont encore aucune certitude quant à savoir s'ils seront libérés d'une autre mort ou de l'abîme de feu. Quoiqu'il semble que notre auteur fasse en cela une différence entre les prisonniers, et estime qu'ils parviennent dans leur prison à un vrai repentir et à la foi vivante qui leur a fait défaut en cette vie ; en ce qu'il établit là-haut comme ici la loi de la pénitence et vit dans l'assurance que là aussi toutes les peines doivent être édificatoires. *Mais savoir si certains y accumulent encore davantage de péchés, et viennent pourtant au repentir et échappent à l'abîme de feu, ou s'ils ne peuvent nonobstant la pénitence être en état de faire le bien, l'auteur n'en fait pas mention.* Mais il donne à entendre que Dieu lui a découvert encore bien des merveilles au sujet des images de l'Ancien Testament, des déclarations qui vont loin des prophètes, de la connexion des Eons[12], des mystères apocalyptiques du cube[13], du secret des nombres admirables ; comment Dieu a tout ordonné en nombre, mesure et poids[14] ; comment Il accomplit tout dans le temps du changement, de la lumière et des ténèbres, singulièrement le grand mystère de la révélation de son Fils dans la chair, avec qui Il attend de recevoir pour expression un cœur plus vaste... Notre auteur récuse l'alternance éternelle, que d'aucuns attribuent à Origène, comme si les justes redevenaient mauvais, — *mais d'autres aussi en ont déchargé Origène*[15] [33].

Enfin soit aussi mentionné un traité particulier qui a été envoyé à l'auteur, sous le titre : *L'Évangile de Jésus, juge des vivants et des morts, à prêcher à toutes les créatures, Évangile de la Rédemption éternelle révélée par Lui, etc., proclamé par Georg Paul Siegevolck*[16]. Il estime que ceux qui font subsister éternellement le

Mal tombent encore contre leur gré dans l'erreur des deux Principes ; qu'il y a un esprit envieux et de l'arrogance chez les Particularistes[17], qui ne laissent en effet que quelques créatures accéder à la grâce. Que quand quelqu'un se prévaut contre un ennemi d'être le plus fort, mais que son ennemi lui soustrait ses sujets à l'exception d'un petit nombre, c'est lui qui est alors plein de jactance : et on se fait semblable idée du Christ qui veut vaincre l'opposition des hommes et du diable, et qui pourtant ne le fait pas, car le péché est alors plus fort que la grâce. Cela convient parfaitement au Diable que l'on croie qu'il gardera éternellement sa proie[18] ; mais il sera abominablement fâché contre ceux qui prêchent ce nouvel Évangile selon lequel il sera un jour vaincu. *Suivent d'autres raisonnements de la même veine, comme il s'en trouve communément chez ces auteurs* [34-35].

On voit d'après les *Parrhasiana*[19] que leur auteur soutient des idées similaires. Car quand M. Bayle a pris au mot dans son Dictionnaire la doctrine des deux Principes (quoique probablement à titre d'exercice seulement) afin de montrer qu'on ne la réfute pas d'ordinaire de manière suffisante, Parrhasius dit qu'il préfèrerait soutenir à titre d'exercice la doctrine d'Origène. Et on pourrait penser qu'ils tendent tous deux au même but. M. François Mercure van *Helmont* a voulu soutenir de diverses façons dans ses *Cogitata in Genesim* (Pensées sur la Genèse)[20], et ailleurs aussi[21], la Restitution et le progrès vers le mieux ; mais il considère que l'état ordinaire des âmes est une métempsycose ; il demeure toujours un nombre déterminé d'âmes humaines (et de chaque espèce)[22] ; elles seraient amenées par les révolutions des corps à des corps toujours supérieurs et toutes ensemble glorifiées en même temps dans leur chef, le Christ ; il soutient bien plus que le Christ est lui-même une métempsycose d'Adam[23], en qui toutes les autres âmes humaines ont préexisté et doivent de nouveau parvenir à la perfection avec lui et en lui. *Suivent d'autres idées aussi extraordinaires qui lui sont venues sa vie durant* [36-37].

NOTES

Texte II

1. Sur la division des sciences, voir évidemment N E IV, 21 ; l'océan, image de l'unité des sciences et de la mobilité des classifications : Bodemann 81-82 (V E, N. 203) ; ailleurs, l'océan figure l'unité de l'univers, *Théodicée* § 9.

2. La *Spécieuse* de Viète (1540-1603) représente les termes du calcul par des « espèces » dont les lettres sont les meilleurs exemples : « Logistica numerosa est quae per numeros, speciosa quae per species seu rerum formas exhibetur, utpote alphabetica elementa » (*Isagoge,* 1635, 8, cité par Couturat, *Logique,* 285).

3. Par exemple les règles de Cardan et de Viète permettant de donner la solution d'équations ramenées à la même forme, et évoquées dans la lettre à Tschirnhaus de mai 1678 en GM 4, 460 (tout le texte en 459-463 constitue un excellent commentaire des lignes précédentes).

4. Voir l'essai de calcul géométrique annexé à la lettre à Huygens du 8 septembre 1679, GM 2, 18-25, et les références données tout au long du chapitre 9 de Couturat, *Logique*.

5. Leibniz s'est souvent plaint de cette réimpression « sauvage » en 1690, à Francfort sur le Main, de son *De Arte Combinatoria* de 1666. Voir principalement la mise au point qu'il fit insérer dans les *Acta eruditorum* de février 1691 (GP 4, 103-104 et A VI, 2, 549-550) ; en outre GP 3, 61 et 620 ; GM 5, 349, 395 ; N E IV, chap. 3, § 18 ; Lettre à Pape (mars 1694 ?), Grua T, 780 et lettre à Morell d'octobre 1697, Grua T, 117 (ici p. 84).

6. Sur la syllogistique dans le *De Arte Combinatoria,* voir GP 4, 46-56 ; l'application de la combinatoire au dénombrement des six modes valides dans chacune des quatre figures du syllogisme constitue ce qu'il y a de plus original, et en tout cas, de propre à Leibniz, dans sa Dissertation de jeunesse, où les autres applications

sont empruntées principalement à des ouvrages en vogue de « récréations mathématiques ». Leibniz cite encore avec faveur son « théorème général de logique » en 1714 (lettre à Bourguet du 22 mars, GP 3, 569) ; voir aussi le commentaire donné en N E IV, chap. 17, § 4. Il convient toutefois de corriger le texte original du *De Arte Combinatoria* selon les indications données par Leibniz dans sa mise au point des *Acta eruditorum* de 1691 citée note précédente.

7. Le déchiffrement est « une manière encore demi-mathématique » (A Burnett, 11 février 1697, GP 3, 190) ; et « l'art de déchiffrer est un des plus grands échantillons de l'esprit humain » (A Sparvenfeldt, 17 avril 1699, Dutens 6, 2, 223-224). Voir Couturat, *Logique,* 254-255.

8. On trouve une ébauche de ce calcul alternatif en C, 556 (= V E, fasc. 6, N. 304, 1683-1684). Voir le commentaire de Couturat, *Logique,* 343-344).

9. Thème cabaliste. Ainsi Geoffroy Tory écrivait dans *Le Champ Fleury* (1529) : « L'usage de toutes les sciences est et vient principalement par lettres (qui) sont si affines et prochaines en connexion qu'elles participent toutes l'une de l'autre, semblablement les sciences et conséquemment les vertus » (cité par Jean-François Maillard, « Fortunes de l'écriture à la Renaissance : de la cryptographie à la quête d'un langage universel », dans *Écritures II,* textes réunis par Anne-Marie Christin, Le Sycomore, 1985, 155).

10. Rapprocher du fragment publié en C, 560 (= V E, fasc. 5, N. 249) qui énumère une liste de question à traiter dans ce qui aurait pu être un nouveau *De Arte Combinatoria* ; sont mentionnées notamment celles-ci : « De la longueur d'un livre où tous les hexamètres possibles seraient couchés par écrit : d'un livre où se trouveraient déjà écrites toutes les vérités qui peuvent être comprises par les hommes » (*L*). On reconnaît là le thème rosicrucien évoqué dans le *De Arte Combinatoria* de 1666 ; « La Fraternité de la Rose-Croix promet dans sa *Fama*... un grand livre sous le titre *Rota Mundi,* où serait contenu tout ce qu'on peut savoir » (GP 4, 74 *L*) ; Leibniz fait référence à l'ouvrage *Fama Fraternitatis, oder Entdeckung der Brüderschafft des löblichen Ordens des Rosencreutzes*..., Cassel, 1616, dont le véritable auteur, de l'avis général, est le pasteur Johann Valentin Andreae (1586-1654). Voir Bernard Gorceix, *La Bible des Rose-Croix, traduction et commentaire des trois premiers écrits rosicruciens (1614-1615-1616),* Paris 1970, et notamment page 24 : « Ne serait-ce pas chose délicieuse que de pouvoir lire un livre qui vous permit de lire, de comprendre et de retenir le fruit jamais découvert, et encore et jamais à découvrir de tous les livres qui existèrent jamais et qui sont à venir et à paraître ». — Leibniz saura juger comme il convient la rumeur rosicrucienne

qui traverse son temps : « Il me paraît que tout ce que l'on a dit des *Frères de la Croix de la Rose* est une pure invention de quelque personne ingénieuse... Il est donc inutile d'y chercher les secrets de la pierre philosophale. Car en vérité les *Adeptes* ressemblent aux Saints des Catholiques, qu'on vante d'avoir fait tant de miracles » (Dutens VI, 1, 329). — Il faut enfin remarquer que le mémoire définitif de l'*Horizon de la Doctrine humaine* abandonne l'idée de « déterminer la grandeur d'un ouvrage qui contiendrait toutes les connaissances humaines possibles » pour lui substituer le calcul de la grandeur du livre où serait imprimé tout au long le nombre de tous les livres possibles, ce qui est bien différent. Mais la confusion sera faite par le marquis de l'Hôpital, dans sa lettre du 3 septembre 1695 (voir p. 83 et la note qui s'y rapporte).

11. Voir infra, Texte III, note 1.

12. Voir infra, Texte III, note 25.

Texte III

1. Archimède, *L'Arénaire,* texte grec et traduction dans les *Œuvres* d'Archimède, éditées par Charles Mugler, Les Belles Lettres, Paris, 1971, t. 2, 129-157. L'ouvrage a fait l'objet de nombreux commentaires dont celui de Clavius dans son *In Sphaeram Iohannis de Sacro Bosco... commentarius,* 1570 (on trouve la *Digressio de Arenae numero* aux pp. 251-254 de l'éd. Rome 1607). En fait la visée d'Archimède n'était pas de montrer que le nombre des grains de sable contenus dans le monde, même porté aux dimensions maximales permises par l'hypothèse héliocentrique d'Aristarque, est fini, car cela va de soi ; mais en choisissant ce nombre comme index d'une multitude immense et apparement inconcevable, Archimède montrait qu'il est toujours possible de porter au-delà l'infinité potentielle de l'ensemble des nombres naturels, et d'y adapter une notation numérique précise échappant aux limitations du système de désignation des nombres par les lettres de l'alphabet. Voir Piero Delsedime, « L'infini numérique dans l'Arénaire d'Archimède », *Archive for history of exact sciences,* vol. 6, num. 5 (1970) 345-359.

2. Infinité affirmée dans le texte figurant en C, 186-187 : le nombre des termes étant infini, celui des axiomes identiques l'est aussi, et celui des conséquences démontrées « encore bien davantage ». Il n'y a aucune contradiction entre la thèse du logicien, qui se donne un ensemble infini de *termes* comme domaine d'interprétation, et l'hypothèse du théoricien de la connaissance qui limite à un sous-ensemble fini les termes et énoncés *formulables* dans une langue aux moyens finis.

3. Comme on verra plus bas, il s'agit principalement de la notation des exposants et des logarithmes.

4. Sur les caractères chinois, voir entre autres textes GP 7, 12, 25, 204 ; GM 5, 216. L'avantage de l'écriture non phonétique des Chinois est, selon Leibniz, qu'elle représente les choses mêmes et non les sons et en outre qu'elle peut être lue par des nations qui ne parlent pas la même langue (Lettre à Chamberlayne, Dutens VI, 2, 197). Mais il n'abandonne pas non plus tout à fait l'espoir d'une réduction analytique de l'écriture chinoise à des éléments simples (A La Croze, Dutens V, 488). — Voir l'étude de Rita Widmaier, *Die Rolle der chinesischen Schrift in Leibniz' Zeichentheorie,* S L Sup, vol. XXIV, Wiesbaden 1989, et son article paru sous le même titre, S L 13 (1981), 278-298.

5. La formule est de Guillaume Brébeuf (1618-1661) et souvent citée par Leibniz (GP 2, 621 ; GM 1, 180 ; 7, 159-160 ; voir aussi Couturat, *Logique,* 89 note). On la trouve dans son adaptation de *la Pharsale* de Lucain, dans le passage évoquant le peuple phénicien, inventeur de l'écriture :

> C'est de luy que nous vient cet art ingénieux
> De peindre la parole et de parler aux yeux,
> Et par des traits divers des figures tracées
> Donner de la couleur et du corps aux pensées.

(*La Pharsale ou les guerres civiles de Cesar et de Pompée en vers français,* cinquième édition, Paris, 1666, 82).

Ces vers sont une paraphrase amplifiée de Lucain, *De Bello Civili,* Livre III, v. 220-221 :

> Phenicas primi, famae si creditur, ausi
> Mansuram rudibus vocem signare figuris.

Leibniz cite ce dernier vers dans sa lettre à Bourguet du 11 avril 1710, GP 3, 552.

6. Lucrèce, *De Natura rerum,* II, v. 1015-1018, librement et partiellement cités par Leibniz dans le passage raturé :

> Namque eadem coelum, mare, terras, flumina, solem
> significant, eadem fruges, arbusta, animantis ;
> si non omnia sint, at multo maxima pars est
> consimilis ; verum positura discrepitant res.

(« Car les mêmes caractères désignent le ciel, la mer, la terre, les fleuves, le soleil ; les mêmes encore les moissons, les arbres, les animaux ; ne seraient-ils pas tous pareils, du moins se ressemblent-ils pour la plus grande partie ; mais c'est par leur ordonnance que diffèrent les mots », trad. Ernout, Les Belles Lettres, Paris, 1955, tome 1, 108).

7. La même recherche du nombre des mots de longueur déterminée formulables à l'aide d'un alphabet de 24 lettres fait l'objet d'une étude en tout point similaire, en latin, dans le manuscrit L Br 714, f. 36 (feuillet inséré dans la correspondance avec Papin, avec laquelle il n'a aucun rapport cependant) ; ce manuscrit est édité par M. Knobloch, *Die mathematische Studien von G.W. Leibniz zur Kombinatorik,* Textband, S L Sup, vol. XVI, Wiesbaden 1976, 44-46.

8. « Les habitants de Constantinople étaient troublés par d'innombrables soucis ». — Ce distique formé de vers ne comportant chacun que deux mots était un lieu commun de l'enseignement de la prosodie latine. On le trouve avec des variantes dans les manuscrits du traité anonyme *De Metrico Dictamine,* publié par Charles Fierville, *Une Grammaire latine inédite du XIIIe siècle,* Paris, 1886, 6 : *Vociferabantur* Constantinopolitani... (on trouve aussi ailleurs : *Contristabantur...*).

9. « Mangeurs de vers avariés, lécheurs de cadavres vivants, dévoreurs de lombrics, goûteurs de pourritures, dites : pour vous à qui du fromage liquéfié dans la vermine est de l'ambroisie, les vomissures seront-elles du nectar ? » — Cette charmante poésie se trouve dans les *Épigrammes* de Johann Laurenberg (pseudonyme de Hans Willmsen, 1590-1658) : *Ocium Soranum sive Epigrammata continentia varias historias,* Copenhague 1640, 98. Laurenberg est cité dans le *De Arte combinatoria* pour son calcul (erronné) des 24 permutations des lettres de l'alphabet (GP 4, 88).

10. Mot d'origine inconnue, que l'on peut rendre à peu près par : « Exposition universelle du Trésor des merveilles » ; il est donné en exemple aussi dans le manuscrit cité supra note 7 (où Leibniz le transcrit en latin : Panexoticothaumaturgematotameion).

11. Pris en ce sens, le terme de dignité a d'abord, semble-t-il, été introduit en italien par Tartaglia (*General Trattato numeri e misure...*, Venise, 1556) ; on le trouve ensuite dans l'*Arithmétique* de Stevin (1585). Il restera en usage jusqu'à la fin du 18e siècle, puisque J.H. Lambert, par exemple, emploie encore systématiquement « Dignität » (de préférence à « Potenz ») dans ses *Beyträge zum Gebrauch der Mathematik,* I, Berlin 1765. — Voir Johannes Tropfke, *Geschichte der Elementar-Mathematik in systematischer Darstellung, mit besonderer Berücksichtigung der Fachwörter,* Leipzig-Berlin, 3e éd., vol. 2, 160-161.

12. La formule générale de la sommation des termes en progression géométrique serait donc :

$$a + a^2 + a^3 + \ldots + a^{n-1} = \frac{a^n - a}{a - 1},$$ qu'on pourrait obtenir

aisément par induction. Dans le manuscrit cité note 7 (o.c., 44), Leibniz parvient à cette formule à partir de la considération des *différences* des termes successifs de la suite de binômes.

$$(a + 1), (a + 1)^2, (a + 1)^3, \ldots (a + 1)^n,$$

soit : $(a + 1), (a^2 + 2a + 1), (a^3 + 3a^2 + 3a + 1)$, etc...

Ces différences sont respectivement :

$$a^2 + a, a^3 + 2a^2 + a, a^4 + 3a^3 + 3a^2 + a, \text{etc...}$$

Leibniz observe ensuite que la différence de deux termes de rang quelconque e et n (avec $e < n$) vérifie l'égalité :

$$\frac{(a + 1)^n - (a + 1)^e}{a} = (a + 1)^e + \ldots + (a + 1)^{n-1}$$

En substituant $(a - 1)$ à a, on obtient :

$$\frac{a^n - a^e}{a - 1} = a^e + \ldots + a^{n-1} ;$$

et en donnant à e la valeur 1, on retrouve bien la formule indiquée.

13. Voir l'explication donnée par Leibniz lui-même, dans la lettre à Burnett du 22 novembre 1695 (GP 3, 169) :

« Pour ce qui est des distinctions, savoir comma, semicolon, colon, point, Ericius Puteanus en a fait un petit livre. Le comma est la moindre division ici comme presque aussi en Musique ; quand on comprend plusieurs commas à la fois, sans achever pourtant le sens, c'est un semicolon, dont plusieurs peuvent faire un colon, duquel on se sert aussi quand le sens est achevé en quelque façon sans que la période le soit ; et la période est finie par un point. Mais on n'est pas fort sévère là-dessus, et on se contente de faire comme des degrés dans les partages... Les Masorètes sont allés à une exactitude bien plus grande que nous sur ce sujet, car ils distinguent comme des pauses dans les commas mêmes, quoiqu'il n'y ait que des simples propositions ; mais dans le fond on n'a besoin des distinctions que lorsque plusieurs propositions font les ingrédients d'une plus grande ».

14. Hendryk van der Putte (1574-1646), auteur de *Musathena, sive notarum heptas,* Hanau 1602, avec en Appendice le traité auquel Leibniz fait référence : *De distinctionibus syntagma, publice dictatum, adiuncta est Iusti Lipsi de iisdem Epistola.* — Leibniz cite *Musathena* dans le Problème VI du *De Arte combinatoria,* à propos du nombre des notes de musique (GP 4, 91 s) ; il y mentionne aussi un autre livre du même auteur, *Pietatis Thaumata,* Anvers 1617, pour le calcul des 24! permutations de 24 lettres.

15. Nom donné aux copistes, interprètes et grammairiens à la fois, qui ont développé la *Masorah* : ensemble des notes critiques portant sur l'établissement du texte de l'Ancien Testament du point de vue de la disposition externe rendant lisibles et prononçables les lettres, dont l'agencement originel est censé constituer un dépôt sacré et intangible. Les Masorètes étudient la séparation des mots, phrases, versets, chapitres, livres ; les graphies ; l'introduction des signes de ponctuation, des accents et des voyelles, etc... Dans une lettre du 24 janvier 1695 à Johann Friedrich von Linsin-

gen, Leibniz ironise sur « les Masorètes, chez les Juifs, qui comptent les points du texte (de l'Écriture Sainte), sans pour autant jamais parvenir à l'élucider de la sorte » (A I, 11, 190).

16. Lucrèce, *De Natura rerum,* II, v. 1013-1014 :

> Quin etiam refert nostris in versibus ipsis
> cum quibus et quali sint ordine quaeque locata.

(« Ainsi, dans nos vers eux-mêmes faut-il tenir compte, pour chaque lettre, et des combinaisons où elle entre et de la place qu'elle y occupe », trad. Ernout, o.c., 108). Ces vers et ceux qui les suivent (cités note 6) sont aussi reproduits dans le *De Arte combinatoria* (GP 4, 89).

17. La digression qui commence ici répond exactement au développement (en latin) du manuscrit LH 35, 12, 2, f. 122, publié par Knobloch T, 40-43 ; à noter cependant que ce manuscrit ne fait pas usage du triangle de Pascal. — Il peut être utile de faire ici une mise au point sommaire du vocabulaire de Leibniz comparé au nôtre. Ses éléments sont regroupés sur le tableau suivant :

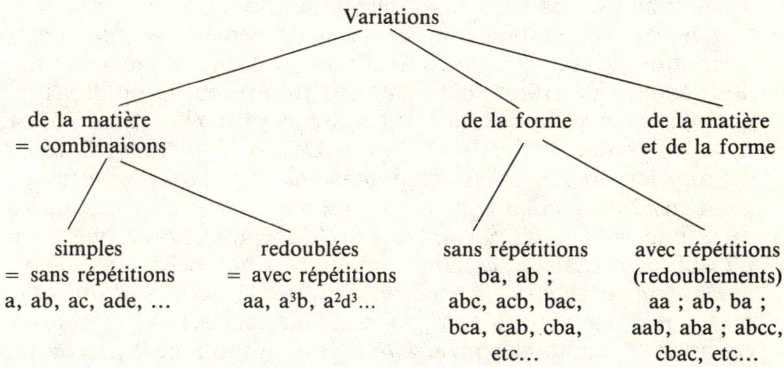

Combinaisons simples : ce que nous appelons encore combinaisons sans répétitions. On appelle combinaison d'ordre p d'un ensemble E comportant n élément tout sous-ensemble de E comportant p éléments (C_n^p). Leibniz nomme *nullion, solunion* (ou *union*), *binion,* etc... les combinaisons d'ordre 0, 1, 2, etc... Pour n donné, le nombre de chacune est donné dans les cellules de la *nième base* du triangle de Pascal.

Combinaisons redoublées : ce sont nos combinaisons avec répétitions, notées K_n^p (liées aux précédentes par la formule $K_n^p = C_{n+p-1}^p$). Leibniz en trouve le nombre, pour n donné, dans les cellules du *nième rang horizontal* du triangle de Pascal.

Variations de la forme (sans redoublement) : ce sont nos *permutations.* Une permutation d'un ensemble E comportant n élément est tout sous-ensemble totalement ordonné contenant les mêmes éléments que E. Leibniz donne la formule usuelle du nombre de ces permutations pour n donné, soit n! (ou *factorielle* $n = 1 \times 2 \times 3 \times \ldots \times n$).

Leibniz ne s'attache pas en particulier ici aux permutations avec répétitions et va directement au décompte des variations qui sont à la fois de la matière et de la forme et accompagnées de redoublement. On y reconnaît nos *arrangements avec répétitions.* Un arrangement d'ordre p d'un ensemble E comportant n élément est tout sous-ensemble totalement ordonné formé de p éléments de E (avec $p \leq n$). Si l'on admet les répétitions, la clause d'inégalité disparaît (p *peut* être plus grand que n), et le nombre des arrangements est alors n^p. C'est bien la formule que Leibniz établit pour $n = 2$, et généralise à $n = 24$.

18. Il est à remarquer d'abord que Leibniz entérine l'usage déjà établi de nommer combinaisons non seulement, conformément à l'étymologie, les sous-ensembles limités à *deux* éléments, mais tous les sous-ensembles comportant deux éléments *ou plus* ; mais surtout qu'il innove en considérant les solunions et même les nullions comme de vraies combinaisons. Il introduit les nullions par analogie avec « la puissance de degré nul » ou $n^0 = 1$ (LH 35, 1, 5, f. 53, Knobloch T, 37). — Dans le *De Arte combinatoria,* Leibniz appelait en général les combinaisons *complexiones,* et distinguait *com2natio, con3natio,* etc... ; un brouillon en français, datant du séjour parisien (et d'avant août 1673), emploie les termes complexion, com2naison, con3naison, etc... (Knobloch T, 8-9). Dans le *De Arte combinatoria* encore, il utilisait les termes d'*unio* et de *nullio,* mais sans considérer proprement ce dernier cas comme une complexion (combinaison) *stricto sensu,* puisqu'il ne le prenait pas en compte dans la somme de toutes les combinaisons possibles d'un ensemble de n éléments, où il cumulait seulement celles d'ordre 1 à n (GP 4, 43 s, et Knobloch S, 32-33).

19. Comme le commencement de phrase raturé le soulignait, il s'agit bien sûr du triangle de Pascal ; voir Knobloch S, 26, note 176, et J.E. Hofmann, « Über frühe mathematische Studien von G.W. Leibniz », S L 2 (1970) 81-83. Dans le *De Arte combinatoria,* le triangle arithmétique est représenté selon une autre disposition (GP 4, 40). On sait que Leibniz a consulté et en partie copié les manuscrits mathématiques de Pascal durant son séjour à Paris. — Sur les diverses présentations du triangle arithmétique, voir Dietrich Mahnke, « Leibniz auf der Suche nach einer allgemeinen Primzahlgleichung », *Bibliotheca mathematica* 13 (1912-1913) 29-61.

20. La *forme* d'un membre (ou terme) est donc caractérisée par son degré n (ou nombre de ses dimensions) et le nombre p de ses éléments ou « ingrédients » (avec $p \leq n$), et se ramène à la décomposition de n en p sommandes. Il s'agit d'un cas spécial de ce que l'on appelle aujourd'hui une *partition.* Comme Leibniz l'écrit ailleurs : « Il y a autant de forme pour un degré qu'il y a de partitions (*divulsiones*) de l'exposant » (GM 7, 165) ; par exemple, il y a cinq formes du quatrième degré, puisque $4 = 3 + 1 = 2 + 2 = 2 + 1 = 1 + 1 + 1 + 1 + 1$ (où l'on voit que le nombre considéré est bien lui-même une de ses partitions, qu'on peut appeler unipartition, — Leibniz dit : *univulsio,* ibid.). Un pentagramme (de degré 5) comporte, pour 3 ingrédients, deux formes, dès lors qu'on reconnaît que le nombre 5 ne se prête qu'à deux tripartitions, savoir $5 = 3 + 1 + 1 = 2 + 2 + 1$. Leibniz s'est attaqué très tôt à ce difficile problème de théorie des nombres, qui ne recevra de solution générale qu'en 1840 (Moritz Stern, « Beiträge zur Combinationslehre und deren Anwendung auf die Theorie der Zahlen », *Journal für reine und angewandte Mathematik* 21) ; voir les études réunies dans la troisième Section de Knobloch T, où l'on trouvera de nombreux tableaux partiels recensant cas par cas le « nombre des formes » (par exemple toutes les formes jusqu'à l'exposant 8, o.c. 286 ; toutes les tripartions jusqu'à l'exposant 16, id. 293, etc). — Sur l'importance des formes en algèbre, voir dès l'origine la lettre à Tschirnhaus de mai 1678 (déjà citée supra Texte I, note 3), GM 4, 453-454 et, de façon générale, Couturat, *Logique,* App. III, 491 s.

21. Le voisinage (*vicinitas*) est défini par les définitions 4 et 5 du *De Arte combinatoria* (GP 4, 36-37), où la disposition circulaire fournit le modèle par excellence de la relation de voisinage en ce qu'elle se distingue de l'ordre linéaire.

22. Citer tous ces « autres » serait donner la bibliographie de l'histoire de la Combinatoire au 17e siècle ; on se bornera à rappeler que Clavius dans son *In Sphaeram Joannis de Sacro Bosco Commentarius,* Rome 1570 (nous avons consulté l'édition de 1607 de cet ouvrage qui en a connu dix-sept jusqu'en 1618) a donné un bref aperçu de problèmes combinatoires, qui a exercé une influence considérable sur les auteurs ultérieurs ; il y donne le calcul des permutations sans répétitions des 23 lettres de l'alphabet latin avec le résultat correct : $23! = 1 \times 2 \times 3 \times \ldots \times 23 = 25\,852\,016\,738\,884\,976\,640\,000$; il emploie la règle de récurrence équivalente à ce que nous notons $n! = (n - 1)!\,n$, dont la connaissance remonte à Luca Pacioli, 1494 (Knobloch S, 3). Clavius désigne la variation de l'ordre d'un même nombre d'éléments par le verbe « *inter se commutari* » (o.c. 35-36). — Après lui, Athanase

Kircher, *Musurgia Universalis sive Ars Magna consoni et dissoni*, Rome 1650, t. 2, 5, donne la table de 1! à 24! des « *mutationes* ». — Mais le plus patient et le plus prolixe est Mersenne qui, ayant donné dans *La Vérité des Sciences,* Paris 1625, chap. 10, « la règle des combinaisons ordinaires » (nos permutations), produit la table complète jusqu'à 64!, *Harmonie Universelle,* 1636, t. 2, Le Livre des Chants, 109. — Pour s'en tenir aux auteurs plus récents que Leibniz peut désigner au moment de l'*Horizon de la Doctrine Humaine,* on mentionnera : Leibniz lui-même, dont le *De Arte Combinatoria* de 1666 reproduit la table jusqu'à 24! (GP 4, 84) ; Jean Prestet, *Elemens des mathématiques,* Paris, 1675, 342, ouvrage que Leibniz a lu à Paris ; Kaspar Knittel, *Via regia ad omnes scientias et artes,* Prague, 1682, puis 1687, 1691, qui emploie le verbe « *permutari* » (1687, 7-9, mais « *permutatio* » se trouve déjà chez Andreas Tacquet, *Arithmeticae Theoria et Praxis,* Anvers, 1656, ed. ultima, Bruxelles, 1683, 380) ; et enfin John Wallis, *A Treatise of Algebra,* Londres, 1685, où se trouve *A Discourse of combinations, alternations and aliquot parts* (texte latin dans *Opera mathematica,* Oxford, 1695, t. 2, 485 s.) ; Wallis donne (492-493 des *Op. math.*) la liste des permutations des lettres R O M A, que Leibniz reprend ici comme exemple ; d'autre part, Leibniz avait rendu compte du *Treatise of Algebra* dans les *Acta eruditorum* de juin 1686.

23. Nom latinisé d'un auteur arabe de la première moitié du 12ᵉ siècle, sans doute le poète et alchimiste al-Toghrâî ; il est l'auteur d'un *Liber secretus de arte occulta et lapide philosophorum*, imprimé à Francfort en 1685, ainsi que de *Clavis majoris Sapientiae,* imprimé à Paris en 1609 (nombreuses éditions ensuite) ; voir Ferdinand Hoefer, *Histoire de la Chimie,* tome I, 1866, 351. On lui attribue aussi un traité *De vita propaganda,* qui n'a pas été imprimé, et où il déclare avoir écrit cet ouvrage à 1025 ans ; la notoriété de cette affirmation a été transmise par Roger Bacon (d'après Hermann Kopp, *Die Alchemie in älterer und neuerer Zeit,* Heidelberg, 1886, t. 1, 100-101 ; voir aussi 252 et t. 2, 342). — Leibniz avait d'abord mentionné, puis raturé, le nom de Morienus Romanus, ou Morien, autre alchimiste du 11ᵉ siècle, auteur entre autres d'un *De Transfiguratione metallorum et occulta summaque antiquorum philosophorum medicina* (imprimé à Paris 1559, Hanovre, 1565 et 1593 — Voir Hoefer, o.c. 519).

24. Térence, *L'Eunuque,* Prologue, v. 41 : « *Nullum est jam dictum, quod non dictum sit prius* » (« Rien n'est dit désormais qui n'ait été dit auparavant »).

25. L'argument selon lequel l'éternité du genre humain implique son retour périodique au même était utilisé *a contrario* par saint Augustin pour réfuter cette éternité *a parte ante* et prouver du même coup la création de l'homme (*La Cité de Dieu,* XII, 10 sq).

26. « J'ai souvent remarqué que de nouvelles inventions qu'on tenait pour des nouveautés ont été par la suite retrouvées dans des livres, mais elles étaient négligées ou inconnues » (F C, 102).

Texte IV

1. Voir supra Texte III, note 1.

Texte V

1. Voir ici même le passage visé de la lettre à Fontenelle du 26 février 1701, p. 84-85. Ce morceau peut donc lui-même être daté de fin février-début mars 1701.

2. La Grande Année platonicienne est la période astronomique au terme de laquelle les sept planètes connues de Platon et la sphère des Fixes, après un nombre fini de périodes (différent pour chacune), reviennent à la même position relativement à la Terre et entre elles ; voir bien sûr *Timée,* 39 c-d. Sur le sens de cette doctrine, voir principalement Charles Mugler, *Deux thèmes de la Cosmologie grecque : Devenir cyclique et pluralité des mondes,* Paris, 1953, chap. 3.

3. On évoquera plutôt ici le rythme palingénésique des âmes, tel qu'il est décrit dans le mythe de l'attelage, *Phèdre* 246 sq.

4. L'adage sera encore cité Texte VII, p. 75. Voir aussi la lettre à Morell, mai 1698 (Grua T, 127) : « Je pense que... l'univers va toujours en mieux, ou s'il recule, c'est pour mieux sauter » ; *De rerum originatione radicali* (décembre 1697), où l'adage est cité en français : « Qu'on recule pour mieux sauter » (GP 7, 308) ; *Remarques critiques sur le Dictionnaire de Bayle, article Pauliciens* : « La perfection consiste dans l'harmonie et souvent il faut reculer pour mieux sauter » (F C, 180) ; lettre à Bourguet du 5 août 1715 (GP 3, 578).

5. La cycloïde primaire est la cycloïde simple, c'est-à-dire la courbe décrite par un point M de la circonférence d'un cercle C qui roule (sans glisser) sur une droite D :

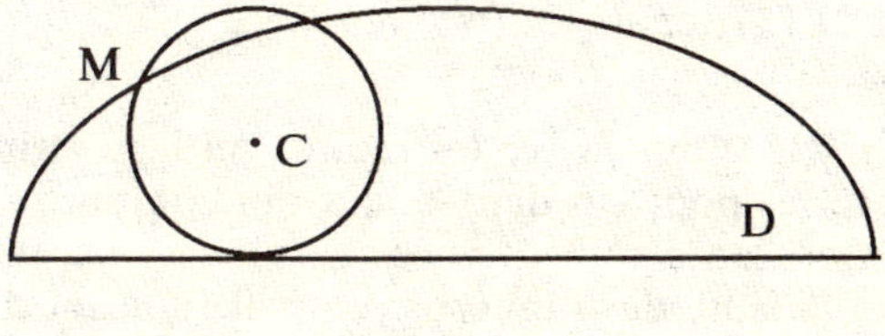

La cycloïde secondaire ou épicycloïde que Leibniz présente comme modèle d'un progrès comportant des phases de régression est la courbe décrite par un point M d'un cercle C, dont le centre parcourt lui-même la circonférence d'un autre cercle C' (appelé déférent).

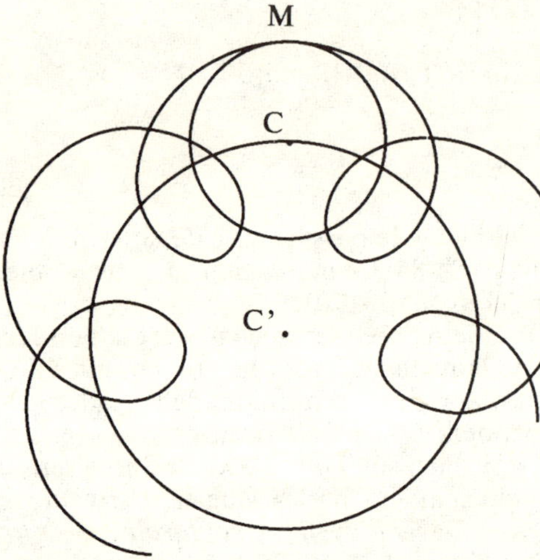

On reconnaît évidemment la construction utilisée par l'astronomie ancienne pour « sauver le phénomène » des rétrogradions apparentes des planètes.

6. Pline, *Histoire Naturelle* VII, 55, 189 : « *Similis est de adservandis corporibus hominum ad reviviscendi promisso Democriti vanitas, qui non revixit ipse* » (« C'est encore la vanité qui a incité Démocrite à préconiser la conservation des corps humains et à promettre la résurrection, alors qu'il n'a pas su ressusciter lui-même », trad. Robert Schilling, Les Belles-Lettres, 1977, t. VII, 189 ; le traducteur remarque en note (234) : « L'atomisme doctrinal de Démocrite exclut la vraisemblance de l'anecdote rapportée par Pline »). On peut observer toutefois qu'en associant le retour des « histoires » à une combinatoire atomistique (cf. notre Postface, p. 179 sq), Leibniz donne un sens plausible à la thèse attribuée à Démocrite ; celle-ci est citée en outre en GP 4, 481 ; 7, 535-536 ; et N E I, chap. 1 (Prologue).

Textes VI et VII (pour éviter les redites ou la multiplication des renvois, les notes pour ces deux textes qui comportent une partie commune importante sont données en un seul ensemble ; ce qui explique que la suite des numéros d'appel figurant dans le corps des textes puisse comporter des lacunes, surtout dans la première version que Leibniz a ensuite complétée par d'importantes adjonctions).

1. La traduction d'ἀποκατάστασις par « restitution » est justifiée par le passage de la lettre de Leibniz à Burnett du 27 février 1702 (GP 3, 283) cité ci-dessus dans l'Introduction, p. 22-23.

2. C'est ce que Leibniz nomme aussi les *annales de l'histoire universelle,* en observant en outre : « Une histoire mémorable peut être placée dans les annales de l'histoire universelle et dans l'histoire du pays où elle est arrivée, et dans l'histoire de la vie d'un homme qui y était intéressé » (N E, IV, chap. 21, § 4). L'histoire publique est l'*histoire civile,* qui s'oppose à l'histoire de la nature (GP 7, 139), mais différenciée aussi de l'histoire secrète ou anecdotique (*Dissertatio de Actorum publicarum usu,* qui ouvre le *Codex juris gentium diplomaticus,* Dutens VI, 3, 288) : elle concerne tout ce qui a trait à la marche des États au travers des actes publics, incluant les médailles et les inscriptions lapidaires, et qui sont ce que l'histoire a de plus certain ; « mais une fois l'imprimerie inventée, il est arrivé qu'on se fiât plus surement au papier qu'aux pierres et aux métaux » (ibid., 289). Dans sa partie essentiellement diplomatique, le matériau de l'histoire n'est donc pas de nature différente de celui que réunit un *Codex juris gentium* (ibid., 290), dont nous citons ailleurs l'énumération (Postface, p. 172) ; l'autre part de la documentation historique repose sur la chronologie (voir Davillé, *Leibniz historien,* Paris, 1909, 423-435), les généalogies (ibid., 441-448), la bibliographie raisonnée (ibid., 450-457) et les biographies des individus qui ont figuré dans les affaires publiques (ibid., 559-563). Dans tous les cas, l'histoire écrite est fondée sur la collection de « monuments » eux-mêmes écrits. — La disposition par annales est bien sûr celle suivie par Leibniz dans le grand œuvre inachevé de sa vie, les *Annales Imperii occidentis brunsvicenses,* qui vont de 768, avènement de Charlemagne, à 1005, où la rédaction en est interrompue par sa mort (*Leinizens Gesammelte Werke..., Erste Folge : Geschichte,* ed. Pertz, Hanovre, t. 1 1843, t. 2 1845, t. 3 1846). L'ouvrage s'étend en fait à toute l'histoire européenne connue ou presque. L'« année la plus longue » est 968, qui compte 72 paragraphes (o.c. t. 3, 213-256) et la plus « brève » 905, réduite à 5 paragraphes (t. 2, 211-212) ; on est évidemment encore bien loin des cent millions de caractères que Leibniz accorde ici généreusement à chacune des annales universelles.

3. Leopold Ier, Empereur d'Allemagne, mort en 1705 ; Louis XIV, mort le 1er septembre 1715 (il est donc encore en vie quand Leibniz écrit l'ἀποκατάστασις) ; Guillaume III, roi

d'Angleterre, mort en 1702 ; enfin Georges Louis de Hanovre, devenu à son tour roi d'Angleterre en 1714, sous le nom de Georges Ier (il mourra en 1727).

4. Sur les questions démographiques, associées chez Leibniz au traitement probabilitaire de la durée de la vie humaine, voir *Essay sur le nombre des hommes,* A IV, 3, 489 sq ; *Raisonnements nouveaux sur la vie humaine,* ibid., 456 sq et *Quaestiones calculi politici circa hominum vitam,* ibid., 486. On peut y rattacher le curieux fragment isolé qui figure sur une feuille volante dans la correspondance avec Overbeck (L Br 705, f. 119 r°), et que voici :

> Supposons qu'il y ait maintenant sur terre cent millions d'âmes, et que chaque 50 années les hommes se renouvellent. Si nous donnons 6.000 ans au monde selon la chronologie commune, il y aura 120 renouvellemens. Mais comme le nombre des hommes a été plus petit au commencement, contentons nous de 100 renouvellemens des 100 millions, ainsi tous les hommes ensemble feront dix mille millions.
>
> Maintenant une lieue d'Allemagne étant de 4.000 pas, et un pas de 5 pieds, elle sera de 20.000 pieds, et une telle lieue quarrée sera de 4.0000.0000, c'est-à-dire de quatre cent millions de pieds quarrés. Donnons à chaque homme un pied quarré car quoyque il puisse avoir plus de largeur il a coutume d'estre moins gros. Ainsi si la vallée de Josaphat etoit prise en sorte qu'elle comprit toute la course du ruisseau, qui fait le terroir fertile aux environs de Jerusalem et environ une longueur de $12\frac{1}{2}$ lieues, avec deux lieux de largeur, l'un portant l'autre, cette vallée contiendroit 25 lieues quarrées. Sans compter qu'il y a un grandissime nombre de petits enfans qui n'auront point besoin de tant de place.

Semblablement, en évoquant (en N E II, chap. 27, § 13) l'hypothèse d'un deuxième globe presque identique à notre terre, Leibniz suggère là aussi l'estimation de la population mondiale à « plus de cent millions... de personnes ». En 1661, le jésuite Giovanni Battista Riccioli estimait quant à lui à mille millions le nombre de tous les hommes (*Geographiae et hydrographiae reformatae libri duodecim*, Bologne). On admet aujourd'hui qu'à la fin du 17e siècle, il se situait plus vraisemblablement au voisinage de 600 millions, selon l'estimation de Gregory King (1696) ; sur les débuts de l'« arithmétique politique », voir les quelques indications données dans M. Reinhard, A. Armengaud, J. Dupaquier, *Histoire générale de la population mondiale,* Paris, 1968, 152 s.

5. Il y a par hypothèse mille millions d'hommes (10^9) et cent millions de caractères (10^8) suffisent à décrire une année de la vie de chacun : on attendrait donc que le livre sommant l'histoire annuelle de tous les individus contienne cent mille millions de millions de caractères, puisque $10^9 \times 10^8 = 10^{17}$. Or Leibniz en

annonce cent mille millions de millionions ou 10^{23}. M. Schmitz suggère (*Übersetzung und Kommentierung des Apokatastasis-Fragments von Leibniz,* dactyl. s.d., 22, note (121)) que Leibniz a commis une faute de calcul en voulant associer l'histoire publique de la même année à toutes les histoires privées, ce qui aurait dû donner : $10^8 \times 10^8 \times 10^9 = 10^{25}$; or cela implique qu'au lieu d'*ajouter* simplement le volume de l'histoire publique à la somme des biographies individuelles, on opère par *multiplication,* comme si l'histoire publique était réécrite autant de fois qu'il y a d'individus. Cette suggestion n'est pas absurde et pourrait être justifiée par la thèse du caractère représentatif de chaque substance individuelle, qui exprime « la suite des choses » sous son point de vue, de sorte que « l'univers est en quelque façon multiplié autant de fois qu'il y a de substances » (*Discours de Métaphysique,* art. IX). Mais précisément cette justification ne tient pas, puisqu'elle reposerait sur la *notion complète* de la substance, en tant qu'elle relève d'une « analyse infinie » qui échappe à tout dénombrement de type combinatoire.

Il semble dont plutôt que Leibniz ait voulu opérer ici, comme dans l'*Horizon,* par majoration afin d'argumenter *a fortiori* ; ou bien, comme cela lui arrive, qu'il se soit trompé dans son jeu avec les « millionions ». Cette négligence est d'ailleurs sans gravité, puisque la détermination exacte du nombre des caractères requis est secondaire, l'essentiel étant l'assurance que le nombre des arrangements de 24 lettres jusqu'à ce nombre très grand de caractères est toujours fini : il suffit alors de poser symboliquement ce nombre sans le calculer.

6. *Cataja,* en latin, ou Cathay (Katai ou Kitai), est une dénomination usuelle en Occident depuis le Moyen Âge pour désigner la Mongolie et la Chine septentrionale ; elle aurait été forgée par le franciscain Giovanni de Piano Carpini, envoyé du Pape Innocent IV auprès de la Cour de Mongolie en 1245. Au temps de Leibniz, la question était encore débattue de savoir si c'était le même pays qu'avaient redécouvert au 16ᵉ siècle les Portugais sous le nom de Sinae (China). Une remarque de Leibniz dans une lettre de décembre 1691 à Adam Adamandus Kochanski atteste qu'il était convaincu de leur identité («*Nullam extra Sinae Catajam esse, ego... pro indubitato habeo* », A I, 7, 488).

7. Il existe de nombreux manuscrits, en français, latin, italien et dialecte vénitien, de l'ouvrage de Marco Polo (1254-1323). C'est dans la traduction allemande de Nüremberg 1477 qu'il a été imprimé la première fois. Une traduction latine datant du début du 14ᵉ siècle et dûe à Francisco Pipino parut ensuite à Anvers en 1485. Giovanni Battista Ramusio a retraduit ce texte en italien, en l'enrichissant à d'autres sources, et cette version a été publiée en

1559 dans le second volume de ses *Navigationi e Viaggi,* dont la collection fut très populaire. C'est encore Ramusio qui rapporte l'anecdote selon laquelle les auditeurs de Marco Polo, l'entendant compter par millions les richesses du Grand Khan, lui donnèrent le surnom de « Messer Marco detto Milioni », « que j'ai encore vu noté sur les livres publics de cette République, où il est fait mention de lui. Et la cour de sa maison, de ce temps à aujourd'hui, est encore familièrement appelée Corte del Millioni » (cité dans Marco Polo, *Il Milione,* a cura di Ranieri Alluli, I Classici Mondadori, 1954, xxii). Ce titre « Il Milione » est l'un de ceux que les éditeurs ont donnés au livre de Marco Polo depuis le début du 19e siècle ; c'est celui qui a été retenu par Luigi Foscolo Benedetto pour sa reconstitution du texte, qui passe pour définitive (*Il Milione, prima edizione integrale*... Florence 1928), et qui a servi de base à la traduction française contemporaine de Louis Hambis (*La Description du Monde,* Paris 1955).

8. Leitmotiv leibnizien, qu'on trouve énoncé dans la Préface des *Nouveaux Essais* (éd. J. Brunschwig, Garnier-Flammarion, 1990, 42) ; lettre à la Princesse Sophie, 5 août 1699, Klopp VIII, 142 ; à de Volder, 21 janvier 1704, GP 2, 262 ; à la Princesse Sophie, mars 1706, Klopp IX, 173 ; à Coste, 19 décembre 1707, GP 3, 403 ; *Théodicée* § 360 ; *Principes de la Nature et de la Grâce* § 13 ; *Monadologie* § 22. Le texte le plus voisin de ce passage de l'ἀποκατάστασις est celui de la lettre du 5 août 1699 : « Toute action et tout événement étend sa liaison à l'infini, tant à l'égard des lieux qu'à l'égard des temps ; ainsi comme l'absent est lié avec le présent, de même l'avenir est lié avec le passé ; de sorte qu'on peut dire que le temps présent est gros des choses futures ».

9. Thèse constante chez Leibniz, qu'on trouve formulée en termes voisins dès 1671 dans la *Theoria motus concreti* § 43, en référence à Kircher et Hoocke : « Puisque le continu est divisible à l'infini, n'importe quel atome sera comme un monde d'une infinité d'espèces, et il y aura *des mondes dans des mondes à l'infini* » (*L,* GP 4, 201). En 1714, *Monadologie* § 66 : « Il y a un monde de créatures, de vivants, d'animaux, d'entéléchies, d'âmes dans la moindre portion de la matière ».

10. Cette présentation de l'Atomisme d'Épicure peut être rapprochée du passage suivant d'une lettre à Gerhard Meier, 10 janvier 1693 :

> « Vous dites que rien ne paraît arriver qui ne soit su à l'avance par quelque cause : ce que j'accorde quant à Dieu. Quand aux autres substances, voici ce que j'en penserai : il y a sans doute de la part de toutes pressentiment, mais non prescience, et le sentiment est en réalité confus. Mieux, j'estime qu'il y a tant de connexion entre toutes les choses qu'aucun changement n'arrive dans une substance que

les autres ne le ressentent, si éloignées soient-elles à l'égard du temps et à l'égard du lieu ; de sorte néanmoins qu'elles ne s'en aperçoivent pas elles-mêmes. Elles sont dans le monde comme dans le microcosme selon la formule d'Hippocrate : σύμπνοια πάντα. Mais ces conspirations consistent en mouvements insensibles. Or je n'oserai dire s'il y a, hormis Dieu, d'autres esprits d'une telle perspicacité qu'ils puissent lire distinctement ces tracés préalables (*praedelineationes*) d'une subtilité merveilleuse et presque immense ; je soupçonne qu'il en va à l'opposé, parce qu'en fait une infinité de causes intervient dans chaque effet singulier, puisque le continu est divisible, et même actuellement divisé, à l'infini. Car si l'univers consistait en un nombre déterminé d'atomes, la sagacité des créatures pourrait parvenir à une connaissance parfaite de l'univers » (A I, 9, 228-229 *L*).

Leibniz admet l'équivalence doctrinale entre la pluralité simultanée des mondes au sens épicurien et la répétition des mêmes états successifs du même monde. L'assimilation de la coexistence de mondes séparés et de la succession périodique dans ce monde-ci était utilisée par saint-Augustin à l'encontre des deux thèses (*Cité de Dieu,* XII, 12 début). Sur les raisons historiques et philosophiques qu'il y a pourtant de les distinguer, voire de les opposer, voir Charles Mugler, *Deux thèmes de la Cosmologie grecque : devenir cyclique et pluralité des mondes,* Paris, 1953.

11. Les deux versions de la thèse : identité numérique de l'individu qui revient dans une autre période du monde, — ou ressemblance très grande entre individus de même espèce infime, coexistent dans les versions anciennes de l'Éternel Retour (voir Duhem, *Le Système du Monde,* t. 1, 1913, 280 sq). Pour Leibniz, dans la mesure où le calcul des combinaisons se fonde sur un ensemble *fini* de caractères de la personne, il laisse *indécidée* la question de l'identité ou de la diversité réelle de la substance individuelle qui est le sujet de ces caractères. Un argument comparable est utilisé dans les *Nouveaux Essais* (II, chap. 27, § 23), où la fiction « épicurienne » en quelque sorte de deux globes ne différant point sensiblement l'un de l'autre et habités par des hommes très semblables permet de récuser l'expérience interne comme seul ou principal critère de l'identité personnelle, comme le soutenait Locke : « Selon vos hypothèses, la seule consciencìosité discernant les personnes, sans qu'il faille se mettre en peine de l'identité ou diversité réelle de la substance ou même de ce qui paraîtrait aux autres, comment s'empêcher de dire que ces deux personnes, qui sont en même temps dans ces deux globes ressemblants, mais éloignées l'un de l'autre d'une distance inexprimable, ne sont qu'un seule et même personne, ce qui est pourtant une absurdité manifeste ».

Il y aurait pour Leibniz autant d'absurdité à soutenir l'identité parfaite de deux substances existant à des moments différents de la durée ; l'ordre des successifs exige tout autant que l'ordre des simultanés qu'il y ait un fondement interne de la distinction des termes réels, — et non idéaux seulement —, des relations ; en outre ce fondement d'abord imperceptible ne peut manquer de s'expliciter et de différencier sensiblement les temps comme les lieux : « Au reste, parlant de ce qui se peut naturellement, les deux globes semblables et les deux âmes semblables des deux globes ne le demeureraient que pour un temps. Car puisqu'il y a une diversité individuelle, il faut que cette différence consiste au moins dans les constitutions insensibles, qui doivent se développer dans la suite des temps » (N E, ibid.,).

12. Voir supra *Texte V,* note 2.

13. Voir supra *Texte V,* note 4.

14. Il s'agit bien ici de la définition réelle ou causale, qui permet d'« expliquer cette contexture ou constitution intérieure » de l'objet défini (N E, III, chap. 3, § 18). Le domaine par excellence de ces définitions est celui des mathématiques, et notamment de la géométrie, où la définition réelle exprime la génération même de la figure ; mais l'usage doit s'en étendre aussi loin que possible, y compris dans la connaissance scientifique des faits, comme l'atteste, entre autres, ce passage de la *Protogaea,* où il est question de la similitude entre les effets des forces souterraines de la nature et les produits qui sortent des « officines » des chimistes : « Car quoique le Père très riche des choses ait en son pouvoir plusieurs causes de la même chose, il aime aussi pourtant la constance dans la variété. Et il est important pour connaître les choses d'avoir obtenu ne serait-ce qu'une manière de la produire : tout comme les géomètres dérivent d'une seule manière de décrire une figure toutes ses propriétés » (*Protogaea,* ed. W.E. Peuckert, Stuttgart, 1949, 40 *L*).

15. Nous n'avons pour le moment trouvé le mot *semiscientia* nulle part ailleurs dans Leibniz, ni dans aucun des dictionnaires que nous avons pu consulter. Il y a bien pour Leibniz une science totale des individus en Dieu (par ex. C 20), qui est une partie de sa science de vision s'il s'agit des individus existants, et une partie de sa science moyenne s'il s'agit des « individus possibles ». Pour les esprits finis, la connaissance des individus, en ce qu'elle développe une infinité inépuisable, comporte une part inéliminable d'approximation et de savoir-faire, qui permet de dire des « considérations individuelles..., *quae versantur circa singularia* » qu'elles sont encore des « considérations... de pratique » (*Remarques sur la lettre de M. Arnauld,* GP 2, 39). — On se souviendra toutefois de cet avertissement : « Je suis d'avis que toute science est d'autant plus pratique qu'elle est plus spéculative, c'est-à-dire que l'on est d'autant plus apte à la pratique que l'on a mieux considéré qui doit

y être traité » (Grua T, 662 *L*), en outre « il est constant... que les plus considérables observations et tours d'adresse en toutes sortes de métiers et de professions sont encore non écrits. Ce qu'on trouve par expérience, lorsqu'en passant de la théorie à la pratique on veut exécuter quelque chose. Ce n'est pas que cette pratique ne se puisse écrire aussi, puisqu'elle n'est dans le fond qu'une autre théorie plus composée et plus particulière que la commune » (GP 7, 182).

16. « Les perceptions insensibles pour le présent se peuvent développer un jour, car il n'y a rien d'inutile et l'éternité donne un grand champ aux changements », N E, II, chap. 27, § 18 ; voir principalement Grua T, 94-95 (texte traduit par Michel Serres, *Le Système de Leibniz et ses modèles mathématiques,* Paris, 1968, t. 1, 233-235). Le progrès ultérieur des âmes suppose qu'elles soient exemptes de mort et aussi de vieillesse : « c'est pourquoi elles avancent et mûrissent continuellement comme le monde lui-même dont elles sont les images ; car rien n'étant hors de l'univers qui le puisse empêcher, il faut bien que l'univers avance continuellement et se développe » (GP 7, 543, voir aussi 568). Dans tous les cas le progrès « très libre » de l'univers, totalisé « in summa » (Grua T, 391), ne peut être que la résultante des progrès individuels des âmes singulières s'élevant à des perceptions plus distinctes et à des perfections plus grandes, — ce qui est la même chose (Grua T, 526, 1. 25-30) : « Bien que beaucoup de substances aient déjà atteint une grande perfection, la divisibilité du continu à l'infini fait que toujours demeurent dans l'insondable profondeur des choses des éléments qui sommeillent, qu'il faut encore réveiller, développer, améliorer et, si je puis dire, promouvoir à un degré supérieur de culture. C'est pourquoi le progrès ne sera jamais achevé » (*De rerum originatione radicali,* GP 7, 308, trad. P. Schrecker, *Opuscules philosophiques choisis,* 92).

Appendice I

1. Cet ami est vraisemblablement l'Abbé Foucher ; voir sa lettre d'août 1692 à Leibniz : « L'Abbé Galois... me témoigne avoir bien de l'estime pour vous et voudrait vous en donner des marques encore plus considérables que celles de vous faire part de ses mémoires. Si vous avez quelque chose à communiquer à Mrs de l'Académie, il suffit de lui envoyer cela ; il en parlera dans ses mémoires » (GP 1, 409).

2. Leibniz, comme on sait, ne rédigera jamais l'ouvrage qui devait être la somme de son calcul infinitésimal ; voir Pierre Costabel, « De Scientia infiniti », dans : *Leibniz, aspects de l'homme et de l'œuvre,* Paris, 1968, 105-117.

3. Voir en effet la lettre de Huygens du 17 septembre 1693, GM 2, 161, où celui-ci déclare lever ses réticences premières.

4. Il s'agit évidemment du *Codex Juris gentium diplomaticus,* paru à Hanovre en 1693. La Préface de Leibniz, aux pages I à XVIII, est faite de deux Dissertations, portant sur l'usage des actes publics et les principes du droit naturel et des gens (Dutens IV, 3, 285-328).

5. Le Marquis de l'Hôpital (sur les dires de Bignon, ou de lui-même) commet ici un contresens : dans le mémoire de Leibniz, on l'a vu, il est question du nombre des typographes et du temps qu'il leur faudrait pour composer le *nombre* de tous les livres possibles et *non ces livres eux-mêmes,* dont la plus grande part serait en tout ou partie dénuée de sens. Le livre où ce nombre serait copié ou imprimé ne fait pas partie de l'ensemble des livres dont il énonce le nombre ; il serait d'ailleurs composé d'autres signes, et deux caractères ('1' suivi de '0') lui suffiraient.

6. Voir supra *Texte II,* note 5.

7. Parce que Leibniz a de la peine à se retrouver dans ses papiers, voir par exemple lettre à Bourguet du 11 juillet 1714, GP 3, 571.

8. Leibniz formulera quelques mois plus tard une demande similaire auprès de Bourguet, au sujet des hypothèses portant sur la forme du progrès de l'univers (invariance de perfection, ou croissance soit à partir d'un commencement soit depuis l'éternité, GP 3, 582) : « Je vous prie, Monsieur, de penser comment vous pourriez réduire vos raisonnements là-dessus à une forme dûe, car je n'en vois pas encore le moyen » (ibid., 592).

9. Le raisonnement d'Overbeck serait sans objet si l'on entendait par « grandeur d'un segment » sa longueur ou le nombre d'occurrences de chiffres qu'il comporte ; il semble qu'il faille plutôt déterminer cette grandeur par la *somme* de tous les nombres qui y sont représentés, par exemple ici : $2 + 3 + 6 + 0 + 7 + 9 + 7 + 7 + 7 = 54$. La question est alors de savoir quand doit revenir dans la série un segment de dix nombres dont la somme est égale à 54 ; les « combinaisons » à considérer sont donc toutes les partitions de 54 en dix sommandes, sujet qui est précisément abordé dans la correspondance de Leibniz et Overbeck (voir Knobloch S, 208 s).

10. On peut suggérer que, dans l'interprétation numérique, des segments « plus pauvres » sont des segments comportant davantage de zéros.

11. $10^{100.000.000}$ est bien en effet le nombre des arrangements avec répétitions allant jusqu'à 10^8 occurrences de lettres d'un alphabet qui en contient dix. En outre, 10^{50} est aussi, selon *l'Arénaire* d'Archimède, le nombre des grains de sable contenus dans le monde

« tel que l'entendent la plupart des astronomes », c'est-à-dire « la sphère ayant pour centre le centre de la Terre et pour rayon la droite comprise entre le centre du soleil et le centre de la Terre » (Éd. Mugler, t. 2, 155 et 135). C'est ce qu'Overbeck nomme l'« Orbe pythagorique ».

Voici alors comment on peut reconstituer son raisonnement, dont l'exposé n'est pas très clair : il y a 10^{50} grains de sable dans l'univers et $10^{100.000.000}$ livres. Si on amassait autant de grains de sable qu'il y a de livres possibles, on aurait de quoi emplir $\frac{10^{100.000.000}}{10^{50}} = 10^{99.999.950}$ fois l'univers. Il apparaît ainsi qu'en divisant le nombre des livres par celui des grains de sable, l'ordre de grandeur du premier, exprimé par l'exposant ou le nombre de zéros, diminue relativement peu, alors même que cette diminution est elle-même mesurée par l'écart qui sépare la dimension d'un grain de sable de celle de l'univers. On voit qu'en ramenant à l'imagination une propriété banale des opérations sur les exposants, Overbeck renoue avec le genre de spéculations qu'on trouve chez Paul Guldin et Kaspar Schott, par exemple (voir notre Postface, p. 136 sq).

Appendice II

1. Voir le titre complet de l'ouvrage de Petersen ci-dessus, Introduction note 22. Le choix du nom imaginaire du lieu de publication peut évoquer Pamphile, martyr chrétien (mort en 309) qui écrivit en captivité une défense d'Origène. Le volume contient : une Préface de 28 pages ; la reproduction (32 pages) de l'opuscule d'Eleonora Petersen paru en 1698 (Cf. Introduction note 21) ; puis un long dialogue en trois parties (553 pages) intitulé *Gespräch zwischen Philaletha und Agatophilo von der Wiederbringung Aller Dinge, Da Gott seyn wird alles in allen* ; enfin un autre opuscule de 34 pages, que Petersen dit avoir reçu de son auteur durant l'impression et qu'il donne comme « un abrégé de tout l'ouvrage » : il s'agit de la dissertation de Georg Paul Siegvolck dont il va être question infra (voir note 16). — Quant au compte-rendu de Leibniz dans le *Monatlicher Auszug* d'avril 1701, il y occupe les pages 1 à 37. Nous faisons figurer entre [ ] dans notre traduction l'indication des pages où se trouvent les passages extraits par Gurhauer ; ils représentent un peu moins d'un cinquième de l'ensemble.

2. « Il est vrai qu'il y a des auteurs qui prétendent que Dieu voulant manifester sa miséricorde et sa justice suivant des raisons dignes de lui, mais qui nous sont inconnues, a choisi les élus et rejeté par conséquent les réprouvés avant toute considération du péché, même d'Adam... ; et c'est pour cela qu'on appelle ces auteurs

Supralapsaires, parce que le décret de punir précède, selon eux, la connaissance de l'existence future du péché », *Théodicée* § 82.

3. On nomme ainsi les sectateurs d'Arminius, ou Jacques Harmesen (1560-1609), pour qui Dieu offre sa grâce à tous les hommes, qui l'acceptent ou la rejettent volontairement ; ils se reconnaissent dans la *Remontrance* présentée en 1610 aux États de Hollande, texte de défense du parti arminien contre les accusations des théoligiens calvinistes orthodoxes.

4. « Tout en tous » est une formule fondamentale dans l'eschatologie d'Origène, qui la reprend de Saint-Paul, *Première Épître aux Corinthiens 15, 28* : « Et quand toutes choses lui auront été soumises, alors le Fils lui-même se soumettra à Celui qui lui a tout soumis, afin que Dieu soit tout en tous » (trad. de *La Bible de Jérusalem*). Leibniz emploie la formule dans le *Discours de Métaphysique,* art. XXXII, pour exprimer la dépendance des substances à l'égard de Dieu.

5. *Opuscula Philosophica Quibus continentur Principia Philosophiae Antiquissimae et Recentissimae Ac Philosophia vulgaris refutata Quibus subjuncta sunt CC Problemata de Revolutione Animarum Humanarum,* Amsterdam 1690 ; paru sans nom d'auteur, l'ouvrage a été attribué à François Mercure van Helmont (1618-1699, voir ci-après note 20), alors que le véritable auteur est bien Anne Finch, vicomtesse de Conway (1631-1679), liée à van Helmont, mais aussi à Henri More et à l'école platonicienne de Cambridge. Leibniz a d'ailleurs inscrit ce nom sur la page de titre de l'exemplaire figurant dans sa bibliothèque. C'est lors de son séjour à Hanovre en 1696 que van Helmont lui a parlé de la savante comtesse (voir lettre à Burnett, GP 3, 176), que Leibniz cite d'ailleurs toujours avec une grande considération pour « la pénétration des Dames Anglaises » (GP 3, 205, 217, 337 ; N E I, chap. 1, Prologue).

6. Ernst Soner (ou Sohner) (1572-1612), professeur de science naturelle et de médecine pratique à Altdorf, était l'auteur d'une *Commentatio in metaphysica Aristotelis,* parue à Iena en 1657 (Grua JU, 45). Il passait pour avoir secrètement embrassé le socinianisme (cf. note 7) en raison du livre que cite ici Leibniz, paru assez longtemps après sa mort dans un recueil intitulé *Fausti et Laelii Socini, item Ernesti Soneri Tractatus aliquot theologici,* Eleutheropolis 1654. Leibniz n'a sans doute pas lu ce livre « au cours du voyage en Angleterre (1673) », comme Ravier le rapporte sur la foi de Feller, *Supplementum Vitae Leibnitianae,* dans son *Otium Hanoveranum,* Leipzig 1718, 4 ; il réclame cet ouvrage au bibliothécaire de Wolfenbüttel, Lorenz Hertel, le 4 décembre 1696 ; « Je vous supplie aussi de vous souvenir du petit discours de Sonerus

touchant l'éternité des peines, dont vous m'aviez voulu procurer la copie, ou au moins la lecture » (A I, 13, 99). Et à la date du 28 janvier 1697 son *Tagebuch* témoigne qu'il a envisagé un moment de le publier (Pertz, *Leibnizens gesammelte Werke,* 1847, 4, 219). C'est donc vraisemblablement autour de cette date qu'a été rédigé le projet d'une Préface, que Lessing publiera en 1773 dans son article « Leibnitz von der ewigen Strafen », *Zur Geschichte und Litteratur, Aus den Schätzen der Herzoglichen Bibliothek zu Wolfenbüttel* I (reproduit dans les *Sämtliche Schriften*, éd. K. Lachmann revue F. Muncker, t. 11, Stuttgart 1895, 461-487, 465-466 pour le morceau de Leibniz). On trouve dans cette Préface la même argumentation qu'ici sur les acceptions de l'infini ; mise au point encore évoquée dans *Théodicée* § 266.

7. Sectateurs des doctrines de Lelio Sozzini (1525-1562) et surtout de son neveu Fausto Sozzini (1539-1604) ; voir *Théodicée,* § 364 et Préface, éd. J. Brunschwig, Garnier-Flammarion, 1969, 34.

8. « Mon sentiment est que les peines ne sauraient être éternelles qu'à cause de l'éternité des péchés. Ceux qui pécheront toujours seront toujours puni avec justice », à la Duchesse Sophie, 3 septembre 1694 (A I, 10, 59-60) ; dans la même lettre, les « Platoniciens » sont définis comme ceux « qui ont cru que tous les châtiments de Dieu ne sont que des Médecines et n'ont pour but que l'amendement ». — Voir aussi lettre à Lorenz Hertel, 18 janvier 1695 : « Il est bien vrai qu'il n'y aurait point d'éternité des peines s'il n'y avait une éternité des péchés. Car les pécheurs se damnent pour ainsi dire eux-mêmes, et s'entretiennent dans la damnation, en continuant de pécher. Ainsi qu'en sait-on s'y il a des esprits qui vont toujours de pis en pis, au lieu qu'il y en a qui vont toujours de bien en mieux ; et d'autres qui varient quelque temps avant que de se déterminer à l'un ou à l'autre » (A I, 11, 21).

9. Du nom du théologien jésuite Louis Molina (1536-1600), auteur de *Concordia liberi arbitrii cum gratia donis, divini praescientiae, praedestinatione et reprobatione...*, Lisbonne 1588, où la science moyenne que Dieu a des futurs contingents assure la conciliation entre la grâce efficace et la liberté de l'homme ; voir *Théodicée* § 39.

10. Voir *Théodicée* § 136 sq, pour l'histoire de la doctrine et de ses variantes, ainsi que § 145 sq.

11. Du nom de Pélage, moine breton du 5e siècle, vivement combattu par saint Augustin ; il tenait la liberté pour indifférente au bien et au mal, rejetait le péché originel et sa transmission, et faisait de la foi l'œuvre de l'homme qui se justifie lui-même sans avoir besoin de la grâce.

12. Doit s'entendre ici de la doctrine issue du judaïsme tardif des deux éons comme périodes successives : un temps de la souffrance, du péché et de l'injustice suivi d'un temps du bien, de la vérité et de la réconciliation ; le *Nouveau Testament* présuppose cette doctrine, en la transposant en opposition du cours temporel et des fins extratemporelles. Voir l'art. αἰων dans le *Theologisches Wörterbuch zum neuen Testament,* Stuttgart 1933, t. I.

13. Allusion au cube formé par les dimensions de la Jerusalem nouvelle dans l'*Apocalypse* 21, 10-27.

14. « Nombre, mesure et poids » : formule du *Livre de la Sagesse* XI, 20, citée à l'occasion par Leibniz, par exemple GP 7, 184, et en cette lettre à l'Électrice (Sophie) : « Mais je crois que les vérités d'intelligence sont universelles, et que ce qui est vrai là-dessus à l'égard de nous, l'est aussi pour les anges et pour Dieu même. Ces vérités éternelles sont le point fixe et immuable sur lequel tout roule. Telles sont les vérités des nombres, dans l'arithmétique, et celles des figures dans la géométrie, et celles des mouvements ou poids dans la mécanique et dans l'astronomie. C'est pour cela qu'on dit avec raison que Dieu fait tout par nombres, par mesure et par poids » (F C, 250 ou A I, 13, 11).

15. Origène affirme en certains passages au moins la possibilité de cette rechute (par exemple *Traité des Principes,* III, 1, 23 ; *Commentaire de Matthieu,* XIII, 12) ; la thèse est combattue notamment par Grégoire de Nysse. Voir Jean Daniélou, *Origène,* Paris, 1948, 280-281.

16. Le titre complet de l'ouvrage est : *Das von Jesu Christo dem Richter der lebendigen und der todten, allen creaturen zu predigen (Marc XVI. vers. 15) befohlene Evangelium, von der durch Ihn erfundener ewigen Erlösung, wodurch alles, was das heisst Teuffel, Sünde, Hölle und Tod, endlich gantz vernichtet, und also alle Geschöpffe wiederum in ihre uranfängliche Reinigkeit und Seligkeit gebracht werden sollen...,* von Georg Paul Siegvolck, Einem einfältigen Schüler der Himmlischen Weisheit. Il y en aura d'autres éditions séparées en 1705, 1713, 1730, 1743. Le vrai nom de l'auteur est Georg Klein-Nicolai, dont nous ignorons les lieux et dates de sa naissance comme de son décès. Les renseignements les plus complets sur ce pasteur de campagne à la carrière, semble-t-il, contrariée se trouvent dans Johann Anton Trinius, *Beytrag zu einer Geschichte berühmter und merkwürdiger Gottesgelehrete auf dem Lande,* Bd. 2, 1754, 228-258 ; y sont cités treize titres de publications parues sous le nom (ou les initiales) de Georg Paul Siegvolck de 1700 à 1739 (voir aussi la liste fournie par J.G. Walch, *Bibliotheca Theologica selecta,* t. 2, Iena, 1758, 823). Assez curieusement, le *National Union Catalog* mentionne des rééditions du livre d'abord paru en supplément à celui de Petersen à Germantown en

1768 et 1769, ainsi que plusieurs traductions anglaises en Amérique entre 1753 et 1815.

17. Tenants de la thèse selon laquelle le Christ n'est pas mort pour tous les hommes (universalisme) mais seulement pour quelques prédestinés à qui Dieu a réservé une grâce *particulière*.

18. Formulation très voisine dans la *Théodicée* § 156 : « L'auteur du livre intitulé ἀποκατάστασις πάντων croit que si le diable n'était jamais vaincu et dépouillé, s'il gardait toujours sa proie, cela ferait tort à la gloire de Dieu. Mais c'est un misérable avantage de garder ceux qu'on a séduits, pour être toujours puni avec eux ».

19. Jean Le Clerc, ou Leclerc (1657-1730), *Parrhasiana ou Pensées sur diverses matières de critique, d'histoire, de morale et de politique avec la défense de divers ouvrages de M.L.C.,* 2 vol. Amsterdam, 1699 ; Bayle y est attaqué avec vivacité. Le texte suivant de Leibniz complète ce que nous lisons ici : « Monsieur Bayle, article ORIGÈNE, rapporte des raisonnement excellents des *Parrhasiana.* Les maux physiques et moraux du genre humain sont d'une durée si courte en comparaison de l'éternité, qu'ils ne peuvent pas empêcher que Dieu ne passe pour bienfaisant et pour ami de la vertu... M. Bayle répond à l'origéniste au nom du Manichéen que la bonté de Dieu doit être parfaite, et le vice et la misère pour un temps qui peut être assez long, lui est contraire. Pour moi je crois que Parrhasiana a eu raison de représenter que le mal n'est pas si grand qu'on pense. Mais M. Bayle a raison aussi de s'étonner qu'il y en ait, quelque petit ou grand qu'il pourrait être. Ce qui doit finir la difficulté c'est que le petit mal augmente même le bien » (*Remarques critiques sur le Dictionnaire de Bayle,* F C, 173-174).

20. François Mercure van Helmont (1618-1699) : Leibniz désigne l'ouvrage intitulé *Quaedam praemeditatae et consideratae cogitationes super quatuor priora capita libri primis Moysi, Genesis, nominati,* Amsterdam, 1697. On s'est accordé à considérer que Leibniz avait traduit l'ouvrage en latin, langue que van Helmont connaissait fort mal, et en avait écrit la Préface. Grua a publié (T 98-99) des extraits des notes de Leibniz sur ce texte. Anne Becco a cru pouvoir soutenir que Leibniz était l'auteur de l'ouvrage entier (« Leibniz et François Mercure van Helmont : Bagatelles pour des monades », dans : *Magia Naturalis und die Entstehung der modernen Natuwissenschaft,* S L Sond. 7, Wiesbaden, 1978, 126-129).

21. Allusion à *Seder Olam seu ordo seculorum,* 1695, attribué à tort à van Helmont, et dont l'auteur est son ami Paul van der Busche ou Buschius, ce que savait Leibniz ; « L'auteur renouvelle le sentiment d'Origène et des Platoniciens..., qu'il n'y a point de peines éternelles, et que toutes les âmes seront enfin converties et rétablies » (lettre à Lorenz Hertel, 18 janvier 1695, A I, 11, 21).

22. « Nous avons perdu le baron de Helmont... il était persuadé de la transmigration des âmes, qu'il faisait pourtant toujours demeurer dans une même espèce, croyant qu'il y avait toujours un même nombre d'hommes, comme aussi toujours un même nombre de chiens ou de chats et d'autres sortes d'animaux, l'âme de l'animal mort revenant bientôt après la mort dans quelque enfant qui vient de naître » (lettre à Burnett, 30 janvier 1699, GP 3, 252, — Voir aussi N E II, chap. 27, § 6).

23. Autre « paradoxe inintelligible » de van Helmont (selon la formule de N E I, chap. 1, prologue), l'identité de l'âme de Jésus avec celle d'Adam : « M. Mercurius van Helmont croyait que l'âme de Jésus Christ était celle d'Adam, et que l'Adam nouveau réparant ce que le premier avait gâté, c'était le même personnage qui satisfaisait à son ancienne dette. Je crois qu'on fait bien de s'épargner la peine de réfuter de telles pensées » (lettre à Burnett, 26 mai 1706, GP 3, 306, et N E II, chap. 27, § 14, où Leibniz ajoute ironiquement : « Et je ne sais s'il ne croyait pas avoir été lui-même quelque ancien, tout habile homme qu'il était d'ailleurs »).

POSTFACE

« *PLUS ULTRA* »

A la mémoire de Claude Rolland

§ 1. Bien que vingt-deux ans séparent la rédaction de l'*Horizon de la Doctrine Humaine* de celle de l'Ἀποκατάστασις πάντων les deux textes expriment les deux moments complémentaires d'une seule et même thèse et ne se comprennent que l'un par l'autre. Telle est du moins la conviction qui nous a conduit à les éditer ensemble, accompagnés des documents qui les éclairent, eux-mêmes regroupés suivant la chronologie la plus plausible de leur rédaction. Et c'est ce que nous voudrions justifier dans ces pages, en éclairant en outre les tenants et aboutissants de la thèse, dans l'œuvre leibnizienne comme dans sa provenance.

En développant tout au long, avec tous les détails des définitions et des règles du calcul, la démonstration, par la Combinatoire, que l'ensemble des énoncés vrais associés aux formules résultant d'un alphabet fini est lui-même fini, l'*Horizon de la Doctrine Humaine* (désormais *HDH*) peut suggérer que Leibniz adopte pour de bon et en la prenant à la lettre la conséquence du calcul. C'est ce qui résultait du résumé succinct qu'en donnait Louis Couturat

* On trouvera dans les « références bibliographiques » ci-après les titres complets des ouvrages et articles qui ne sont désignés dans les notes que par un nom d'auteur, éventuellement suivi d'un numéro. Le contexte (et le style) levant en général l'équivoque, nous ne signalons plus par un *L* les citations, nombreuses, traduites du latin.

(C, 96), d'où du même coup le faux problème de l'apparente contradiction avec les autres textes, où Leibniz affirme l'infinité des termes, donc des axiomes et a fortiori des vérités démontrables (C, 186-187)[1]. C'était prendre pour thèse accordée par l'auteur ce qui n'est dans le développement du texte que la suite d'une procédure d'examen qui porte sur un argument hypothétiquement conditionné. Mais la fin du mémoire n'évoque que de façon encore brève, allusive et non démonstrative, la levée de cette clause conditionnelle ; de sorte qu'au regard du poids donné à l'appareil mathématique et à la garantie qui conforte son résultat pourtant provisoire, c'est la conclusion définitive, relative à l'état futur de l'humanité, qui peut sembler problématique et atténuée.

Il faudra donc qu'entre tous les livres possibles où le corps entier des sciences serait distribué soit sélectionnée la part plus restreinte des livres d'histoire, pour que soit complètement récusé le système des conditions qui rendaient effective la conclusion finitiste. C'est que les « vérités » historiques ne sont pas les théorèmes d'une science pure : elles sont existentielles et singulières et portent, non sur des possibles soustraits à toute condition de temps, mais sur des événements, de telle sorte qu'il y ait corrélation indéclinable entre l'occurence de l'événement et la vérité de l'énoncé qui le rapporte. L'Ἀποκατάστασις πάντων (désormais *AP*) admet que les propositions historiques, prises en ce sens, forment un sous-ensemble de l'ensemble de toutes les vérités énonçables, et que par conséquent leur nombre est lui même fini. Cela supposé, on accorde le nombre de signes nécessaires à la composition d'un livre d'histoire, annales de l'histoire publique ou description des agissements d'un individu durant une année de sa vie ; et on se donne un chiffre, estimé au plus haut, de la population mondiale. Tous ces nombres hypothétiques, pour immenses qu'ils soient, sont finis ; cela suffit pour que le nombre des livres d'histoire le soit aussi, sans qu'il soit désormais besoin de donner ce nombre, ni même de reproduire et de justifier la règle de son calcul éventuel. *Il suffit que la procédure existe pour ne pas avoir à l'employer : la logique du calculable dispense en effet du calcul.*

En revanche, le même texte, — de façon manifeste si on considère le travail de reprise opéré par Leibniz d'une première version à la seconde —, fait porter l'accent majeur sur les raisons qui

1. Cf. aussi Couturat, *Logique,* 49 note 2, et note 2 au Texte III (supra p. 101).

outrepassent les limites du calcul et justifient le rejet du modèle « épicurien » de l'univers et de son histoire, comme du savoir qui les mesure. De sorte que le mot même d'« horizon » peut significativement réapparaître à la dernière ligne : il n'y a pas, pour un esprit fini, d'horizon de sa science future.

De la combinatoire finie à la composition du continu, de la contrainte d'un calcul borné à l'ouverture d'un progrès sans fin, Leibniz met en œuvre la maxime inaugurale de la *Scientia generalis,* matrice de toutes les Encyclopédies, à la jonction des théories et des pratiques : *Plus Ultra*.

— I —

§ **2.** Leibniz, comme tous les grands, a commencé par ce dont, en un sens, il ne cesserait plus jamais de parler : la réalité métaphysique ultime de l'individu (*Disputatio metaphysica de principio individui,* 1663), la polyvalence universelle d'application des formes mathématiques (*Dissertatio de Arte Combinatoria,* 1666), le Droit enfin associant tradition, — la jurisprudence —, et novation, — la méthode (*Nova Methodus discendae docendaeque jurisprudentiae,* 1667). Comprendre en quoi de tels débuts inclinent, sans la nécessiter, la suite de l'œuvre leibnizienne, c'est, me semble-t-il, les considérer ensemble, dans leur mouvement hésitant et encore indéterminé, sans y chercher trop vite les promesses que la maturité aurait réalisées comme on applique un programme. Les écrits de jeunesse n'annoncent quelque chose que pour qui a lu le reste : d'où le danger de céder aux prestiges du mouvement rétrograde de la vérité d'un auteur, alors qu'elle s'est formée par un labeur et des conquêtes, dont on effacerait la positivité en la réduisant à l'explication d'une signification préformée. De là qu'il faut voir dans les premiers écrits de l'étudiant de génie que fut Leibniz davantage les traces d'une culture très tôt acquise et qui l'enracine de manière originale (à la fois singulière et première) dans le temps effectif de sa vie ; ils nous donnent à connaître d'où vient Leibniz plutôt que là où il va, et donc ce dont il devra aussi s'éloigner pour être lui-même, sans rupture toutefois ni rejet : de sorte que si, en effet, il ne parlera jamais d'autre chose que de ce que nous mentionnons à l'instant, il en parlera tout autrement.

La comparaison du *HDH* avec le *De Arte Combinatoria* de 1666 permet à cet égard de caractériser assez nettement la distance que Leibniz a pu prendre vis-à-vis de ses propres commencements comme de ses prédécesseurs en la matière. On sait assez que la source de l'opuscule du « jeune homme », s'agissant précisément des thèmes qui sont à l'arrière-plan du *HDH*, se trouve dans des ouvrages de « récréations mathématiques » publiés successivement par Daniel Schwenter et Georg-Philipp Harsdörffer[2]. Beaucoup d'autres sources sont d'ailleurs exploitées de seconde main à partir de celle-là ; et le *DAC* ne comporte au demeurant aucune formule mathématique nouvelle, mais plutôt quelques erreurs troublantes[3]. La contribution personnelle de Leibniz à l'étude des dénombrements élémentaires et des questions plus relevées d'analyse combinatoire proprement dite (fonctions symétriques, partitions, etc...) sera pour plus tard. Il est bien vrai que dans ce « petit essai d'écolier » (GP 3, 620), « il y a quelques choses qui sentent le jeune homme et l'apprentif, mais le fonds est bon et j'ai bâti depuis là-dessus » (C, 175) : ce n'est pas reconnaître au *DAC* un caractère « fondamental »[4] pour l'œuvre ultérieure, au sens comtiste du terme, c'est plutôt marquer que la discipline abordée encore sans bagage mathématique fournissait un terrain à bâtir, pour peu qu'on y apportât les matériaux, les outils et le plan.

Empruntées donc, et non sans maladresses, les formules de la somme de toutes les combinaisons de 23 lettres de 2 à 23, des permutations de 23 ou 24 lettres, du décompte des mélodies de 6 notes. A ces formules, il convient d'ajouter les exemples d'applications (*usus*) qui font du *DAC* l'un des témoins ultimes de la *Pansophia*[5], avant que Leibniz n'en déploie à nouveaux frais l'héritage dans sa *Scientia Generalis*. D'entre eux, on citera comme intéressant directement notre sujet : l'idée d'une écriture universelle,

2. Daniel Schwenter (1585-1636) : *Deliciae physico-mathematicae oder Mathematische und philosophische Erquickstunden*, Nürnberg 1636 ; Georg-Philipp Harsdörffer (1607-1658) : *Delitiae mathematicae et physicae Der mathematischen und Philosophischen Erquickstunden zweyter Theil*, Nürnberg 1651 ; *Dritter Theil*, Nürnberg 1653.

3. Par exemple la règle erronée des permutations avec répétitions (GP 4, 91), alors que la formule correcte figure dans des ouvrages antérieurs (Coumet (2), 277, Knobloch S, 45-47).

4. Serres, 409-410.

5. Francesco Barone remarque justement que la logique leibnizienne reste « toujours englobée et soutenue, même dans ses recherches les plus techniques au sens moderne, par l'idéal métaphysique de la pansophie » (*Logica formale e logica trascendantale*, I *Da Leibniz a Kant*, Torino 1957, 8 sq, cité in Rossi, 257-8 note 49). Concernant Leibniz et la pansophie, Mahnke, 552 sq (notes 76, 78, 79). L'idée exprimée par Barone est systématiquement développée par Knecht.

pour laquelle Leibniz renvoit à Athanase Kircher, Caspar Schott, Joachim Becher et un anonyme espagnol (GP 4, 73) ; semblablement, le calcul, suivant Harsdörffer, du nombre des mots allemands « utiles » (ou signifiants) et inutiles (74) ; l'annonce aussi, par la Fraternité de la Rose-Croix, dans la lignée de Raymond Lulle et d'Henri Alsted, d'un livre qui contiendrait « tout ce qu'on peut savoir » ; enfin Leibniz recourt, en passant, au procédé courant utilisé pour frapper l'imagination déroutée par un nombre aussi immense que celui des permutations de 24 lettres (n! = 620448401733239439360000) : un tel nombre dépasse celui de tous les hommes qui auraient vécu depuis le commencement du monde, à supposer même qu'ils aient recouvert toute la surface du globe et s'y soient succédés d'année en année, voire d'heure en heure : « comme naguères un ami objectait à ces spéculations qu'il en résulterait que serait possible un livre où se trouveraient toutes choses écrites et à écrire, je lui répondis : j'en conviens aussi, mais il faudrait à qui le lirait un immense pupitre, car je crains qu'il ne recouvre la surface de la terre » (89).

En cela, le *DAC* s'inscrit dans une lignée où il peut paraître comme la compilation d'ailleurs incomplète d'ouvrages plus amples, mais aussi plus diffus encore, qui l'ont précédé. Restituer ce que nos textes ont de proprement leibnizien suppose dès lors qu'on dise ici un mot de ces antécédents, sans prétention d'exhaustivité, mais pour mieux repérer les continuités et les transpositions. C'est que le problème du décompte de tous les mots, de tous les livres, comme du livre le plus long qui les contient tous, arrive à Leibniz comme le legs d'une histoire où l'ambition de la science totale rejoignant l'harmonie universelle inspire à une Cabale chrétienne des agencements spectaculaires de la langue écrite et du calcul des combinaisons.

§ 3. Au commencement, puisqu'il en faut un, il y a Clavius et son *Commentaire au Livre de la Sphère de Jean de Sacrobosco* : l'étude des associations des quatre qualités fondamentales de la physique aristotélicienne (chaud, froid, sec, humide) y donne occasion à une « très belle digression sur le nombre des combinaisons ou comparaisons des choses »[6].

6. *In Sphaeram Ioannis de Sacro Bosco... commentarius,* éd. de Rome 1607, 33 : « De Numero et Ordine Elementorum » et page suiv. « Digressio pulcherrima de rerum combinationibus sive comparationibus ».

Clavius sera la source commune de Mersenne (dont Leibniz semble bien avoir ignoré les spéculations en cette matière), comme de Schwenter et Harsdörffer, et surtout d'une lignée d'écrivains qui ont en commun le goût de l'*Ars Magna* d'inspiration lulliste et, comme Clavius lui-même, l'appartenance à la Société de Jésus : Paul Guldin, Athanase Kircher, Andreas Tacquet, Sebastian Izquierdo, Caspar Schott, Caspar Knittel[7], pour ne citer que ceux dont j'ai à l'occasion feuilleté les ouvrages. Tous ajoutent à l'envi, au gré de leur tournure d'esprit, soit des tables numériques plus prolixes et plus détaillées, soit des applications imagées plus grandioses. Comme ils se citent entre eux, le tableau des correspondances fait clairement ressortir la position nodale de Schott et confère un intérêt particulier au dernier en date, contemporain de Leibniz, Knittel (1644-1702) ; mais, on va le voir, la plus époustouflante des fictions, au sens de Borges, se trouve chez Guldin.

Leibniz connaissait et citait à l'occasion ces auteurs, sans que nous sachions toujours précisément quelles pages ou quels chapitres de leurs ouvrages avaient plus particulièrement arrêté son attention, quels autres il avait seulement parcourus ou ignorés. Il a aussi connu dès leur parution des contributions d'une autre nature où le sérieux mathématique l'emporte définitivement sur la visée fantastique du savoir total, pour ne plus en retenir que quelques lambeaux d'images à titre d'illustrations : celles de Prestet et, bien sûr, de Wallis[8]. Tel est le cadre général où se met en scène la préhistoire de nos textes.

7. Paul Guldin (1577-1643, enseigne à Graz et Vienne) : *De Centro gravitatis,* Wien 1635-1641, le quatrième Livre reproduit le *Problema arithmeticum de rerum combinationibus,* déjà paru en 1622 ; Athanase Kircher (1601-1680, enseigne à Würzburg, avant de rejoindre Avignon puis Rome) : *Ars magna sciendi sive Combinatoria,* Amsterdam, 1669 ; Andreas Tacquet (1612-1660, ens. à Louvain et Anvers) : *Arithmeticae theoria et praxis,* Louvain, 1656 ; Sebastian Izquierdo (1601-1680 ?, ens. à Alcala, Murcie et Madrid, avant d'être appelé à Rome) : *Pharus scientiarum...*, Lyon, 1659 ; Caspar Schott (1606-1666, ens. à Palerme et regagne Würzburg dont il est originaire) : *Magia universalis naturae et artis,* Würzburg, 1657-1659 ; Caspar Knittel (1664-1702, séjourne à Vienne et Prague) : *Via regia ad omnes scientias et artes. Hoc est : Ars universalis scientiarum omnium artiumque arcana facilius penetrandi,* Prague 1682 (rééd. 1687 et 1691). Voir sur l'ensemble de leurs écrits les notices dans Carlos Sommervogel, *Bibliothèque de la Compagnie de Jésus,* Bruxelles-Paris, vol. 1-9, 1890-1909. Excellente synthèse dans l'Introduction et la Présentation du livre de Ramon Ceñal, 1974.

8. Jean Prestet, Oratorien (1652-1690) : *Elements des Mathématiques, Paris, 1675,* et *Nouveaux élémens des Mathématiques,* Paris, 1689 ; John Wallis : *A Discourse of combinations, alternations and aliquot parts,* dans *A treatise of algebra, both historical and pratical,* Londres, 1685 (en latin dans *Opera mathematica,* t. 2, Oxford, 1693). Leibniz a rendu compte de l'ouvrage de Wallis dans les *Acta eruditorum* de juin 1686, 283-289.

Soit donc Clavius : de combien de manières combiner les quatre qualités qui font « le nombre et l'ordre des éléments » ? La solution passe par l'établissement d'une première règle qui donne le nombre des combinaisons 2 à 2 de n objets, puis d'une seconde qui compte toutes les combinaisons « prises absolument » de 2 à 2 jusqu'à n inclus ; pour la première, on a l'équivalent de ce que nous transcrivons par $C_n^2 = \frac{n\,(n-1)}{2}$ et pour la seconde : $C_n^2 + C_n^3 + \ldots + C_n^n = (1 + 2 + 2^2 + \ldots 2^{n-1} - n$; Clavius complète ces règles par la formule de la sommation des nombres en progression double à partir de l'unité, soit : $1 + 2 + 2^2 + \ldots + 2^{n-1} = 2^n - 1$; on obtient alors aisément $C_n^2 + C_n^3 + \ldots C_n^n = (2^n - 1) - n$, ce qui permet de décompter qu'il y a onze manière différentes de composer entre eux chaud, froid, sec et humide, puisque $1 + 2 + 2^2 + 2^3 = 2^4 - 1 = 15$ et $15 - 4 = 11$.

On remarquera ici que « combinaison » s'entend pour Clavius d'au moins deux termes (C_n^1 est réputé dénué de sens), mais aussi que les « conjonctions » physiquement impossibles ou absurdes sont admises dans le comput (« humide-sec » et « chaud-froid »). Mais l'essentiel est que Clavius passe sans solution de continuité du problème des éléments à celui des lettres et des mots ou « dictions » : « on connaît par la même méthode combien peuvent être formées de dictions, utiles ou inutiles, avec 23 lettres de l'alphabet, c'est-à-dire de combien de façons 23 lettres peuvent se conjuguer ensemble de sorte que ce soient toujours des conjonctions différentes, qu'elles puissent être prononcées ou non » (p. 35). Ce qui fournit la somme de $(2^{23} - 1) - 23 = 8.388.584$ dictions différentes, de 2 à 23 lettres non répétées, différentes entre elles par au moins une lettre, mais non différentes par l'ordre de ces lettres ; Clavius observe aussitôt : « Il est vrai que plusieurs dictions ou conjonctions de lettres peuvent être obtenues, si les lettres sont permutées (*permutentur*) entre elles dans chaque conjonction » : ainsi les trois lettres AVE peuvent être diversifiées de six façons en AVE, AEV, VAE, VEA, EVA, EAV, qui n'ont été comptées qu'une fois dans le précédent calcul.

D'où l'on vient à poser cette fois le problème du calcul des permutations (sans répétitions), dont Clavius reproduit la règle déjà connue : pour 2, 3, 4, etc... éléments, leur nombre est respectivement 1.2, 1.2.3, 1.2.3.4, etc... (c'est bien ce que nous écrivons $P(n) = n!$). On s'attendrait donc à ce que l'auteur, pour déterminer la variété de tous les mots possibles diversifiés par le nombre et l'ordre des lettres, calcule le nombre de tous les arrangements des signes de l'alphabet allant de 2 à 23 éléments ; mais il énonce le problème sans le résoudre, se contentant d'indiquer le résultat des permutations du mot contenant les 23 lettres : « De cette manière, à partir de la dernière conjonction des 23 lettres entre elles, seraient formées 2.585.201.673.884.976.640.000 dictions, et pourtant aucune lettre n'est utilisée deux fois ; ce qui est à peine croyable » (p. 36).

Mathématiquement parlant, les résultats de Clavius nous paraissent limités ; leur application aux éléments matériels et aux combinaisons alphabétiques s'impose d'elle-même en vertu d'une parenté de thèmes qui semble aller de soi et se réduire à l'aspect illustratif et formel des exemples : mais comment ne pas y reconnaître la permanence discrètement préservée de l'assimilation des éléments aux lettres, que recélait le mot grec de « stoicheion » ? A cette source vont donc venir puiser les auteurs déjà cités, qui rivaliseront dans la frénésie des calculs, les prouesses au maniement des très grands nombres, la recherche du paradoxe qui frappe l'imagination et la déconcerte ; la plupart partagera la même présomption qu'à manipuler l'immensité arithmétique on s'approche de la Raison infinie qui est la source des choses[9]. Ce qui les différenciera, ce sera la précision plus ou moins grande dans l'énoncé des règles, la pertinence d'un vocabulaire encore flottant, le souci de justifications raisonnées, l'étendue enfin et la variété des tables numériques. Aux formules élémentaires synthétisées par Clavius viendront s'adjoindre celles des dénombrements comportant des répétitions. Dans tous les cas, la méthode sera inductive, au sens empirique et non dans l'acception proprement arithmétique du mot : bien loin d'universaliser les formules par l'emploi d'un principe de récurrence, nos auteurs se borneront à observer en quelque sorte le comportement de collections réduites incorporées dans des figurations-types et à généraliser par l'amplification d'un « *et*

9. Par exemple, Knittel, o.c. (note 7), 5-6 : « L'Art Combinatoire est une faculté arithmologique, qui enseigne, étant données des choses quelconques en nombre quelconque, combien de fois et de combien de manière elles pourraient être combinées entre elles, ou combien de fois elles pourraient être permutées entre elles. Et c'est cet Art qu'exerça au commencement la Sagesse éternelle de Dieu, qui fait toutes choses en nombre, poids et mesure, d'où une telle variété d'inclinations, de physionomies, de voix, de démarches, même dans les seuls hommes, que nous ne pouvons la concevoir mais que nous ne pouvons qu'admirer ».

caetera ». Les lois abstraites ne seront éventuellement dégagées de leur support imaginatif concret que sous la forme de tableaux numériques, jamais de théorèmes proprement dits. Mais à côté de cela, quelle jubilation et quelle complaisance dans la *mise en scène* des effets éblouissants, dont la fascination oblitère la recherche proprement mathématique : « Cette prodigalité chaste et indolore de chiffres énormes engendre sans doute le plaisir propre à tous les excès »[10].

Ainsi encore Mersenne. Le Minime, on le sait, investit les calculs de la Combinatoire dans une double recherche des chants et des « dictions ». Dans ce second cas, elle aboutit à l'idée d'une langue universelle, où toutes les langues existantes *et* concevables sont contenues : « Je me suis imaginé une sorte d'écriture et un certain idiome universel... en dressant un alphabet qui contient tous les idiomes possibles, et toutes les dictions qui peuvent servir à exprimer chaque chose en telle langue qu'on voudra. Il a cette propriété que sa seule lecture peut tellement enseigner la philosophie accommodée à son ordre, qu'on ne peut l'oublier ou, si on l'oublie, qu'on peut la rétablir sans l'aide d'aucun » ; entreprise de dénombrement de l'immense qui évoque tout naturellement, sans le citer nommément, Archimède et son *Arénaire* : « Cet alphabet... comprend plus de millions de vocables qu'il y a de grains de sable dans toute la terre, quoiqu'il soit si aisé à apprendre et à retenir que l'on n'a besoin d'aucune mémoire pourvu que l'on ait un peu de jugement »[11].

Dans ses ouvrages publiés, Mersenne déplace l'intérêt du calcul : c'est faute, dit-il dans l'*Harmonie Universelle*[12], d'une langue parfaite « dont les dictions eussent leur signification naturelle, de sorte que tous les hommes entendissent la pensée des autres à la seule prononciation sans en avoir appris la signification » qu'on devra se contenter d'inventer « la meilleure langue de toutes les possibles » : elle « doit être composée de toutes les dictions qui se peu-

10. Borges (1), 207.

11. Mersenne, Lettre à Nicolas Peiresc, vers le 20 avril 1635, *Correspondance du Père Marin Mersenne,* tome 5, Paris, 1959, 136. Sur les travaux de Mersenne en Combinatoire et leur portée philosophique, voir l'ensemble des études publiées d'Ernest Coumet mentionnées en bibliographie.

12. Mersenne, *Harmonie Universelle contenant la Théorie et la Pratique de la musique,* Paris, 1636 (Édition facsimilé, Paris, 1963), tome 2 : *Traité de la Voix et des Chants.* Les premières citations qui suivent sont tirées du *Livre de la Voix.*

vent faire d'une lettre, et puis celles de deux, de trois, et de quatre lettres, jusqu'à ce qu'elle ait un assez grand nombre de dictions pour exprimer toutes les choses qui se peuvent connaître, et dont on peut parler » (p. 66). Le calcul ne visera plus dès lors *toutes* les conjonctions des lettres, qu'elle soient d'ailleurs « Françaises, ou... Grecques, Hebraïques, Arabiques, Chinoises, etc... », mais seulement celles qui donnent des dictions *prononçables* ; autrement dit, le calcul devra être *criblé* par des règles de compatibilité entre voyelles et consonnes, imposées par la valeur phonétique des lettres et les moyens corporels de la « voix ». Alors on pourra « conséquemment donner toutes les langues possibles » (p. 70).

Aucune d'elles, il est vrai, n'égalera en son lexique l'immense variété des choses et de leurs différences individuelles : reste qu'il est toujours loisible de « feindre une langue universelle composée de toutes les dictions possibles », et dont la capacité d'extension sera toujours disponible : qu'on ait donc 30 consonnes et 20 voyelles, et alors le nombre des dictions dépassera celui « des grains de sable qui rempliraient toute la solidité du firmament, c'est-à-dire tout le monde qui nous est connu » : c'est bien là, comme le redira Leibniz, un paradoxe qui va plus loin que celui d'Archimède. Que Dieu augmente à l'infini le nombre des individus, et l'idiome pourra à mesure s'enrichir « de nouvelles dictions en augmentant le nombre de leurs lettres ». Dans sa poursuite de l'infinité des choses à nommer, la langue dispose elle-même d'un pouvoir, qu'on dirait plutôt indéfini, d'ajustement, soit par l'adjonction de nouveaux caractères alphabétiques, soit par l'admission de mots de plus en plus longs : cette double ouverture rend le langage humain disponible à une expression apparemment illimitée ; encore qu'à la fin du même chapitre, Mersenne abandonne la fiction d'une langue adéquate à l'infini, pour restaurer la simplicité du langage des « premiers habitants de la terre », promue en règle d'excellence tant par l'enseignement des théologiens que par l'exemple de l'arithmétique et de l'algèbre : dix vocables, ou plutôt dix lettres ou caractères feront la langue « la plus simple de toutes celles qui ont été jusqu'à présent » : on y pourra dire « mille millions de choses » (p. 75).

Le décompte des Chants illustre les mêmes thèses, en prenant l'allure d'un défi[13]. La table des permutations jusqu'à 22! donne tous les chants « qui peuvent se rencontrer dans 22 sons, c'est-à-

13. Les citations suivantes proviennent du *Livre des Chants*.

dire dans trois octaves ». Les « praticiens » ne voudront rien croire de ce calcul : qu'on parie contre eux en leur réclamant assez de papier pour écrire tous ces chants et « il est très certain qu'ils perdront » devant un gage qui réveille encore une fois les images suggérées par l'*Arénaire* : « Car il faudrait beaucoup plus de rames de papier pour noter tous les chants qui se trouvent dans 22 notes, encore que l'on n'en répète jamais aucune deux fois, qu'il n'en faudrait les unes sur les autres depuis la terre jusqu'au firmament, encore que chaque feuille de papier contînt 720 chants différents chacun de 22 notes, et que chaque rame de papier fût tellement pressée et battue qu'elle ne fût pas plus épaisse qu'un pouce... : car il n'y a que 28862640000000 pouces du centre de la terre aux étoiles : or le nombre des rames de papier qu'il faudrait pour noter lesdits chants est mille fois plus grand que ce nombre de pouces, comme l'on démontre en divisant le nombre de chants de 22 notes, à savoir 1124000727777607680000, qui a 22 chiffres, par le nombre des chants qui seraient dans l'une de ces rames, à savoir par 362880 » (p. 108)[14].

L'accès à l'immense, assuré par l'arithmétique, mis en œuvre par la composition de toutes les musiques, atteste aux yeux de Mersenne la grandeur de l'homme et sa vocation spirituelle : « Ce qui fait voir évidemment que l'esprit est bien plus excellent, et qu'il a une capacité beaucoup plus grande que les sens, et qu'il est fait à l'image de Dieu, puisqu'il va si avant qu'il n'y a que le seul infini qui le puisse borner, et conséquemment que les Musiciens doivent élever leur pensée plus haut qu'à leur Art, s'ils veulent faire paraître qu'ils sont faits à l'image de Dieu, et qu'ils portent le caractère de la divinité dans leur âme et dans leur esprit » (p. 109).

14. Mersenne figure aussi l'immensité des nombres par la durée : « Or ce nombre est si grand que si l'on voulait écrire tous ces chants, l'on serait 22260896103 ans et 12 jours à travailler, encore que l'on en écrivit 1000 chaque jour ; et si on les voulait tous écrire en un an, il en faudrait écrire chaque jour 222761432921424 $\frac{2}{3}$ ou environ », — Prestet, *Nouveaux Elemens des Mathématiques,* 1698, I, 139, illustre pareillement le nombre des arrangements (qu'il appelle permutations) de 24 lettres par une « affreuse durée » : « Et ce nombre est si vaste, quoiqu'il ne remplisse pas une ligne entière, que si toutes les minutes du temps depuis la Création du Monde jusqu'à plus de cent mille ans d'ici, étaient changées chacune en mille millions de siècles, il y aurait encore moins de siècles dans toute cette affreuse durée, qu'il n'y aurait de permutations de 24 lettres dans la supposition ».

On retrouve chez Guldin comme chez Schott les mêmes images cosmiques de l'immensité combinatoire associée au décompte de tous les mots, de tous les idiomes, et figurée par les dimensions des plus grands livres et de bibliothèques envahissant toute la surface de la terre.

A la fin de son *De Centro Gravitatis,* dont la Quatrième Partie est parue à Vienne en 1641, le Père Paul Guldin reproduit en Appendice une courte dissertation intitulée *Problema Arithmeticum de rerum combinationibus,* déjà imprimée en 1622. L'objet en est d'exposer la règle de toutes les « combinaisons, conjonctions ou commutations », en généralisant l'application déjà faite par Clavius : « Afin de mettre sous les yeux un exemple en accompagnement de cette règle, je vais prendre les 23 éléments que nous appelons habituellement des lettres, et rechercher combien de dictions différentes ils permettent de former ; en ce cas, je me soucie peu de savoir si elles sont toutes dotées de signification et peuvent être aisément prononcées, ou non » (p. 353). Le progrès par rapport à Clavius consiste à poser cette fois directement comme objet de calcul ce que nous appellerions les arrangements sans répétitions des 23 lettres, une à une, deux à deux..., jusqu'à 23 ensemble. Observant donc qu'il y a ainsi 23 dictions d'une seule lettre, puis 23 × 22 de deux lettres, 23 × 22 × 21 de trois lettres, Guldin tire aussitôt la « Règle universelle » : le nombre de tous les mots qu'on peut écrire à l'aide d'un alphabet de 23 signes est fourni par la somme : 23 + (23 × 22) + (23 × 22 × 21) + ... + (23 × 22 × ... × 1), qui monte au million de millions de millions, soit :

70.273.007.330.330.098.091.155 dictions « dont aucune n'a de pareille, et où aucune lettre n'est répétée dans une même diction, alors que pourtant tout procède de ce petit nombre de 23 lettres. Il n'est donc pas étonnant qu'il y ait tant de langues dans le monde, et, en chacune, tant de mots différents ».

Soit alors à écrire tous ces mots : combien de caractères y faudra-t il ? On remarque sans peine que, s'il y a 23 × 22 mots de deux lettres, les écrire tous utilisera (23 × 22) × 2 signes ; il faudra donc, pour coucher tout au long tous les mots précédemment dénombrés autant de caractères qu'en donne la somme : (23 × 1) + (23 × 22) × 2 + (23 × 22 × 21) × 3 + ... + (23 × 22 × ... × 1) × 23, que Guldin se donne le luxe d'énoncer verbalement ! En chiffres, cela donne :

1.546.007.491.267.262.187.905.433 lettres à utiliser, soit un nombre qui va au « million de millions de millions de millions ».

La suite de l'argument répond à une préoccupation pédagogique : comment amener le lecteur à se représenter un nombre aussi immense qui défie toute conception ? Guldin use à cet effet d'*images* offrant des figurations concrètes permettant d'« ouvrir l'esprit » à un tel nombre à partir de nombres plus petits, qui lui sont associés par une série réglée de réductions où le plus grand se trouve en quelque sorte enveloppé ou impliqué dans le plus petit. Qu'on dénombre ainsi pour commencer les registres (*codices*), où toutes ces lettres seraient couchées par écrit : arrêtons qu'un registre contient 500 feuilles, donc 1 000 pages, qu'il y ait 100 lignes par page et 60 caractères par ligne ; le registre contient six millions de lettres. Pour reproduire tous les mots, il en faudra donc 257.667.915.211.210.357 (la division laissant encore un reste d'environ cinq millions de lettres). C'est encore un nombre trop grand pour donner une notion bien nette.

On va donc ranger tous ces livres dans des bibliothèques. Pour cela, il faut déterminer le format des livres et la taille des édifices, préciser la dimension des rayons, en prévoyant la place requise pour la circulation des usagers, — deux hommes pourront se croiser dans les couloirs —, comme pour l'utilisation d'escabeaux : tous ces détails assimilent la bibliothèque fictive à une vraie. Tout bien compté, on trouve qu'une construction cubique de 432 pieds de côté recevrait 32 millions de volumes. Ainsi pour les loger tous, il faudra 8.052.122.350 bliothèques ; on peut dès lors se figurer par leur nombre et l'espace qu'elles occupent l'ordre de grandeur du nombre de lettres qu'enferment les livres qu'elles recèlent sur leurs étagères.

Ce n'est pas tout : « Mais quelle province, quel royaume, quel empire, des Chinois, des Turcs ou des Chrétiens, et même quel Ancien ou quel Nouveau Monde occuperons-nous ? » Faisons des villes de toutes ces bibliothèques, et admettons que les terrains secs, océans, mers et autres eaux mises à part, représentent la moitié de la surface de la terre, cela fait « d'après les observations les plus soigneuses des modernes » 1.413.716.700.000.000 pieds carrés. La surface au sol d'une bibliothèque étant de 186.624 pieds carrés, le terrain disponible n'en accueillera « que » 7.575.213.799, soit notablement moins que le nombre qui vient d'être calculé ; il s'en faut encore de 476.908.551 édifices, que « notre très vaste Europe » ne suffirait pas à recevoir. « Je pense qu'à partir de cela, quiconque perçoit cette immense multitude de mots (*voces*) différents que nous avons composés avec les 23 lettres » (p. 356). « Mais combien d'écrivains faudrait-il et combien de temps serait nécessaire pour écrire ces livres, et semblables questions[15] ; de même, si le papier, avec lequel sont faits nos livres des différentes dictions, pourrait couvrir et revêtir non seulement la terre que nous avons tantôt couverte de volumes, mais le ciel même, ou quels orbes et en quel nombre, ou enfin le firmament que nous appelons le siège des étoiles fixes, — pour ne pas paraître abuser de votre bienveillance en la retenant plus longtemps, je lui laisse à elle-même le soin de le considérer : nous avons montré le chemin qui mène aux astres (*viam ostendimus qua itur ad Astra*) » (p. 357).

Si Guldin voyait dans la multitude des dictions formulées à l'aide d'un alphabet unique la raison de la multiplicité des langues et de la richesse de chacune, il n'en tirait aucune conclusion précise quant à la pluralité même des idiomes. Caspar Schott, dans sa *Magia Universalis,* examine (au chapitre second du Livre VIII) des « exemples et paradoxes nouveaux au sujet de la combinaison des 23 lettres de l'alphabet pour former différents idiomes ». A la différence de Clavius et de Guldin, il distingue consonnes et voyelles (comme Mersenne) et aussi diphtongues, et exige que les mots soient prononçables. Malgré ces contraintes, le calcul lui permet de prendre en compte non seulement toutes les langues existantes, mais d'en instituer « presque une infinité... même si nous attribuons à chacune plusieurs milliers de millions de mots » (p. 680). De là trois « paradoxes », dont Schott donne la solution en s'inspirant des formules de Clavius, Guldin, Kircher et Tacquet.

Premier paradoxe : le nombre de tous les idiomes différents résultant de la combinaison de 17 consonnes, 5 voyelles et 5 diphtongues, dépasse celui de toutes les villes, places fortes, bourgs et citadelles existant sur toute la terre, même si la moitié de sa surface était bâtie et si les « dictions » étaient soumises à des conditions restrictives (ne comporter qu'un nombre pair de lettres, non répétées, aisément prononçables et ne dépassant pas la vingtaine).

Second paradoxe : ajoutons les mots où le nombre des lettres

15. Sur le temps, voir note précédente. Andreas Tacquet semble avoir été le premier à donner une estimation de durée, associée au nombre des scribes : « Mille millions de scribes, en mille millions d'années, n'écriraient pas toutes les permutations des 24 lettres de l'alphabet, même si chacun exécutait chaque jour 40 pages, dont chacune contiendrait 40 ordinations différentes des 24 lettres » (*Arithmeticae Theoria et Praxis,* ed. ultima correctior 1683, 381).

est impair, le nombre des idiomes dépassera alors celui de toutes les villes, etc... même si toute la surface de la terre était couverte de cités.

Troisième paradoxe : autorisons cette fois le redoublement des consonnes, et il y aura davantage d'idiomes que de maisons sur la moitié de la surface de la terre : « autant d'idiomes différents entre eux pourront être formés qu'il y a de familles dans le monde » (pp. 680-681). Un autre élargissement des règles de formation des mots permettra finalement de concevoir autant de langues qu'il y a de grains de sable aux bords des mers (pp. 710-711) : telle est « l'incroyable multiplicabilité des idiomes obtenue par la combinaison utile des 23 lettres de l'alphabet » (p. 674), telle est la « Bibliothèque de Babel ».

§ 4. Pourquoi s'être attardé un moment à feuilleter les pages de ces vieux livres, qu'on dirait inventés pour la bibliothèque fictive de Borges (où sans doute leur réalité a été le modèle de la fiction)[16] ? Pour cette raison, précisément : le *De Arte Combinatoria* leibnizien appartient au même âge, et sa lecture n'est compréhensible et instructive, croyons-nous, que par l'effort de se replonger dans l'univers, conceptuellement simple et imaginairement compliqué, des combinatoires « magiques » et arithmologiques. Sans doute, la pensée de Leibniz ne progressera pas par rupture : elle n'abandonne rien, ou presque, de ce par quoi elle se forme en un travail continu de traduction. Ainsi, Leibniz n'ignorait-il sans doute rien d'essentiel du passé récent de spéculations portant sur le compte des mots et des livres et sur les figurations d'espace immense ou de durée insondable qui y étaient associées. Mais ce qui caractérise précisément le *HDH* et ses prolongements, c'est la manière nouvelle dont Leibniz y redistribue les instances de l'intelligible et de l'imaginaire, du vrai et du fictif, du calculable et du métaphorique ; et c'est, selon nous, la métaphysique mûrie de l'individualité substantielle, étayée par la conquête des instruments de la science la plus fine, qui permet ce nouveau regard. Ce qui reste des matériaux anciens est trié, remis en forme et inséré dans un autre édifice intellectuel. Si des échos demeurent des essais antérieurs, ils sont orientés en vue d'une toute autre question que celle qui a préoccupé les calculateurs de l'*Ars Magna*. Seule l'invocation à Archimède suffit dès l'ouverture de l'opuscule de 1693 à situer Leibniz

16. Voir bien sûr, dans *Fictions,* « La Bibliothèque de Babel ».

à la place qu'il juge convenable désormais d'occuper : à l'instar des plus grands, maîtres de leur pensée comme de l'expression qu'ils en donnent.

Doctrine et Horizon.

Est doctrine tout ce qui relève d'une connaissance transmissible, – enseignée (*docere* : instruire) –, et à cet effet formulée dans une langue qui en rend l'intelligence en droit accessible à qui en comprend les termes. Elle enveloppe vérités de raison et vérités de fait, sciences démonstratives et d'observation, qu'elles soient relatives aux substances comme aux phénomènes, aux esprits comme aux corps, aux idées comme aux mots. L'écriture est le lieu d'insertion de la doctrine, là où elle se constitue en dépôt permanent : « sans l'écriture il serait difficile de bien établir les sciences » (N E IV, 1, § 8). La doctrine n'est donc pas le tout de la pensée ou de l'esprit humain, mais la partie seulement qui s'en explicite assez distinctement pour pouvoir être exprimée selon l'articulation analytique d'une langue écrite. En cela elle se confond à peu près avec l'Encyclopédie : comme elle, elle partage et ordonne les zones de l'« océan » des sciences selon leurs divisions entrecroisées.

Il ne s'agit pas d'abord de calculer le nombre de vérités dites « doctrinales » (N E IV, 21, § 4), mais de les arranger selon des dispositions variables comme l'est le plan de l'Encyclopédie leibnizienne ; ainsi fera-t-on face à la menace de l'état de barbarie qu'annonce « cette horrible masse de livres qui va toujours en augmentant » (GP 7, 160 ; « ... une infinité de mauvais livres, qui étoufferont enfin les bons et nous ramèneront à la barbarie », Klopp 10, 17). D'un autre côté, l'imprimerie, dont l'invention est toujours citée au premier rang de celles qui font l'histoire de l'humanité[17], permet de conserver durablement les connaissances et de mieux en appréhender les acquis et les lacunes : contre Descartes, Leibniz est l'homme des livres, dans leur présence matérielle la plus immédiate : le savoir, chez lui, est bibliothécaire. Le temps est venu de sauver « le trésor des connaissances humaines » : « Je compare les connaissances des hommes d'à présent à un grand magasin de toutes sorte d'excellents matériaux, mais mal arrangés,

17. Avec la boussole et la poudre à canon (GP 7, 143 ; mais N E IV, 12, § 12 remplace la poudre à canon par le quinquina). Cf. Davillé, 735.

qu'on ne met point en œuvre, et dont on n'a pas même d'inventaire » (A I, 8, 205-206).

L'exigence d'*arrangement* exprime évidemment une idée de type combinatoire ; il ne s'agit pas de séparer les vérités connues et à connaître en les classant dans des corps disjoints et juxtaposés qui en feraient des « sciences distinctes ». Le texte fondamental qui clôt les *Nouveaux Essais* définit trois (ou quatre) dispositions pour l'enchaînement des sciences : « synthétique et théorique », où les vérités sont rangées selon leur dépendance dans l'ordre des preuves, — « analytique et pratique », où elles sont rapportées comme moyens au but commun des hommes, — répertoire enfin, qui est lui-même soit systématique, en regroupant les notions par sujets, soit alphabétique, en énumérant leurs définitions dans une langue « reçue parmi les savants » : on obtient bien quatre jeux qui distribuent les mêmes vérités en autant d'arrangements différents, comportant autant de répétitions qu'il faudra. Mais ces répétitions, déterminées par l'ordre des combinaisons, bien loin d'encombrer la mémoire d'une accumulation inutile et stérilisante, simplifient les voies de l'invention. Car « on peut même dire que les sciences s'abrègent en s'augmentant, qui est un paradoxe très véritable » (GP 7, 180). En ce sens, l'esprit combinatoire, qui est d'essence synthétique, bien loin de prédéterminer la clôture du savoir et son achèvement, comme le quatrième précepte de Descartes, garantit plutôt son avancement réglé ; il opère de la sorte la transition entre les origines des inventions et le champ *infini* de leurs applications, d'où d'autres inventions sont à naître : « il n'y a rien de si important que de voir les origines des inventions, qui valent mieux à mon avis que les inventions mêmes, à cause de leur fécondité, parce qu'elles contiennent en elles la source d'*une infinité d'autres qu'on en pourra tirer par une certaine combinaison* (comme j'ai coutume de l'appeler) ou application à d'autres sujets, lorsqu'on s'avisera de le faire comme il faut » (GM 5, 84).

Parler dès lors d'un *horizon* de la doctrine humaine suppose un déplacement de l'intérêt, qui suspend provisoirement la réflexion sur les conditions pratiques du progrès des connaissances selon les axes complémentaires de l'inventaire et de la prospection. Certes une Encyclopédie comporte bien, selon le sens le plus obvie du mot, référence à une sorte de *cercle* qui enclôt présomptivement le savoir ; mais le pourtour externe de ce cercle demeure indéterminé : la distribution interne des éléments réunis prévaut sur leur encerclement, la systématicité procède de la complétude des parcours classificatoires, non de la finitude des contours de l'espace de classement.

Ce que Leibniz va appeler horizon impose en revanche une limite extrinsèque, une bordure indifférente à l'organisation du contenu qu'elle enveloppe ; mieux même : cette circonférence-là ne pourra être tracée *que par cette indifférence même* qui va permettre de substituer aux arrangements complexes et multidimensionnels des vérités la monotonie d'une écriture linéaire qui juxtapose lettre à lettre. L'emploi en ce sens du terme d'horizon est évidemment métaphorique, et Leibniz aurait bien pu être le premier à y recourir. A consulter les dictionnaires de la langue philosophique de son époque, on n'y trouve d'autre acception pour « horizon » que géographique et astronomique. Ainsi Johannes Micraelius (*Lexicon Philosophicum,* Stettin, 1662, pp. 573-574) définit l'horizon comme le grand cercle immobile qui sépare la partie visible du monde de sa partie cachée ; tout changement de zénith (verticale du lieu) entraîne un changement d'horizon ; l'horizon est dit « rationnel » quand il divise la sphère des fixes et l'univers entier en deux hémisphères, et « sensible » s'il est le cercle qui borne sur la surface de la terre la portée de la vue.

On pourrait juger que Leibniz n'avait qu'à transposer cette notion à la détermination de l'extension extrême de la connaissance. On sait d'ailleurs assez la fortune philosophique qui sera faite à cette transposition : pour Baumgarten (*Aesthetica,* t. I, 1750, § 116), l'horizon, identifié à la sphère de la connaissance humaine, est le nombre (fini) des matériaux prélevés sur l'ensemble infini des choses qui apparaissent à l'entendement humain ; la notion d'horizon se divisera afin de traduire la délimitation réciproque des différentes facultés de connaître (logique et esthétique). Ainsi, la métaphore se fractionne selon ses champs d'application : la pluralité des horizons est caractéristique de l'usage qu'en fera Kant, pour qui il y a aussi bien un horizon de chaque concept, mais aussi de la connaissance rationnelle en son ensemble[18] ; à ce point de vue, l'horizon met en rapport la juste proportion de l'étendue des connaissances avec les capacités et les fins du sujet. De sorte que si l'on appliquait à l'horizon, au sens de Leibniz, les critères définis par Kant dans sa *Logique,* on devrait en dire qu'il s'agit d'un horizon *logique* (il se rapporte en effet à l'intérêt de l'entendement),

18. *Critique de la Raison pure,* trad. Tremesaygues et Pacaud, Paris, 1963, 461 et 518-519.

qu'au point de vue des objets, il est à la fois *rationnel et historique,* enfin qu'au point de vue du sujet, il est *universel et absolu* : « Par horizon absolu et universel, il faut entendre la congruence des limites de la connaissance humaine avec les limites de l'entière perfection humaine en général. Par conséquent, la question qui se pose ici est la suivante : que peut connaître l'homme en tant qu'homme en général ? »[19].

Mais avant de venir à cette définition anthropologique, la notion d'horizon a eu un usage qui doit être rappelé, à l'arrière plan de la compréhension leibnizienne d'un horizon du « genre humain ». Pour certains auteurs médiévaux, l'horizon définissait le caractère intermédiaire des êtres dans une hiérarchie : Guillaume d'Auvergne, Albert le Grand et Dante disent de l'âme qu'elle est « dans l'horizon de » l'éternité et du temps, c'est-à-dire au-dessus du temps et en dessous de l'éternité, inférieure à l'intelligence séparée et supérieure à la nature corruptible[20]. En ce sens l'horizon n'est pas la limite extrême de la visibilité, mais le plan même qui sépare l'hémisphère d'en bas de celui d'en haut. Il faudrait alors se risquer à parler ici d'une lecture en quelque sorte « verticale » et non « horizontale » de la métaphore de l'horizon.

Cette acception médiévale n'est pas absente de la problématique de l'horizon leibnizien : elle vise en effet à montrer qu'il n'y a d'horizon, au sens de « *Finitor* », du champ de la connaissance distincte et transmissible, que relativement à un état de perfection du genre humain supposé invariant et stable pendant une très longue durée : que cet état change, par une *élévation* des esprits au-dessus du plan qui définit la capacité présente des hommes à connaître distinctement, et l'horizon lui aussi sera déplacé : les limites de ce que l'on peut dire et écrire seront repoussées. La fixation d'un

19. Kant : *Logique,* Introduction VI, trad. Guillermit, Paris, 1966, 43-44. On remarquera que pour Leibniz, en opposition à Kant, le même horizon enveloppe vérités de raison (nécessaires et susceptibles de démonstration finie) et vérités de fait (contingentes et requérant une analyse infinie) ; connaissance rationnelle et connaissance historique sont homogènes dans le même corps de « doctrine », en raison même de l'univocité de la définition de la vérité de toute proposition par le « praedicatum inest subjecto ».

20. Le vocable est accrédité par la traduction latine par Gérard de Crémone d'un *Liber de Causis* attribué à Proclus (et extrait de sa *Théologie*). Guillaume d'Auvergne, *De Universo,* I, 2, 4 ; Albert le Grand, *De Anima* I, Tract. 2, cap. 4 ; Dante, *De Monarchia,* III, 16. Nous suivons les indications fournies par l'article « Horizont » de l'*Historisches Wörterbuch der Philosophie,* hrsg. Joachim Ritter, Bd. 3, 1189 sq.

horizon provisoire n'aura donc servi qu'à rendre plus manifeste l'exigence, conforme à l'harmonie des choses, de passer outre, *plus ultra,* par un progrès en perfection du genre humain, qui pourrait lui-même être une étape vers un état allant par-delà celui d'humain[21].

L'originalité de Leibniz sera ainsi de conférer au concept d'horizon ainsi transposé une précision mathématique au moins équivalente à celle du concept géographique et astronomique, en *arithmétisant l'image géométrique* : le nombre des vérités qui constitue l'horizon du genre humain, – dans son état présent –, sera défini selon la rigueur d'un calcul appliqué aux expressions de ces vérités à l'aide d'un alphabet fini dans des combinaisons elles-mêmes finies. D'où un renversement manifeste à l'égard des considérations de Mersenne, Guldin et d'autres ; là où ils voyaient une figuration de l'immense et l'égarement de l'imagination dans le presqu'infini, Leibniz trouve au contraire l'argument exact d'un théorème de limitation ; les très grands nombres passaient pour marquer l'infini en l'homme, du fait de sa capacité à les concevoir et énoncer : en mathématicien, Leibniz reconnaît ces mêmes nombres pour ce qu'ils ne peuvent cesser d'être : toujours finis, calculables et tels qu'un « nombre encore plus grand » peut toujours être défini.

On voit autrement cette rupture en rectifiant le contresens com-

21. Le hasard qui sert les curieux m'a mis sous les yeux, dans une vitrine de la Bibliothèque de Wolfenbütel un ouvrage que j'ai pu ensuite consulter à la B.N. Publié à Leipzig en 1638, son auteur est Franciscus Tidicaeus, de Dantzig, « Docteur en philosophie et en médecine, Physicien de la République de Thorn en Prusse ». Le titre et le sous-titre marquent la perpétuation de la signification médiévale de l'idée d'horizon, associée à une forte inspiration hermétiste : « Horizon de l'Humanité, c'est-à-dire conformation de l'homme avec le monde », — la sagesse infinie du fabricateur tout puissant a « dépeint comme en une effigie la totalité des choses dans l'homme qui contient en lui les images et les similitudes de toutes choses... au titre pour ainsi dire d'horizon entre les choses corporelles et incorporelles et le lien et entrelacement de l'univers, et le condensé du monde,... puisqu'en lui sont conjuguées et soudées les choses incorporelles avec les corporelles, et les choses immortelles avec les mortelles » (*Humanitatis HORIZON id est, Conformata Hominis cum Mundo commendatio : In quâ plane & perspicue dispicitur, quam mirandum in modum infinita praepotentis Effectoris Sapientia rerum universitatem in homine quasi in effigie quadam inumbravit et effinxit, ut in se imagines et similitudines rerum omnium, quas animo et oculis obit, contineret, tanquam HORIZON inter res corporeas & incorporeas, atque ligamen et nexus Universi, ac Mundi Epitome, (his enim nominibus est ab Antiquis notatius) cum in illo conglutinentur inter se atq; conjugantur res incorporeae cum corporeis, & immortales cum mortalibus ; idque dilucida et jucunda demonstratione, maxime autem ex reverendae vetustatis oraculis docetur & explanatur. AUTORE FRANCISCO TIDICAEO DANSTISCANO, Philosophiae ac Medicinae Doctore Reipublicaeq; Thoruniensis in Prussia Physico. LIPSIAE... Anno 1638).*

mis par le Marquis de l'Hôpital : de ce que Bignon lui avait dit du mémoire de Leibniz, il avait retenu qu'il y était question « du nombre des livres possibles, et du nombre et du temps des ouvriers qu'il faudrait avoir pour les écrire » (supra, p. 83). C'était confondre l'objet de la preuve avec le moyen de la preuve, et accessoirement le moyen de la preuve avec l'image qui l'illustre pour en concrétiser l'effectuabilité. Est *moyen de preuve* la démonstration de ce que le nombre des livres possibles, contenant toutes les vérités (et donc les faussetés) concevables par l'esprit humain, est *fini* (car un nombre plus grand peut toujours être défini). Est *illustration* le fait que ce nombre plus grand pourrait être écrit en un temps fini par des copistes ou des typographes (il ne s'agit pas de composer les livres eux-mêmes, mais un nombre qui surpasse celui de leur ensemble). Mais l'*objet de la preuve* est indiqué par Leibniz à la fin de son mémoire, sous la forme d'une question ou d'un doute ; il figurait déjà, dès la première ligne, dans une remarque marginale qu'un trait oblique signale sans vraiment la raturer : « peu de probabilité que le genre humain dure toujours » : l'objet de la preuve, c'est l'histoire à venir de la « République des Esprits », dans ce canton qu'en est la « République des Lettres » (Klopp 10, 16).

§ 5. Ces précautions prises, la reconstitution de l'argument du *HDH* peut faire apparaître un jeu alterné de majorations et de minorations dans l'examen de stipulations hypothétiques et de leurs conséquences. En voici le plan raisonné :

HYPOTHÈSES INITIALES (par minorations) :

Définition : Toute vérité (ou fausseté) est thèse, affirmation ou négation.

Première Supposition : « Tout ce qui appartient à la doctrine est énonçable » ; donc mise à l'écart des perceptions confuses, des sentiments et de la diversité infinie des êtres.

Deuxième supposition : maintien du genre humain « dans le présent état ».

Le problème est alors de définir un nombre plus grand que celui de toutes les thèses, ce qui reproduit bien le style archimédien de l'*Arénaire*. Définir un nombre n'est pas nécessairement le concevoir, ou l'exprimer et l'écrire « tout au long » : c'est disposer d'une méthode dont on sait qu'elle permettrait en principe de l'écrire. A cette fin on établira le double registre des arguments par excès et par défaut :

Majoration : on accueille tous les énoncés vrais-faux, signifiants-non signifiants, prononçables-non prononçables, selon une extension où chaque dichotomie enveloppe la précédente.

Minoration : on se donne un unique alphabet, tel qu'en droit toutes les langues naturelles puissent y être exprimées, comme aussi les systèmes d'écriture non littéraux (chiffres numéraux notamment).

Majoration : un mot pourra aller jusqu'à 32 lettres.

Minoration : la seule règle d'écriture sera la juxtaposition linéaire des lettres, sans intervalle, ni signes de ponctuation, ni écarts vers le haut ou le bas (indices et exposants par exemple) : c'est là « lever toutes les distinctions ».

Majoration : cette simplification autorise inversement à considérer tout un livre comme un seul « mot bien grand » : l'écriture aura aboli toute grammaire et réduit la langue à une unique articulation élémentaire.

Majoration : un livre pourra être de telle longueur qu'il faudrait mille ans pour le lire.

Majoration : *in fine,* la simplification des formules impliquera le passage à un alphabet de cent signes.

On en vient ainsi à l'idée qu'on peut écrire non pas tous ces livres, mais leur nombre, plus grand que celui de toutes les vérités énonçables dans aucune langue (usant d'un tel alphabet) : le nombre des vérités est donc assurément fini, mais *on ne sait quel il est ni comment d'ailleurs il pourrait lui-même être davantage précisé.* Le jeu des minorations et des majorations apporte seulement la garantie que les « vérités » forment un sous-ensemble strict de l'ensemble des concaténations de lettres formellement définies : c'est là, en fait, toute la difficulté quant à l'interprétation philosophique du résultat obtenu.

Après ces prémisses, le calcul se ramène aux étapes suivantes :

Le nombre de tous les mots de 32 signes dans un alphabet de 24 lettres est : $\frac{24^{33} - 24}{23}$

Si toutes les « vérités ou faussetés... signifiantes ou non » correspondent chacune à une « période » définie par une page d'écriture de 20.000 signes, leur nombre est : $\frac{24^{20001} - 24}{23}$

Enfin « allons aussi loin qu'il est possible » : le « plus grand livre » sera à lire pendant mille ans, à raison de cent pages par jour, chacune contenant cent mille signes. Le nombre de tous ces livres, tous différents à une seule lettre près, sera $\frac{24^{36500000000001} - 24}{23}$

On « simplifie » l'énoncé en remplaçant ce nombre par :

$10^{7300000000000}$ (ce qui porte l'alphabet à cent lettres).

Ce nombre peut être distinctement connu, non comme chez Guldin, en le réduisant imaginativement dans des figurations concrètes (des bibliothèques)[22], mais en recourant aux signes abréviateurs des mathématiciens, qui en fournissent la connaissance symbolique parfaitement distincte ; il est rigoureusement et exactement défini par l'expression log x = 7.300.000.000.000. Que vingt mille écrivains puissent l'écrire en 37 ans, mille presses l'imprimer en 2 ans, ne sert qu'à illustrer son accessibilité de fait en confirmation de sa calculabilité de droit : ce n'est plus « le chemin qui mène aux astres » !

Le dispositif peut alors être conduit à sa conclusion : celle-ci s'énonce d'abord sous une forme mineure d'approximation vague : « Si le genre humain durait *assez* longtemps, *presque* tout ce qu'on pourrait dire ne serait que redites ». L'inadmissibilité, non formulée mais clairement assumée, de cette conséquence entraîne le rejet d'au moins une des hypothèses qui figuraicnt parmi les prémisses ; le rejet de la seconde supposition fournit ainsi la conclusion majeure : « Le genre humain ne durera pas assez pour cela ». Mais, à l'arrière-plan, le rejet de la première supposition suggère au moins une perspective future du devenir du genre humain : mûrir à des perceptions de plus en plus déliées, fines et distinctes. Toute la question est alors de savoir si le *moyen de la preuve* est adéquat à son *objet*.

§ 6. L'argument du *HDH* prend la langue, dans la matérialité offerte des signes de l'écriture, comme objet d'un calcul dont le résultat est présomptivement transposable à l'horizon des connaissances. Cette transposition s'opère au travers d'un certain nombre de présupposés quant à la nature de la langue elle-même. La question de savoir s'il existe chez Leibniz un concept commun et

22. On pourrait se divertir à prolonger la comparaison avec les calculs de Guldin : chacun des livres « les plus grands » de Leibniz contiendrait 3.650.000.000.000 occurrences des 24 lettres. Le « pseudo-livre » où serait imprimé le nombre majoré de tous les livres contiendrait le double de signes (7.300.000.000.001) mais en n'utilisant que deux caractères (1, 0).

unitaire de langue déborde le cadre de ces remarques : on se bornera ici à relever, parmi les analyses linguistiques de Leibniz, ce qui peut éclairer la signification et les enjeux de notre texte. Celui-ci stipule en effet que toute vérité, proposition ou thèse « doctrinale » peut et doit être formulée dans une langue quelconque, dont le seul caractère exigé est qu'elle soit intégralement et adéquatement représentable dans une écriture alphabétique, dont l'alphabet latin fournit le modèle. Partons du son articulé ; il est défini par sa correspondance avec les lettres qui le représentent : « Le *son articulé* est celui qui peut être écrit ou qui peut être résolu en lettre. Sinon, il est *inarticulé* » (C 489) ; en outre « parler est donner un signe de sa pensée à l'aide d'un son articulé » et « écrire est faire de même à l'aide de tracés permanents sur le papier, lesquels ne sont pas nécessairement rapportés au son, comme il appert d'après les caractères des Chinois » (C 497). Cette dernière restriction n'empêche toutefois que la correspondance des suites de sons aux « tracés » est adéquatement assurée, selon Leibniz, par une écriture alphabétique, analytique et linéaire, au point que la représentation des éléments de la langue par les lettres donne finalement sa norme au langage.

C'est là en effet un trait commun, selon Leibniz, aux langues naturelles, telles qu'il les analyse, et à la langue rationnelle qui pourrait (et devrait) être instituée pour les besoins de la science en réalisant la « caractéristique universelle ». Cette dernière est fondamentalement une écriture (GP 7, 17, etc...), dont les symboles peuvent être aussi bien les lettres usuelles que les signes numéraux, pourvu que leurs séquences soient d'abord lisibles et subsidiairement prononçables : « Or les caractères qui expriment toutes nos pensées composeront une langue nouvelle, qui pourra être écrite et prononcée » (C 156). Un caractère, abstraitement défini, est « une marque (*nota*) visible représentant les pensées » (Bod. 80) et la caractéristique est la technique qui permet de former des « expressions », c'est-à-dire des agrégats de caractères, isomorphes aux relations des pensées exprimées. Mais en fait Leibniz récuse plutôt les tentatives pasigraphiques qui usent d'autres caractères que de ceux communément reçus (par exemple, contre Wilkins, C 285 et 290). Toutefois, l'emploi des lettres et des chiffres, au service de la caractéristique, ne remplira la fonction d'une langue de communication qu'à titre de conséquence dérivée et accessoire (C 156) : sa fonction d'organon du savoir, à la fois pour l'invention, la démonstration et l'enregistrement, est première et déterminante.

Cette fonction est rendue effective en principe par la correspondance réglée que la « loi des expressions » établit entre les séquences de caractères et les contenus de connaissance : « que l'expression d'une chose soit composée des caractères des choses dont les idées composent l'idée de la chose à exprimer » (Bod. 80-81). En cela la technique de la caractéristique ne fait que systématiser et diriger consciemment une disposition originelle de l'esprit : « les choses composées ne sauraient être si bien démêlées par l'esprit humain sans aide de caractères » (GM 2, 193). On dira aussi bien qu'elle prolonge et étend présomptivement à l'encyclopédie entière ce que l'algèbre a déjà opéré en représentant par des lettres les nombres indéterminés et les grandeurs, et en ramenant tout raisonnement et toute inférence aux « opérations des caractères ». Ainsi une caractéristique « vraiment géométrique », que Leibniz évoque constamment comme échantillon du projet général, servirait aussi bien aux arts mécaniques et même à l'histoire naturelle : grâce à elle « on pourrait faire en caractères, qui ne seraient que des lettres de l'alphabet, la description d'une machine quelque composée qu'elle pourrait être, ce qui donnerait moyen à l'esprit de la connaître distinctement et facilement avec toutes ses pièces et même avec leur usage et mouvement sans se servir de figures ni de modèles... On pourrait faire aussi par ce moyen des descriptions exactes des choses naturelles, comme par exemple des plantes et de la structure des animaux » (GM 2, 21)[23]. Ainsi, l'achèvement d'une bonne caractéristique devait-il toujours consister dans la mise au point d'usages rigoureux et expressifs de l'alphabet comme mode privilégié de symbolisation.

Du côté des langues naturelles, Leibniz pense pouvoir, grâce à l'analyse comparative, les ramener à une origine commune, diversifiée ensuite par les migrations des peuples et l'évolution différenciée de leurs besoins et de leurs connaissances. L'identification de la langue « adamique », qu'elle ait été l'hébreu ou plutôt quelque idiome plus originel, est secondaire relativement à son statut heuristique et à sa fonction analytique : « Ce qui intéresse Leibniz est moins la question du commencement du langage dans le temps que celle des éléments derniers du langage »[24] ; or, de ce point de vue,

23. Voir Dascal (2), 214 sq.

24. Heinekamp (2), 270. Remarque analogue dans J.F. Courtine, « Leibniz et la langue adamique », *Revue des Sciences philosophiques et théologiques* 64 (1980), 377-8.

on peut dire que l'élément originel de toute langue doit être réductible à ce que l'on pourrait appeler le « son-lettre », émission phonétique simple associée à sa figuration en un trait aisément reconnaissable. L, R, S, W, autant de sons isolables associés à la prononciation usuelle des lettres et représentant diverses espèces de mouvement ; Sp évoque quelque chose qui pénètre comme un coin, etc...[25]. « Il y a quelque chose de naturel dans l'origine des mots, qui marque un rapport entre les choses et les sons et organes de la voix » (NE III, 2, § 1), ou encore « un accord (*consensus*) des sons avec les affections que le spectacle des choses excitait dans l'esprit » (C 151). Vis-à-vis de la composition linéaire des émissions vocales « une *lettre* est un unique tracé simple signifiant un son (*vox*) articulé minimal ou presque minimal ; par exemple x est presque minimal, puisqu'il vaut autant que cs » (C 497). A partir de là, il faut reconnaître dans les mots le véritable élément signifiant de toute langue, qui font aussi « que toutes les langues ne sont que des variations, souvent bien embrouillées, des mêmes racines ; mais qu'il est difficile de reconnaître, à moins de comparer beaucoup de langues ensemble » (Dutens, VI, 2, 185). L'idée de variation est combinatoire ; mais une sorte de « brouillage » empêche de réduire le fonctionnement des langues naturelles et leurs transformations à des modèles calculables : la « force des lettres » et la « signification naturelle » des racines sont rendues méconnaissables dans les langues actuelles par la complexité des dérivations dont elles procèdent et qui s'expriment dans un jeu d'innombrables métaphores, métonymies et synecdoques, qui « ont fait passer les mots d'une signification à l'autre, sans qu'on en puisse toujours suivre la piste » (NE III, 2, § 1) : la lexicalisation des tropes fait ainsi la vie historique des langues, d'où à la fois leur diversité, mais aussi leur comparabilité préservée, qui fait qu'elles sont « le meilleur miroir de l'esprit humain et qu'une analyse exacte de la signification des mots ferait mieux connaître que toute autre chose les opérations de l'entendement » (NE III, 7, § 5 ; voir III, 9, § 9).

Comme les monades sont autant de miroirs vivants du même univers exprimé selon différents points de vue, les langues, elles aussi qualifiées de miroirs, sont autant de produits de dérivation qui réfractent autrement l'esprit humain, mais sont virtuellement équivalents par leur capacité de représentation. De sorte qu'à la

25. Exemples donnés avec d'autres et références aux textes dans Heinekamp (2), 271-2 et (3) 542-3.

fois il n'y a jamais de traduction parfaite, dans la mesure où chaque langue opère différemment le découpage de ses unités signifiantes (ses mots), mais que toutes les langues sont équivalentes par l'étendue du champ des significations qu'elles peuvent exprimer[26]. Si l'on considère les langues du strict point de vue de l'expression des connaissances exactes, chacune vaut l'autre, et seules l'opportunité ou la situation historique d'une culture justifient en pratique le choix d'une d'entre elles (par exemple le latin : C 352).

Il y a donc bien une communauté profonde, en dépit de leur différence d'origine et de destination, entre les langues naturelles et les systèmes symboliques des sciences et de la future caractéristique universelle : cette dernière condense une fonction qui est au principe de tout langage : « C'est le but principal de cette grande science que j'ai appelée *Caractéristique,* dont ce que nous appelons l'Algèbre, ou Analyse, n'est qu'une branche fort petite : puisque c'est elle qui donne les paroles aux langues, les lettres aux paroles, les chiffres à l'Arithmétique, les notes à la Musique ; c'est elle qui nous apprend le secret de fixer le raisonnement, et de l'obliger à laisser comme des traces visibles sur le papier en petit volume, pour être examiné à loisir » (C 98-99).

Ce texte dit fortement que, selon Leibniz, la même relation fait correspondre les paroles aux significations, et l'écriture à la parole ; qu'il n'y a pas de différence de principe entre les écritures selon qu'elles servent à la transcription des langues naturelles ou à la codification d'un calcul ou des sons musicaux ; dans tous les cas, la « trace visible sur le papier » est le signifiant par excellence : la lettre est le signifiant de ce qu'est en général un signifiant. C'est dans cette ligne qu'il faut prendre acte du privilège reconnu par Leibniz à l'écriture alphabétique sur toute autre, et qui vaut à la fois pour le langage ordinaire et celui des sciences. Pour ces dernières, l'idéal de la calculabilité comme forme par excellence de la démonstration conduit, par exemple, au programme déjà évoqué de la caractéristique géométrique. Leibniz n'ignore pas, s'agissant des langues naturelles, l'existence d'écritures syllabiques, comme

26. *Unvorgreiffliche Gedanken, betreffend die Ausübung und Verbesserung der Teutschen Sprache* : « Je ne crois pas qu'il y ait une langue au monde capable d'exprimer avec une force et une énergie égale les mots d'une autre langue, ou même de les rendre par un seul terme » (§ 61) et : « Je sais qu'il n'y a point de langue, quelque pauvre qu'elle soit, dans laquelle on ne puisse tout énoncer » (§ 59, traductions de L. Dutens, VI, 2, 32).

celle des Tartares[27], et moins encore celles qui sont formées d'hiéroglyphes et d'idéogrammes. Supposant notamment que l'écriture chinoise note non les sons de la voix, mais les choses mêmes, Leibniz semble hésiter à reconnaître dans cette élimination de la médiation vocale un privilège décisif du système : conditionnellement, on peut supposer que « s'il y avait un certain nombre de caractères fondamentaux dans la littérature chinoise, dont les autres ne fussent que des combinaisons, cette littérature aurait quelque analogie avec l'analyse des pensées » (Dutens V, 488) ; la même écriture aurait aussi l'avantage de pouvoir être lue en plusieurs langues. Mais au fond la supposition d'un ordre sous-jacent des combinaisons d'idéogrammes révèle plutôt l'intention de découvrir en elles une forme analytique et linéaire similaire à celle de l'écriture alphabétique. Si bien qu'en admettant l'abondance des mots comme critère de la richesse d'une langue, l'exemple chinois accrédite *a contrario* l'idée qu'un trop grand nombre de caractères différents appauvrit la langue[28]. D'où l'on rejoint encore la suprématie de la figuration alphabétique qui, en poussant à l'extrême la décomposition des signes répondant aux sons supposés les plus simples, permet d'obtenir le maximum de variété dans la composition des mots et des énonciations avec un minimum d'éléments de base.

Que la forme alphabétique soit ainsi au fond le modèle même de la structure linguistique s'exprime aussi dans l'étroite parenté entre les réflexions théoriques sur la possibilité d'une Caractéristique vraiment universelle et l'explicitation de la grammaire rationnelle sous-jacentes aux langues naturelles. Si ces dernières débordent par leur fonction expressive le seul champ cognitif, auquel la Caractéristique est spécialement destinée, elles peuvent aussi se rejoindre et coïncider partiellement dans cette intersection de leurs usages. L'*analysis linguarum* peut alors valoir comme un équivalent de la Caractéristique (C 351), sous la réserve qu'on puisse fixer dans les langues mêmes qu'« à tout caractère répond une pensée déterminée », ce qui corrige en partie l'inconvénient des idiomes naturels, que leurs « innombrables équivocations » rendent difficiles à transposer en « calculs » (GP 7, 205). Il est ainsi possible

27. « J'ai obtenu un fragment de la Grammaire des Tartares de la Chine. Les caractères en sont plaisants. Ils n'expriment pas les choses comme ceux des Chinois, ni les lettres comme les nôtres, mais les syllabes d'une façon assez singulière », lettre à Sparfvenfelt (29 janvier 1693), *Brief till Sparfvenfelt 1695-1700,* éd. Harald Wieselgren, Stockholm, 1883, 15.

28. *Unvorgreifliche Gedanken,* citées note 26, §§ 57 et 58 (Dutens VI, 2, 31).

en principe d'amender une langue donnée aux fins de la rendre adéquate au besoin d'univocité de la science, « surtout depuis que l'écriture est inventée... Car il dépend de nous de fixer les significations, au moins dans quelque langue savante, et d'en convenir pour détruire cette tour de Babel » (NE III, 1, § 9).

Or, si les règles de formation et de substitution des caractères expriment la définition et la résolution des pensées, le paradigme alphabétique induit tout naturellement l'idée que « toutes les pensées humaines peuvent être résolues en un tout petit nombre pour ainsi dire primitives » (GP 7, 205). D'où la conception de l'« Alphabet des pensées humaines », tel que « par la combinaison des lettres de cet Alphabet et l'analyse des mots formés avec elles toutes choses pourraient être inventées et décidées » (GP 7, 185 : « *dijudicari* » a ici le sens de trancher par des moyens formels entre le vrai et le faux, ce qui rejoint bien l'idée de décidabilité) : c'était aux yeux de Leibniz, le mérite du *DAC* que d'avoir dès 1666 rendue publique cette « invention admirable », avant même que son auteur ait disposé de la culture mathématique nécessaire à son exploitation. L'Alphabet des pensées humaines décrit donc *métaphoriquement* l'espace logique des notions et des vérités, en référant le savoir à la structure primordiale discontinue, linéaire et combinatoire d'une archi-écriture[29].

Il est pourtant douteux que Leibniz ait complètement cru à la possibilité de faire de cette métaphore autre chose qu'un usage régulateur et heuristique, pour en faire la loi effective de la constitution réelle des connaissances, intégralement assumée par une langue formelle unique et universelle[30]. Les langues naturelles, où, soulignons-le encore, tout peut être dit, demeurent un instrument irremplaçable, ne serait-ce que par le privilège de fait reconnu au latin, moyennant même la simplification de sa syntaxe qui met d'autant mieux en évidence l'importance du lexique disponible. Selon la double articulation, systématique et alphabétique, de ses répertoires, l'Encyclopédie ne peut non plus se passer de ces lan-

29. L'expression est employée par Jacques Derrida, en un sens différent mais parent ; au demeurant toute la réflexion théorique de la *Grammatologie* trouverait des points d'appui dans l'*Horizon de la Doctrine Humaine*.

30. *Contra,* Hughes Leblanc, qui écrit : « Leibniz rêvait... d'une langue universelle dans laquelle on pourrait exprimer tout ce qui est vrai non seulement de ce monde, mais de tout autre monde que Dieu aurait pu actualiser à sa place » (119). Il est très douteux que Leibniz ait rêvé quelque chose de ce genre ; il est certain en tout cas qu'il n'a en pratique rien fait de tel. Nous partageons la mise au point de Heinekamp (2), 261.

gues, et la Caractéristique suppose l'Encyclopédie déjà en cours d'avancement (GP 7, 40 ; Bod. 97). L'Encyclopédie vient ainsi occuper pour ainsi dire l'entre-deux ouvert entre, d'un côté, une origine tenue pour inaccessible en fait : l'Alphabet primordial, — et, de l'autre, l'instauration toujours retardée d'une Caractéristique parfaite qui serait comme l'écriture définitive[31].

A défaut d'atteindre l'Alphabet des pensées humaines, l'analyse des langues accrédite du moins l'idée qu'un même alphabet universel et unique peut servir en fait à transcrire toutes les langues naturelles, en même temps qu'il serait l'outil principal de la Caractéristique. Il ne pourra s'agir en l'espèce que de « l'alphabet latin, enrichi et diversifié par quelques marques commodes et comparé avec des prononciations de quelques langues européennes plus connues » : « je souhaiterais fort qu'on cherchât une manière raisonnable d'exprimer tous les sons par les seules lettres latines, variées et enrichies au besoin, comme s'il n'y avait point d'autres caractères au monde »[32]. L'avantage serait de pouvoir lire commodément les livres arabes, syriaques, les Bibles et les dictionnaires, en diminuant « de moitié » le temps nécessaire à l'apprentissage des langues, puisqu'aussi bien « ces caractères barbares sont apparemment des choses accidentelles, sans lesquelles la langue peut subsister, être employée et écrite » ; sans rien dire des difficultés typographiques ainsi résolues, en diminuant les risques d'erreur et les coûts d'impression, la connaissance des alphabets autres n'est requise que pour la lecture des manuscrits et la communication

31. « Si les attributs simples des choses étaient donnés en une énumération, nous aurions l'alphabet des pensées humaines, dont procède toute notre connaissance. Or quoique qu'il soit difficile de donner en cette matière quelque chose de parfait, il faut pourtant en faire peu à peu la tentative et énumérer du moins les plus importants et les plus proches des primitifs, en préservant une faculté de poursuivre l'analyse jusqu'à ce qu'on parvienne aux primitifs » (LH IV, 7 C, f. 105, VE, N. 294, 1300). On ajoutera qu'outre que l'analyse des pensées n'atteint que rarement les notions absolument simples, toute liste finie — ce qu'est en principe un alphabet —, reste en défaut au regard de l'ensemble des « formes simples » dont la combinaison infinie engendre les choses. Cf. Schepers (1) et Hermes. — D'un autre côté, Leibniz n'ignore évidemment pas qu'une base finie de symboles permet de construire une infinité de formules, pourvu que leur longueur ne soit pas bornée : « Bien qu'il y ait une infinité de termes qui sont conçus, il est pourtant possible qu'il n'y en ait qu'un nombre restreint qui soient conçus par soi. Car par la combinaison de peu de termes, on peut en composer une infinité » (C 430).

32. Lettre à Sparfvenfelt, s.d., o.c. (note 27), 55 sq. Ainsi « les signes graphiques muets réconcilieront la polyphonie des langues », Velimir Khlebnikov, cité par T. Todorov, « Le nombre, la lettre, le mot », *Poétique* 1 (1970), 102 sq.

directe avec les peuples lointains, bref pour les érudits et les missionnaires (A I, 5, 30).

Primauté de l'écriture dans la constitution de la langue, privilège de l'écriture alphabétique, avantage de l'alphabet latin : autant de préalables à la mise en place de l'argument développé par le *HDH*. Dans la mesure où le texte associe le calcul combinatoire à la *temporalité* de la « doctrine », il convient en outre de relever que l'écriture tourne la langue du côté de sa puissance de marquage, de conservation et de mémorisation. Leibniz associe la fonction communicative du langage à sa fonction expressive et cognitive : « Les paroles ne sont pas moins des marques (*notae*) pour nous que des signes pour les autres » (NE III, 9, § 1). Mais l'alphabet est précisément un système de « notes », de traces ou de marques, et, à cet égard, il se rapporte essentiellement au passé de la pensée effectuée, constituée, déposée : « Les mots ne sont pas seulement des signes de ma pensée présente pour les autres, mais aussi des marques de ma pensée passée pour moi-même, comme l'a démontré Th. Hobbes au début des *Elementa de Corpore* » (*Nova Methodus,* I § 23, A VI, 1, 278) : la marque (*nota*) est essentiellement un « signe mémoriel » (*signum memoriale* : VI, 2,500).

Bibliothécaire et archiviste, garde du moindre de ses papiers, Leibniz a su mieux que quiconque que l'écriture est comme une mémoire matérielle inscrite dans un support qui devrait échapper aux vicissitudes de la ressouvenance spirituelle. Déterminer dès lors un « horizon de la doctrine humaine » sera calculer a priori le volume de cette mémoire, ou plutôt en démontrer la finitude en assignant un nombre de marques plus grand que celui qu'elle peut contenir au maximum de sa capacité.

§ 7. A cette fin le *HDH* considère, en les déliant de toute relation obligée à une émission vocale, les séquences formées à partir d'un alphabet « latin » de 24 lettres[33]. En considérant en outre « les périodes et même les livres entiers comme des mots bien grands », on ne fait que pousser à sa conséquence extrême la thèse linguistique de la primauté de l'élément nominal et l'appauvrissement syntaxique qui en est le corollaire.

33. Dans le *DAC* (GP 4, 88), Leibniz définit correctement l'alphabet latin comme comportant 23 lettres ; dans le *HDH,* il y ajoute le w pour en trouver 24. Knobloch S, 9 donne la liste des auteurs du 17e siècle selon qu'ils prennent leurs exemples alphabétiques de « variations » combinatoires en 23 ou 24 lettres.

Les exemples cités, rares, sont tous ou presque empruntés à la langue naturelle : un mot français (*or*), dont l'équivoque est levée en latin (*aurum, atqui*) ; d'autres mots latins qui illustrent les cas de longueur extrêmes (les distiques), confirmés par un mot grec de fantaisie ; le latin encore explique les permutations (comme la suite *Roma, amor, maro, armo, oram, ramo, mora,* qui ne contient que des formes latines correctes). L'excursus mathématique mentionne aussi les membres ou termes des formules algébriques (a^3b, a^2b^2c, etc...), mais ils ne sont pas ici traités comme de vrais mots, du fait de la présence d'exposants numériques, qui font exception à l'unicité de l'alphabet et à celle de la ligne d'écriture. Enfin, du point de vue stylistique, les types d'énonciation de longueur croissante évoqués sont : les propositions des mathématiciens, les documents juridiques (arrêts, reces, etc...), outre sermon, poësie, roman, et enfin, tout simplement, livre.

La pluralité des langues est apparemment mise entre parenthèse au nom d'un postulat implicite : toute phrase d'un idiome quelconque, pourvu qu'elle puisse être transcrite dans l'alphabet utilisé, tombe sous le calcul. D'où l'on peut soupçonner seulement (car le texte n'en dit rien) qu'une même « vérité » peut répondre à des « énonciations » différentes. Ce postulat en cache un autre : qu'il y ait, pour et dans une langue donnée, une correspondance parfaitement définie entre ses « énonciations » et les « vérités » : sans cela le calcul du nombre des premières ne vaudrait pas a fortiori des secondes, en concluant du tout à la partie. Toutefois ni la nature de cette correspondance, ni son fondement, ni même son caractère bijectif ou non, ne sont stipulés. Enfin, l'ordre dans lequel les énonciations sont produites semble être celui, contingent et hypothétique, de « l'histoire de nos découvertes »[34], et non l'ordre méthodique des enchaînements réguliers d'une Encyclopédie (quel que soit le type d'ordre choisi) ; c'est du moins ce qui ressort des considérations finales sur la double possibilité d'un oubli du déjà dit et d'un épuisement seulement asymptotique du stock des énoncés encore inédits.

En résumé, tout se passe désormais comme si Leibniz ne rete-

34. Selon la formule de NE III, 1, § 5 : « Nos besoins nous ont obligé de quitter l'ordre naturel des idées, car cet ordre serait commun aux anges et aux hommes et à toutes les intelligences en général et devrait être suivi de nous, si nous n'avions point égard à nos intérêts : il a donc fallu s'attacher à celui que les occasions et les accidents, où notre espèce est sujette, nous ont fourni ; et cet ordre ne donne pas *l'origine des notions,* mais pour ainsi dire *l'histoire de nos découvertes* ».

nait de ses propres thèses concernant le langage que les idées de suffisance du *mot,* de prééminence de l'*écriture alphabétique* et enfin d'une *correspondance* non davantage spécifiée entre l'énoncé et l'état de chose exprimé ; toute référence plus précise aux propriétés d'une langue naturelle, aux structures de la langue rationnelle ou aux règles d'une caractéristique réelle, est comme suspendue. La mémoire est ainsi immergée dans un lieu abstrait, où le jeu des lettres est délié des contraintes d'un ordre linguistique quelconque. La pure graphie ainsi produite peut être désignée comme *écriture absolue.*

L'« objet » linguistique sur lequel Leibniz fait porter ses calculs peut être analysé en s'inspirant des moyens les plus élémentaires de ce que nous appelons « grammaire formelle »[35].

On se donne un alphabet A composé des 24 lettres latines (ou par majoration de 100 signes non identifiés).

Les *règles de formation* des mots (ou énonciations) sont au nombre de deux :

1 — *Règle de l'atome* : Toute lettre isolée « x » est un mot.

2 — *Règle de concaténation* : Si « A » et « B » sont des mots, « AB » est un mot. L'opération est associative : « (AB)C » est le même mot que « A(BC) », ce qui permet de l'écrire « ABC » en se passant des parenthèses.

Par définition la *longueur* d'un mot est le nombre d'occurrences de lettres qui y figurent.

Le système doit être complété par une *règle de fermeture* qui stipule la longueur **N** maximale d'un mot : toute séquence de lettres dont le nombre est supérieur à **N** n'est plus un mot.

Il est dès lors aisé de former l'ensemble $\mathbf{a^L}$ de tous les mots possibles, de démontrer qu'il est fini et d'en déterminer la cardinalité. $\mathbf{a^L}$ est un sous-ensemble fini de l'ensemble **A*** qui serait obtenu par application des mêmes règles, sans la règle dite de fermeture : **A*** a la structure d'un « monoïde » et on dira que $\mathbf{a^L}$ est une partie finie du « monoïde libre sur **A** ».

Ce que l'on appelle d'ordinaire un langage formel suppose que l'on spécifie des sous-ensembles de **A*** caractérisés par des règles

35. Dans ce qui suit, nous suivons Gross et Lentin, 11 sq, en apportant les quelques aménagements nécessaires pour utiliser leur construction des bases d'une grammaire formelle dans sa plus grande généralité comme moyen d'explication de la structure de l'horizon de la doctrine humaine leibnizien.

de formation et de transformation qui déterminent les conditions particulières selon lesquelles les séquences de lettres sont combinées ; en principe, ces nouvelles règles permettent de définir à partir de **A*** des langages différenciés par leur syntaxe.

En ce sens, on peut dire que par l'adjonction d'une règle de fermeture, Leibniz a bien spécifié un sous-ensemble qui pourrait répondre à ce que l'on attend d'un langage formel. Mais en réalité, cette règle est a-syntaxique, et n'apporte aucune détermination supplémentaire à la concaténation des formes : en restant à ce degré zéro de la syntaxe, Leibniz se tient ici en-deça des exigences les plus abstraites qui donnent son intérêt au concept de langage formel. Ce dénuement fait que le système sur lequel va porter le calcul n'est ni une langue naturelle, ni la langue rationnelle, ni une langue formulaire comme celle des calculs logiques.

Ce qui le confirme, c'est la façon dont Leibniz inscrit dans le prolongement les unes des autres les abstractions qui écartent les distinctions vrai-faux, signifiant-non signifiant, prononçable-non prononçable. La mise entre parenthèse de la prononciation abolit les limitations contingentes liées à la capacité physique de locuteurs humains à produire les sons d'une langue. La suspension de l'opposition vrai-faux outrepasse l'abstraction légitime du formalisme : elle élimine sans doute la signification matérielle des énoncés et leur « vérité » définie en référence à un état de chose correspondant ; mais elle évince aussi toute possibilité de définir une vérité formelle à l'intérieur du système, puisque toute séquence de signes est dérivable. La même ambiguïté affecte du même coup la mise à l'écart de la distinction signifiant-non signifiant : elle permet bien sûr de suspendre toute adhésion du système aux significations reconnaissables dans les énoncés d'une langue naturelle ; mais elle vaut tout autant à l'égard des critères purement formels de signification qu'on définirait dans une langue logique. On arrive ainsi à effacer toute norme de distinction des langues entre elles, naturelles ou formelles, et par là-même entre la langue et la non-langue. C'est là *le paradoxe de l'écriture absolue*.

Or, c'est aussi justement en raison de ce paradoxe que le système supporte l'interprétation naïve du calcul : le nombre même des vérités est fini. Si toute séquence de lettre est recevable, l'effectuation d'une séquence cesse d'être un acte de langage ou d'écriture remplissant une fonction d'expression linguistique, et se réduit au déroulement monotone d'un programme qui doit inéluctablement aboutir à la répétition : il n'y a plus grande importance d'ailleurs à ce que la répétition ait lieu avant que toutes les séquences possibles aient été écrites, ou après épuisement ; de toutes façons, il y a redite.

Toute la validité supposée de l'argument doit tenir à ce que l'écriture absolue contienne comme un sous-ensemble tous les énoncés signifiants et, parmi eux, les vérités formulées dans toutes les langues que l'écriture transcrit : « Cette méthode de calcul des mots ou termes nous donne le moyen d'arriver à celui des énonciations ou des vérités ou faussetés ; ou plutôt celui-ci ne diffère de celui-là que comme *le plus du moins, le tout de la partie* » (supra, p. 45). Mais l'écriture absolue a précisément pour principe l'exclusion de toute règle permettant d'identifier en elle la présence de ce sous-ensemble ; on n'y trouve pas les moyens permettant de reconnaître quelque chose comme un rapport d'inclusion ou de dérivabilité des formules qui répondrait à la « résolution des notions » (cf. A II, 1, 413). A fortiori, il ne peut y avoir de règles sémantiques. La coïncidence des « mots » avec des vérités, quand elle a lieu, ne peut être observée que par qui sait *ce que parler veut dire,* soit par un sujet linguistique posé en tiers qui sera en mesure de choisir parmi les séquences de $\mathbf{a}^{\mathbf{L}}$ en les comparant avec les phrases construites ou constructibles dans une langue dont il maîtrise par ailleurs les règles[36]. Leibniz avoue en quelque sorte cette indétermination de $\mathbf{a}^{\mathbf{L}}$ en se bornant à conclure que le nombre de ses éléments est plus grand que celui des vérités énonçables en toute langue : mais si le nombre même des vérités n'est pas déterminé de la sorte, c'est sans doute parce qu'en réalité les « vérités » ne sont pas et ne peuvent être des éléments de $\mathbf{a}^{\mathbf{L}}$.

Autrement dit, toute la difficulté est de savoir s'il est encore légitime de conclure des propriétés du « monstre » de l'écriture absolue à celles des énoncés vrais réalisables dans une langue. Il faut, nous semble-t-il, répondre par la négative, dès lors que les séquences de lettres homologues à ces énoncés ont perdu tout ce qui pourrait les faire reconnaître comme des faits d'expression. Il est de fait que l'usage le plus ordinaire du langage comporte une part considérable de redites : « La somme des angles d'un triangle est égale à deux droits », « La Loire prend sa source au Mont-

36. Dans l'apologue borgèsien de la *Bibliothèque de Babel* « les impies affirment que le non-sens est la règle dans la Bibliothèque et que les passages raisonnables, ou seulement de la plus humble cohérence, constituent une exception quasi miraculeuse » (79).

Gerbier-des-Joncs », et, bien entendu, « Je t'aime désespérément »[37]. Rien pour autant ne limite a priori la créativité d'énoncés dotés d'une signification vraie, fausse ou probable, inédite, ni ne permet de calculer un seuil d'épuisement à partir duquel il serait vrai à la lettre que *nil dici quod non dictum sit prius.* Dans une langue réalisable, à l'encontre de ce qui se passe dans l'écriture absolue, c'est paradoxalement l'existence de règles d'exclusion et de restriction dans la génération des phrases recevables qui fonde à la fois la pluralité des idiomes et confère à chacun une virtualité indéfinie de renouvellement .

Il en résulte que le nombre de toutes les phrases formées à ce jour, dans tous les idiomes connus, et spécialement depuis l'invention de l'écriture, pour ne retenir que celles qui furent confiées à sa garde, est à coup sur fini. Il y a quelque probabilité pour qu'un énoncé produit conformément aux règles d'un de ces idiomes soit, à l'insu même de son auteur ou de ses lecteurs, la réplique d'une formule déjà dite. Plus croît la longueur des phrases et leur complexité syntaxique, plus diminue la probabilité de répétition[38] ; avec notre érudition et les moyens nouveaux de nos mémoires augmente

37. Cf. Umberto Eco, *Apostille au Nom de la Rose,* Livre de Poche, Biblio/Essais, 1988, 78-9 : « Le passé, étant donné qu'il ne peut être détruit parce que sa destruction conduit au silence, doit être revisité : avec ironie, d'une façon non innocente. Je pense à l'attitude post-moderne comme à l'attitude de celui qui aimerait une femme très cultivée et qui saurait qu'il ne peut lui dire : « Je t'aime désespérément », parce qu'il sait (et elle sait qu'il sait) que ces phrases, Barbara Cartland les a déjà écrites. Pourtant, il y a une solution. Il pourra dire : « Comme dirait Barbara Cartland, je t'aime désespérément ». Alors, en ayant évité la fausse innocence, en ayant dit clairement qu'on ne peut parler de façon innocente, celui-ci aura pourtant dit à cette femme ce qu'il voulait lui dire : qu'il l'aime et qu'il l'aime à une époque d'innocence perdue... Tous deux ayant accepté le défi du passé, du déjà dit que l'on ne peut éliminer, tous deux joueront consciemment et avec plaisir au jeu de l'ironie... Mais tous deux auront réussi une fois encore à parler d'amour ».

38. Parlant de « l'une des contributions fondamentales de... la 'linguistique cartésienne' », Noam Chomsky écrit : « L'aspect créateur de l'utilisation du langage reflète les possibilités infinies de la pensée et de l'imagination. Le langage offre des moyens finis mais des possibilités d'expressions infinies » ; suit la citation de la formule leibnizienne « les langues sont le meilleur miroir de l'esprit humain » (Chomsky (1), 56-57). Dans *La nature formelle du langage,* il précise : « L'ensemble des représentations phonétiques et sémantiques couplées, engendré par la grammaire, sera infini. Dans aucune langue humaine il n'est possible de caractériser une phrase particulière comme étant, en principe ou en fait, la plus longue phrase signifiante de la langue en question... L'utilisation normale du langage repose d'une façon essentielle sur cette absence de limite, sur le fait que le langage contient des dispositifs aptes à engendrer des phrases d'une complexité arbitraire. La répétition des phrases est exceptionnelle ; l'innovation, accordée avec la grammaire de la langue, est la règle de la performance ordinaire de chaque jour ». Cf. aussi Chomsky (2), 26 sq.

aussi notre pouvoir de recognition : « Ainsi on n'est quelquefois que le truchement des pensées, ou le porteur de la parole d'autrui, tout comme serait une lettre ; et même on l'est plus souvent qu'on ne pense » (NE II, 2, § 2). Il y a peut-être un horizon de l'*érudition humaine,* mais imprécis et fuyant : en tout cas il n'offre pas une base empirique assez délimitée pour supporter l'application d'un modèle théorique qui permettrait de calculer le degré de probabilité d'une redite à partir d'une longueur déterminée de phrase. On se consolera en avouant qu'ici comme ailleurs « ces fictions bizarres ont leur usage dans la spéculation pour bien connaître la nature de nos idées » (NE III, 6, § 22).

Paradoxe de Leibniz et paradoxe de Richard.

L'argument du *HDH* pourrait illustrer une sorte de « paradoxe du fini » qui serait jusqu'à un certain point comparable avec certains des paradoxes de l'infini : on pense évidemment à l'antinomie de Richard[39].

Celle-ci part d'une donne initiale voisine de celle de Leibniz : on forme tous les arrangements avec répétitions des 26 lettres de l'alphabet français de sorte que « tout ce qui peut s'écrire se trouvera dans le tableau ». La différence des procédés, immédiatement observable, tient d'abord à ce que Richard stipule que les arrangements soient classés en ordre alphabétique, alors que le *HDH* ne s'occupe en théorie que du nombre cardinal de tous les livres sans se soucier de leur rangement ; à supposer d'ailleurs qu'il y ait une loi (il y en a sûrement une pour Leibniz) de la succession des vérités, elle est inaccessible par des moyens finis. En outre, Richard ne pose aucune limite à la longueur des arrangements : leur ensemble ordonné est donc infini, et a la puissance du dénombrable.

On forme ensuite le sous-ensemble **E** des arrangements que l'on peut identifier comme des définitions de nombre (en français), en biffant tous les autres du tableau. Cette opération suppose une compétence élémentaire, à la fois linguistique et mathématique, qui est indépendante de la formation du tableau et s'exerce sur lui du dehors. En ce sens, elle est l'analogue de ce que postule l'argument

39. La lettre où Richard expose son paradoxe est reproduite sous la rubrique « Les principes des mathématiques et le problème des ensembles », *Revue générale des sciences pures et appliquées* 16 (1905) 541.

leibnizien : qu'on puisse reconnaître parmi les suites de lettres celles qui signifient une « vérité ». De son côté, Richard a obtenu un ensemble infini dénombrable et alphabétiquement ordonné **E**, qui est celui de « tous les nombres qu'on peut définir à l'aide d'un nombre fini de mots ». Le paradoxe est suscité par la formation d'une nouvelle suite finie de mots **G**, qui définit un nombre **N** différent par le **n**ième terme de son développement décimal du **n**ième nombre classé en **E**. D'où la contradiction : **N** « devrait donc appartenir à l'ensemble **E**. Or on a vu qu'il n'y appartient pas ».

La solution se fonde sur l'élimination du cercle vicieux qui consiste à définir avec **G** un élément d'une classe infinie par la totalité de cette classe, qui n'est elle-même définie que si cet élément y figure déjà. Autrement dit, quand l'ensemble **E** a été isolé, l'énoncé **G**, qui fait référence à **E**, ne pouvait avoir de signification numérique et a donc été biffé. Il suffit donc d'ajoindre **N**, tel que défini par **G**, à un rang quelconque de **E** : on obtient un nouvel ensemble infini dénombrable et ordonné **E'**, sur lequel l'opération peut être renouvelée de sorte qu'elle s'avère indéfiniment itérable sans contradiction aucune.

Le procédé de Leibniz exclut d'emblée l'itération infinie. $\mathbf{a}^{\mathbf{L}}$ étant fini peut sans contradiction aucune comporter des phrases, qui, interprétées, se rapportent à l'objet formel $\mathbf{a}^{\mathbf{L}}$ lui-même : *De l'Horizon de la Doctrine Humaine,* dans son texte original comme dans ses traductions dans toutes les langues connues[40] (Leibniz a commencé le même exposé en latin), est un élément en ce sens-là de $\mathbf{a}^{\mathbf{L}}$: mais d'une part, comme nous l'avons déjà soulevé, on ne peut reconnaître toutes ces versions comme autant de traductions d'un même corps de significations vraies ou fausses, que si on possède l'usage des langues que personne ne peut déduire de $\mathbf{a}^{\mathbf{L}}$. De plus, on ne reconnaît au texte la capacité de dire quelque chose de pertinent concernant $\mathbf{a}^{\mathbf{L}}$ que si cette pertinence se fonde sur des règles de syntaxe et de sémantique que la définition de $\mathbf{a}^{\mathbf{L}}$ a délibérément écartées. Le paradoxe tient cette fois à ce qu'en voulant enfermer les capacités de toute langue en général dans un système fini et calculable, on a du abolir de fait sa capacité proprement linguistique.

On pourrait en revanche assimiler à l'énoncé **G** de Richard

40. La Bibliothèque borgésienne contient évidemment « la traduction de chaque livre dans toutes les langues, les interpolations de chaque livre dans tous les livres », Borges (2), 76.

l'écriture tout au long de la « 7.300.000.000.000 dignité du dénaire » à l'aide de chiffres (« 1 » suivi d'autant de « 0 » qu'il en faut). Mais cette suite de chiffres n'est évidemment pas un élément de $\mathbf{a}^{L}$: si nous la transposions en lettres sous la forme « unzérozéro-zéro... », sa longueur dépasserait alors celle des livres les plus longs admis par $\mathbf{a}^{L}$, et on ne pourrait à son tour la considérer comme un livre qu'en reformulant la règle de fermeture, ou en l'abrogeant. Leibniz se garde bien d'envisager cet amendement ; la confection de la formule chiffrée du nombre de tous les livres n'est pas le livre de tous les livres, ni le plus grand des livres. Elle n'est pas un livre du tout et figure seulement, dans le métalangage de $\mathbf{a}^{L}$, le caractère fini d'un nombre qu'on peut écrire sans avoir à écrire pour autant les livres mêmes qu'il dénombre.

§ 8. Quel peut donc être, puisque fiction il y a, son « usage dans la spéculation » ? Il convient de revenir à la distinction de deux niveaux d'interprétation de l'art combinatoire et des usages que Leibniz en attend. Dès la parution de l'opuscule de 1666, il signalait à un correspondant que le titre adopté n'était là que pour plaire aux oreilles d'un public ayant perçu les bruits de l'artifice de Lulle et de la promesse de Kircher ; mais à y regarder de plus près, on reconnaîtra qu'il s'agit plutôt de la « clé de toutes les sciences » ct que « la logique inventive universelle est contenue dans ses préceptes » (A II, 1 5).

Tous les textes immédiatement postérieurs portent le même témoignage : il s'agit bien des prémices d'un *ars inveniendi,* dont la fonction n'est pas de répertorier, inventorier, mettre en catalogues les vérités acquises, mais bien d'en inventer de *nouvelles.* Avant donc que d'anticiper la clôture virtuelle du savoir, en achevant le décompte analytique de ses éléments, il est question de produire ce savoir en acte, en établissant les règles de son engendrement synthétique. Car la combinatoire n'est pas essentiellement le moyen de déterminer « le nombre des variations possibles », ce qui aurait pour effet de la subordonner à la science des nombres et, partant, à l'algèbre ; mais elle est tout autrement la science des formes semblables et dissemblables, en quoi elle diffère peu de la science caractéristique générale qui donne leurs signes à l'algèbre, à la musique et à la logique même (GM 4, 459-460) ; elle relève de la qualité, non de la quantité, sauf par ses applications arithmétiques les plus restreintes et banales ; elle traite des formes des choses ou des formules en général (GP 7, 297-298 ; C 349). L'idée de combinatoire est constamment associée à celle de la synthèse, dont les « lois » s'interprètent aussi bien dans la production des choses que dans la formation du savoir : elle « montre comment les différentes espèces procèdent de manière ordonnée des genres suprêmes composés entre eux, et comment les théorèmes naissent en joignant les définitions entre elles et avec les axiomes, observations et hypothèses » (C 159). En cela, et parce que la notion de forme enveloppe l'origine des choses et la constitution des sciences, on peut dire que « la vraie métaphysique n'est guère différente de l'Art d'inventer en général... C'est parce que l'idée de Dieu renferme en elle l'Être absolu, c'est-à-dire ce qu'il y a de simple en nos pensées, dont tout ce que nous pensons prend son origine » (GP 4).

De sorte qu'en fin de compte, si « la Combinatoire traite du calcul en général ou des marques (*notae*) ou caractères universels » (C 556), ce n'est pas pour en décompter les figures, mais bien pour un usage « le plus important qui est d'écrire l'Encyclopédie » (C 164) : « le dictionnaire formé à partir de l'alphabet des pensées humaines » fournirait certes les prédicaments d'un art combinatoire universel, mais il n'est pas question alors de clôture ou d'horizon, au contraire : « Comme *il y a une infinité de propositions possibles,* il faut principalement consigner les théorèmes les plus beaux, c'est-à-dire ceux dont quelque chose de fort bref résulte de leur grande multitude et dispersion. De même y a-t-il une infinité de séries complètes de théorèmes... ». Le champ de l'Encyclopédie est présomptivement infini : la combinatoire examine et dénombre les règles de formation des propositions plutôt que l'ensemble même de ces propositions, qui demeure ouvert à l'innovation et à la trouvaille. C'est pourquoi, comme l'écrit excellemment Klaus-Rüdiger Wörhrmann, « une fixation absolue d'un nombre fini d'éléments premiers irait diamétralement à l'encontre de l'intérêt conducteur de l'art d'inventer : rendre possible de trouver du nouveau ». Toutefois, plutôt que d'en inférer que, dans le *HDH,* « Leibniz semble réduire à l'absurde son idée de la combinatoire comme méthode de connaissance »[41], il me paraît qu'il convient de déplacer l'accent en dissociant, comme Leibniz lui-même y invite, la portée inventive de la combinatoire de toute application restreinte aux seuls dénombrements. En fait le *HDH* et, on va le voir, les textes qui lui font suite plus encore, invitent à écarter, après examen, l'hypothèse selon laquelle le stock des vérités à énoncer viendrait à s'épuiser. En cas de saturation des possibilités de variation offertes par un ensemble de formules, la Combinatoire

41. Wöhrmann, 43. Nous devons beaucoup aux analyses de cette remarquable étude.

comme logique de l'invention y pourvoierait soit par l'établissement d'un nouveau code, soit par une interprétation inédite des caractères existants, en y actualisant de nouvelles « expressions ». S'il y a dans la théorie logique de Leibniz une idée de la « définitude » d'un système, elle ne s'y exprime pas plus que pour nous par l'énumération finie et achevée des thèses du système, mais par l'exigence d'une méthode de décision, comme l'indique d'autre part Hans Hermes.

L'*Horizon de la Doctrine Humaine* ne récuse finalement l'hypothèse de la répétition que par des allusions encore latérales à des arguments métaphysiques : elles s'expliciteront dans les extensions ultérieures de la problématique. L'inéluctabilité de la redite « ne laisse pas de choquer l'harmonie des choses » : il faudra donc que le genre humain ou ne dure pas toujours, ou ne reste pas en l'état où il est présentement. En attendant, ce n'est pas un « *non plus ultra* », selon la formule utilisée (supra, p. 41), qui peut servir à guider et à ordonner le cours des sciences. Plutôt que de craindre arriver trop vite au terme, il nous faut mieux profiter de nos ressources ; ce qui menace, ce n'est pas tant l'achèvement proche, mais la dispersion et la perte inutile du temps : « les livres allant toujours croître, on s'ennuiera de leur confusion » (GP 7, 162) : « si le monde dure encore mille ans, et qu'on écrive autant de livres qu'aujourd'hui, je crains qu'on ne fasse des villes entières de bibliothèques ». Mais il est possible d'échapper à l'envahissement qui serait comme un début de réalisation de la prolifération imaginée par Guldin à l'appui de ses dénombrements ; nous en connaissons le moyen, à l'aide des raccourcis et des abrégés qui font gagner le temps autant que l'espace, par la mise au point des Répertoires et l'entreprise de l'Encyclopédie ; celle-ci trie, élimine, réduit et par là-même *fait place* : « Il faudrait se féliciter aujourd'hui si on extrayait de chaque livre par des jugements d'experts tout juste ce par quoi l'auteur a accru le trésor de la doctrine humaine pour ajouter quelque chose à l'héritage des prédécesseurs. Par ce seul moyen serait réduit à un étroit passage l'immense océan, où autrement la curiosité du genre humain sera finalement engloutie. Car autrement, si l'on continue ainsi dans une telle facilité à imprimer des livres, un jour ni les maisons ni les rues ne suffiront aux bibliothèques, mais à peine des villes entières »[42].

42. Textes cités par Davillé, 450, note 5. Le premier se trouve dans Feller : *Otium Hanoveranum sive Miscellanea ex ore et schedis... G.G. Leibnitii...*, Leipzig 1718, 422 ; le second figure dans les *Annales Imperii,* Ann. 949, § 16 (Ed. Pertz, II, 1845, 575).

Or, « on ne peut nier que notre siècle surpasse tous les précédents dans la connaissance de la nature » (GP 7, 131), et qu'en cela il peut aussi « faire la récolte pour tous les autres », « finir les disputes, et accomplir en peu de temps des grands progrès » (ibid., 174) : l'urgence d'entreprendre, d'inventer et de faire de « nouvelles ouvertures » ne laisse pas de place au sentiment qu'un jour, tout cela serait achevé, d'autant qu'à cet égard, nous « sommes dans l'enfance du monde » (Grua, 272) et « nous ne faisons que commencer » (Dutens V, 207). La maxime de l'avancement des sciences est d'« abréger le temps » pour « obtenir en peu d'années ce qui ne serait autrement qu'un fruit de plusieurs siècles » (GP 7, 177 ; cf. 68 et GM 7, 325). *Plus Ultra* est l'un des titres de la Science Générale qui sert à l'instauration et à l'augmentation des sciences, au perfectionnement de l'esprit et à l'invention qui sert le bonheur public (GP 7, 49) : c'est que nous sommes au siècle qui méritera peut-être « le surnom de siècle d'inventions et de merveilles » (GP 7, 163). Puisque « la plus précieuse de toutes les choses est le temps » NE IV, 8, § 9), que sa perte « est la plus inestimable » (C 332), ce n'est pas une rêverie de crépuscule qui nous livrera à la mélancolie d'être trop tard venus : un autre titre des préludes à la Science Générale est : *Aurora* (GP 7, 54).

— II —

§ 9. L'*Horizon de la Doctrine Humaine* a fait abstraction du « temps effectif »[1] pour conclure en général à un moment futur indéterminé où il n'y aurait plus qu'à redire. L'allure que peut épouser l'histoire des vérités n'est pas davantage thématisée ; toute nouvelle énonciation, qui actualise une suite alphabétique possible encore inédite, semble venir occuper une place sur un tableau fini où il ne restera « un jour » plus aucun espace disponible. Le rythme et le parcours de ce remplissement demeurent quelconques.

C'est pourtant le passage de la Combinatoire à l'histoire qui va mener l'argument à ses suites et en révéler, du même coup, la signification entière et la portée. Si on les ordonne selon la plus

1. La notion du temps effectif est définie dans la Correspondance avec Clarke, *5e Écrit,* § 27 (GP 7, 395). Elle oppose le temps concret, inséparable des événements, différencié et hétérogène au temps idéal conçu comme ordre abstrait des successifs ; cf. Breger, 49 sq.

vraisemblable chronologie, celle que nous avons suivie pour les éditer, les différents morceaux permettent d'observer comment se précise et se déplace un double rapport à la vie des hommes, considérée alternativement dans l'unité du « genre » et dans la singularité des individus. Le premier fragment détaillé (n° II) semble, en l'état d'inachèvement où il se trouve, assumer sans réserves l'épuisement à venir de la « doctrine » : celui-ci surviendrait au cours de la vie finie des hommes dans le temps (car « il ne s'agit point ici de l'autre vie ») et quand bien même « il y aurait une infinité d'hommes qui par toute une éternité se relevassent… ». L'opuscule principal de 1693 rejette cette dernière supposition en concluant que « l'état présent du genre humain ne durera pas assez pour cela ». Le début parfaitement mûri de la reprise en latin (n° IV) fait apparaître pour la première fois, en élargissant la « doctrine » à l'« action », une conséquence décisive : supposées atteintes les limites du langage écrit, des hommes *nouveaux,* et donc *autres,* passeraient sensiblement la *même vie* que d'autres ont déjà vécue. Le fragment de 1701 (n° V) déplace l'accent : mentionnant cette fois l'hypothèse d'un temps où le *genre* humain ne subsisterait plus, Leibniz admet inversement l'hypothèse du retour du *même* homme *individuel* selon les périodes d'un progrès compatible avec des phases de recul, dans des vies si peu que ce soient *différenciées. Tantôt, autres hommes, mêmes vies (à peu près) ; ici, mêmes hommes, vies autres (imperceptiblement).* Ce chiasme renouvelle un problème aussi vieux que l'idée du Retour : l'identité des êtres qui se répètent dans un temps cyclique est-elle une identité numérique ou celle d'une espèce infime liant des individus très semblables[2] ? Quand il revient enfin, en 1715, à ce sujet de méditation, Leibniz n'hésite pas à choisir pour la première ébauche qu'il rédige d'un trait hâtif le titre d'Ἀποκατάστασις πάντων. Il *répète* ainsi un vocable ancien, porteur d'acceptions cosmologiques et théologiques disputées, sans rien ignorer non plus de son histoire. Mais en le répétant, il le renouvelle. Décidément, ce ne sont pas encore ces feuilles qui pourront accréditer l'idée si peu leibnizienne que les temps seraient mûrs où « rien ne serait dit qui n'ait déjà été dit auparavant ».

2. Cf. Vuillemin, chap. IV, 91 sq. Le problème est très bien formulé dans Simplicius, *Commentaire de la 'Physique' d'Aristote* : « Cette question vient bien à propos de la palingénésie des Stoïciens. Ceux-ci disent, en effet, que par la palingénésie renaîtra un homme qui est le même que moi ; aussi se demandent-ils fort justement si je serai alors numériquement le même que maintenant, si je serai le même par une identité essentielle, ou bien si je serai différent par le fait de mon insertion dans un univers autre que celui-ci » (texte cité par Duhem, tome 1, 278).

§ 10. Le sens à donner à la reprise leibnizienne du mot d'Apokatastasis se forme au confluent des paradoxes de l'écriture absolue et des conceptions historiographiques de Leibniz.

Les deux versions du texte considèrent comme résolu sans nouvelle discussion le problème général de la calculabilité du nombre des énoncés portés à la longueur de livres entiers, et se placent d'emblée, avec une indifférence souveraine, par-delà les précisions et précautions qui occupaient l'opuscule de 1693, au point d'en brouiller le trait. Donc on sait que le nombre des livres contenant cent millions de lettres est fini, et on sait le calculer : « Soit N ce nombre ». Si les annales de l'histoire d'une année quelconque du monde peuvent être écrites sans dépasser les dimensions de ces livres, le nombre des annales est inférieur à N, donc fini. Même raisonnement si on accroît l'étendue des livres de façon à joindre aux annales les « Vies » des hommes illustres ou obscurs. Accordons-nous 10^{23} caractères, le nombre des livres sera Q : le nombre des livres d'histoire associant, pour une année courante, vie publique et vies privées, sera inférieur à Q, donc fini. La détermination exacte de N et de Q est à ce point indifférente à Leibniz qu'on ne s'étonnera pas qu'il se soit quelque peu égaré dans le maniement de ses « millionionions » : cela n'a, à vrai dire, aucune importance.

Ce qui en a une, en revanche, c'est le déplacement de la règle de correspondance que le *HDH* supposait entre énonciations et vérités : « Supposé qu'un jour rien ne soit dit qui n'ait été dit auparavant, il faut qu'il y ait aussi un temps où reviennent aussi les mêmes événements et où rien n'arrive qui ne soit arrivé auparavant, car *les faits offrent la matière aux discours* » (supra, p. 57). On traite donc désormais d'un sous-ensemble de tous les livres possibles, les « Histoires », *historiae rerum gestarum,* répondant à un sous-ensemble des vérités, soit les vérités contingentes des faits et événements eux-mêmes rapportés dans ces livres, *res gestae.* Le premier choix suppose comme un classement entre les livres selon les matières, activité bibliothécaire d'enregistrement et de catalogue. La confection de bons Index fait d'une Bibliothèque une Encyclopédie réalisée, et l'avantage « au-dedans » quand bien même elle ne croîtrait plus « par dehors » (Klopp 4, 426) ; on évitera la malédiction que Guldin évoquait avec complaisance et qui ferait que des villes entière seraient faites de bibliothèques. Un bon classement épargne le terrain et fait gagner la place en mettant chaque livre à la sienne : soit donc, de ce côté, le département des livres d'Histoire, où une Bibliothèque, outre « magasin de science », est aussi « comme un Archive imprimé ». Les étagères de cette section de la bibliothèque sont loin de porter déjà tout ce qu'ils devraient accueillir, et « une Bibliothèque, quelque belle qu'elle soit, ne peut se conserver si on n'a soin de l'augmenter » ; il reste pourtant qu'en droit, elle n'est pas indéfiniment extensible et qu'un jour elle ne pourra plus recevoir de nouvelles Histoires qui ne soient la reproduction d'ouvrages qui figurent déjà dans le fond[3].

La seconde opération est d'ordre épistémologique et procède d'abord par division : toute proposition singulière est « histoire », par opposition aux propositions universelles contingentes dépendant de l'induction (ce sont les « observations ») comme aux propositions universelles nécessaires et démontrables (qui relèvent de la « science ») (*Nova Methodus* I, § 32, Dutens V, 2, 176). Mais comme « l'histoire est la mère des observations » (§ 33), on aura plutôt d'un côté les théorèmes déduits par la seule raison, et de l'autre les propositions qui se rapportent immédiatement ou médiatement aux faits connus par les sens, lesquels ne livrent que des choses singulières : est singulière toute proposition « dont la vérité est d'exister, d'avoir existé ou de devoir exister en temps et lieu déterminés » (A VI, 2, 397). Cette division faite, l'histoire se définit par l'énumération des domaines variés de la singularité : « La Philosophie est l'ensemble (*complexus*) des doctrines universelles, elle s'oppose à l'Histoire qui est celui des doctrines singulières » (Bod. 112).

La distinction entre la sagesse de Dieu et sa volonté fonde la séparation entre l'Histoire de la nature, où s'exhibe la première, et l'Histoire civile, y compris la sacrée, qui manifeste la seconde.

3. « Mais une Bibliothèque, quelque belle qu'elle soit, ne peut se conserver, si l'on n'a soin de l'augmenter. On met tous les jours en lumière les plus beaux ouvrages de Théologie, de Jurisprudence, de Physique, de Mathématiques et autres curiosités, qui sont produits ou par la recherche de la nature, ou par les expériences dans les choses politiques, ou par les méditations des habiles gens ; et nous pouvons dire avec vérité que nous ne faisons que commencer, et que nous avons à peine en ce siècle trouvé les premières ouvertures, pour la connaissance de la nature, et du système du grand et du petit monde. Aussi n'y a-t-il pas longtemps qu'on fait une exacte recherche des histoires ; d'où l'on conclut, que les Bibliothèques des grands Princes peuvent devenir imparfaites, si on ne les augmente proportionnellement à leur grandeur » (Dutens V, 207). — Sur les conceptions leibniziennes de la division des connaissances appliquée au classement d'une bibliothèque, voir K. Löffler, « Leibniz als Bibliothekar », *Zeitschrift für Bücherfreunde* 9 (1917), 95-100, et C.H. Ott, « Zur Entstehung der Dezimalklassifikation », *Zentralblatt für Bibliothekwesen* 66 (1952), 259-264.

L'*Histoire universelle* les comprend toutes deux, pour autant qu'elle rassemble toutes les propositions reposant sur les sens (Klopp, 1, 51) ; qu'on énumère les Histoires, et on trouvera : celle « des lieux (géographie), des temps (chronologie), des hommes (Vies), des familles (généalogies), des États, de l'accroissement des arts et des sciences (histoire littéraire),... des religions, de la migration des peuples, des changements de disposition des corps, des âmes, les histoires des animaux, des plantes, des étoiles, et... de sorte pourtant que toutes paraissent être comme les parties d'une unique Histoire universelle déployée dans l'ordre des temps, qui seule connecte entre elles et avec l'univers toutes les causes de toutes choses, mise à part l'histoire naturelle des espèces, qui est perpétuellement semblable à elle-même et ne dépend pas du cours du temps » (Lettre à Bose, 6 octobre 1670, A I, 1, 103). Qu'on définisse l'utilité de l'histoire pour « le progrès de nos lumières » et à l'usage « des personnes éclairées et de bonne intention », alors l'histoire seulement humaine comprendra « l'Histoire universelle des temps, la Géographie des lieux, la recherche des antiquités et anciens monuments,... la connaissance des langues et ce qu'on appelle la philologie,... l'histoire littéraire qui nous apprend le progrès de nos connaissances,... celle des coutumes et des lois positives, dont les principales sont les lois romaines qui servent de fondement à la jurisprudence privée et publique reçue aujourd'hui, outre les lois fondamentales des États, avec les blasons, généalogies et controverses illustres ou prétentions des princes dont il est bon d'être informé, non pas tant que ces choses soient bonnes en elles-mêmes, que parce qu'elles causent de grandes révolutions qui nous enveloppent et qui intéressent les sociétés dont nous faisons partie..., l'histoire des religions, et surtout celle de la véritable religion révélée, avec l'histoire ecclésiastique... » (*Mémoire pour des personnes éclairées et de bonne intention,* 1692, Klopp, 10, 13).

C'est là sans doute un champ de la connaissance historique encore trop vaste pour y trouver l'interprétation de l'argument qui conduit à la conséquence de l'Apokatastasis. Celui-ci repose en effet sur une correspondance plus restreintes entre les « gestes » et les « dits », qui permet de conclure du « *nihil dici quod non dictum sit prius* » à un « *nihil fieri quod non factum sit prius* ». Si « les choses qui arrivent offrent la matière aux discours », c'est aussi le genre humain « en son état présent » qui est susceptible « d'offrir la matière des histoires publiques », comme les individus fournissent celle de leur propre histoire[4]. Dans les deux cas, la matière est manifestement apportée par les événements qui intéressent le cours du monde, la marches des États et des peuples, les existences des familles et des personnes privées, dans ce qui les rend dignes d'être consignés et conservés pour mémoire. Il semble que Leibniz touche au plus près le caractère événementiel des Histoires décomptées pour servir la thèse de l'Apokatastasis avec la notion d'« *histoire mémorable* » : « Une histoire mémorable peut être placée dans les annales de l'histoire universelle, dans l'histoire du pays où elle est arrivée, et dans l'histoire de la vie d'un homme qui s'y est intéressé » (NE IV, 21, § 4) ; leur suite forme « ce roman de la vie humaine qui fait l'histoire universelle du genre humain » (Théodicée § 149) ; et ce sont les ensembles annuels de ces histoires qui donnent matière aux livres dont le calcul atteste a priori le nombre fini : c'est donc à elles aussi que s'applique la conséquence qui conclut au retour des mêmes histoires à partir de l'épuisement des livres d'Histoire.

Cette conclusion emprunte encore quelque chose d'essentiel à la *pratique d'historien* qui a été celle de Leibniz, et telle qu'il l'a à la fois accomplie et réfléchie. De l'histoire de la Maison Guelfe, travail commandé entrepris en 1685 et qui l'occupera jusqu'à ses derniers jours, il s'est plaint comme d'une obligation contrainte l'écartant de son « but principal », et dont l'ennui lui faisait sentir, comme un rocher de Sisyphe, le temps s'évanouir entre ses mains[5]. Mais il s'y est appliqué pourtant avec un zèle de conscience et de méthode, qui fait que cette tâche ingrate fut encore l'occasion de donner des marques de l'esprit créateur.

Or il est caractéristique de la constitution du fait historique tel que Leibniz le construit d'être déjà livré à l'historien comme *fait de langue*. Les *res gestae* se donnent moins au travers des sources narratives et des témoignages qui en livreraient l'événementialité, que sous la forme élaborée de textes codifiés. « Les tables

4. Par exemple, lettre à Ezechiel Spanheim, du 30 novembre 1694, où Leibniz évoque l'histoire à faire de Frédéric III de Brandeburg, futur Roi de Prusse : « Je lui souhaiterais un Historien d'un mérite proportionné à la grandeur de la matière..., c'est-à-dire qui excellât également dans la connaissance des affaires et dans l'art de les transmettre à la postérité et d'immortaliser les Héros... Je m'imagine que sur l'Histoire dont ce grand Prince fournirait la matière, je pourrais proposer une façon qui ne déplairait pas ; et j'entrerai dans le détail, si vous le trouvez à propos » (A I, 10, 633-634).

5. Lettre à Adam Adamandus Kochanski, janvier 1693 (A I, 9, 266) ; « Tempus e manibus evanescere sentio ». Voir Couturat, *Logique,* note IV : « Sur les distractions de Leibniz », 574-576.

d'actes publics sont la partie la plus certaine de l'histoire, par lesquels de même que par les médailles et les inscriptions lapidaires la créance des choses est transmise à la postérité. Et une fois inventée l'imprimerie, il est arrivé qu'on a fait plus sûrement crédit au papier qu'aux pierres et aux métaux » (*Codex juris gentium diplomaticum,* Dissert. I, § III, Dutens IV, 3, 289). De là les énumérations constamment répétées et variées dans la Correspondance, chaque fois que Leibniz identifie les faits historiques avec les « monuments » qui en sont les plus fidèles dépôts : les diplômes qui consignent les pactes entre les princes, les transactions, les traités de paix et d'alliance, les contrats de mariage avec les instruments de dotation, les testaments et actes d'adoption, d'investiture ou d'hommage, ls arbitrages, les sentences fameuses, les cessions de royaumes, de principautés ou de dignités, les abdications et les capitulations, les règlements des sociétés et des ordres (A I, 9, 315, 249, 267 ...). L'historien est d'abord archiviste parce que la réalité même des faits dont il ordonne la recollection est constituée par le dépôt des *actes* : il y a ainsi entière adéquation des faits aux discours, parce que les faits dignes d'entrer dans l'Histoire sont déjà choses écrites. Il y a là, semble-t-il, un présupposé majeur qui sous-tend fortement toute la construction argumentative de l'*AP* : ce n'est pas seulement que nous ne pouvons guère penser sans caractères, c'est qu'ici *ce que* nous avons à penser, reconnaître, décrire, ordonner en récit, est déjà de part en part fait de mots. D'où, avec l'épuisement prévisible de la Bibliothèque des Histoires, la nécessité aperçue du Retour[6].

§ 11. Quand Leibniz choisit l'intitulé d'Ἀποκατάστασις πάντων, la locution ne peut pas ne pas entraîner avec elle les marques qui l'associent à ses emplois les plus récents, dont évidemment celui fait par Petersen, auquel Leibniz a prêté une oreille plus qu'indulgente. On a pu lire dans notre Introduction et nos notes quelques indications à ce sujet. En professant la doctrine de la Restitution universelle, éradication ultime et définitive du mal, de la souffrance, du péché et de la mort même, le Salut enfin de toutes

6. Cf. Borges (2), 81 : « ... Il n'est pas illogique de penser que le monde est infini... L'imaginer sans limite, c'est oublier que n'est point sans limite le nombre des livres possibles, antique problème où j'insinue cette solution : la Bibliothèque est illimitée et périodique. S'il y avait un voyageur pour la traverser dans un sens quelconque, les siècles finiraient par lui apprendre que les mêmes volumes se répètent toujours dans le même désordre, qui, répété, deviendrait un ordre : l'Ordre ».

les créatures réconciliées avec la Bonté infinie de Dieu, Petersen reprend d'Origène et la thèse et sa dénomination. Il ne saurait être question de tracer ici l'histoire de l'origénisme ; quelques repères doivent suffire à éclairer la transformation que Leibniz opère, comme souvent, sur un vocabulaire qu'il s'approprie à ses fins[7]. A titre préliminaire, on fera observer que si Leibniz avait publié (ce qu'il ne semble aucunement avoir envisagé) son opuscule de 1715, il n'y a pas de doute qu'au vu du titre les lecteurs se seraient attendus à un exposé ou une déclaration d'origénisme, qui au demeurant n'eût pas été entièrement invraisemblable de la part de l'auteur de la *Théodicée.* Mais en entrant dans la lecture du texte, ils auraient dû découvrir que sous le nom d'Apokatastasis, Leibniz développait *ex hypothesi* une conception du retour cyclique de l'histoire du monde et des êtres individuels qu'Origène a précisément rejetée avec la plus grande vigueur. Cependant dans la mesure où Leibniz, pour des raisons qui tiennent aux principes les plus profonds de sa métaphysique, rejette lui aussi cette conception, tout se passe finalement comme s'il avait voulu plaider en faveur d'un quasi-origénisme philosophique, purifié des naïvetés et des inconséquences qui font à ses yeux la faiblesse originelle de l'origénisme historique.

Dans la lettre à Overbeck du 17 juin 1715, Leibniz emploie, plutôt que celui d'Apocatastase, les termes de « révolution » et de « palingénésie » (supra, p. 87). Or, depuis Platon au moins l'idée de palingénésie recouvre deux thèses solidaires dont la tradition ultérieure n'a pas toujours reconnu le lien, soit qu'elle l'ait oublié, soit qu'elle l'ait reçu comme allant de soi sans explication : il y a renaissance des âmes individuelles et il y en a une de l'univers. Selon les contextes, la manière dont se fait le Retour, la justification et la portée qui lui sont reconnues, sont tantôt les mêmes qu'il s'agisse des individus ou du Tout ; tantôt elles divergent, voire s'opposent. Les possibilités de variation systématique qu'offre ce schéma définissent aussi à grands traits le lieu où Leibniz se confronte à Origène dans le réemploi d'Ἀποκατάστασις.

7. La référence contemporaine est fournie par les *Origeniana* de Daniel Huet, longue Introduction historique et dogmatique à l'œuvre d'Origène, en tête de son édition : *Origenis commentaria in sacram Scripturam...*, 2 vol. Paris, 1668, rééd. Rouen 1679 (cette Introduction est reproduite avant les œuvres d'Origène dans la *Patrologie grecque* de Migne, tome 17, 1857). L'apokatastasis est traitée au Lib. II, cap. II, Quaest. XI, § XVI (Migne, col. 1023-1026).

8. Leisegang, art. « Palingenesia » de la *Realenzylopädie* de Pauly-Wissowa.

Origène lui-même avait d'ailleurs déjà conféré à ce vocable une signification inédite qui lui était propre. On peut dire qu'en cela « la doctrine est première par rapport au mot qui l'exprime... Il (lui) appartenait d'attacher (ἀποκατάστασις) à ses idées les plus hardies et de faire d'un mot biblique un titre de chapitre dans l'histoire des hérésies »[9] . Origène trouve le *mot* dans les *Actes des Apôtres,* 3, 20-21 : « Le Seigneur enverra le Christ qui vous a été destiné, Jésus celui que le Ciel doit garder jusqu'aux temps de la restauration universelle (ἀποκατάστασις τῶν πάντων) dont Dieu a parlé par la bouche de ses saints prophètes ». Mais il l'interprète à la lumière de sa lecture personnelle de la *Première Épître aux Corinthiens,* 15, 22-28 et de l'*Épître aux Romains,* 8, 19-25 : il y trouve l'assurance qu'à la fin des temps, quand « tous revivront dans le Christ », et que le « dernier ennemi », la mort, sera aussi détruit, toutes les créatures libérées de la servitude de la corruption entreront « dans la gloire des enfants de Dieu » ; de sorte que la locution qui clôt le premier de ces passages : « afin que Dieu soit tout en tous », devient la formule-clé de l'apocatastase origéniste, comme elle se retrouvera avec la même insistance chez Petersen[9bis].

Origène rappelle à l'occasion telles des acceptions d'ἀποκατάστασις dans la langue commune, qui se ramènent à l'idée d'un « retour à ce qui nous appartient en propre » : ainsi dit-on qu'il y a « apocatastase » quand le médecin remet en place un membre déboîté de son articulation, quand un exilé rentre dans sa patrie, quand un soldat destitué est réintégré dans son rang[10]. De là s'opère l'extension qui transpose le terme à l'expression du rétablissement final de toutes les créatures raisonnables dans l'état primitif de pureté précédant la chute, conformément à la circularité qui fait que « toujours, en effet, la fin est semblable aux débuts ». Cette destination est atteinte avec l'éradication complète du mal et la communauté parfaite de tous en Dieu, dont le Diable même ne saurait être exclu : cet état final est la Restauration universelle : « La fin qui sera restauration d'après le principe, et l'issue des choses, qui sera ressemblance avec leur début, rétabliront l'état dont la nature douée de raison jouissait au temps où elle n'avait pas besoin de manger de l'arbre de la connaissance du bien et du mal ; alors le sens du mal

9. Cf. Méhat, 213-4.

9bis. La formule « que Dieu est tout en tous » est utilisée par Leibniz dans le *Discours de Métaphysique,* art. XXXII, en dehors de toute acception eschatologique et pour marquer la dépendance actuelle et ordinaire des substances créées à l'égard de Dieu.

10. *Homélie sur Jérémie,* 14-18, texte cité par Méhat, 200.

tout entier sera rejeté et chassé pour faire face à l'intégrité et à la pureté, et seul Dieu, le Dieu unique et bon, sera 'tout' pour l'être doué de raison, et non dans un plus ou moins grand nombre d'êtres, mais de façon à être lui-même 'tout en tous', lorsqu'il n'y aura nulle part la 'mort', nulle part 'l'aiguillon de la mort', absolument nulle part le mal : alors oui, vraiment, Dieu sera 'tout en tous' »[11].

Mais ce n'est pas tout : s'il y a, pour tous les êtres spirituels, un progrès d'éducation et d'illumination qui les approche de Dieu et les absorbe finalement, sans exception, dans la Bonté, Origène affirme avec autant de conviction la liberté, sans exception, des créatures que Dieu ne contraint pas au salut. Celles-ci peuvent donc toujours choisir encore le mal : de là une alternance de chutes et de remontées dans une succession périodique de l'univers, qu'Origène affirme moins comme thèse doctrinale qu'il ne suggère comme issue toujours ouverte : « Puisque, ainsi que nous l'avons dit souvent, l'âme est immortelle et éternelle, il est possible que, dans des périodes nombreuses et sans fin, à travers des siècles divers et sans mesure, l'âme descende du sommet du bien au fond du mal, ou bien qu'elle soit réintégrée depuis les degrés les plus bas du mal jusqu'aux degrés supérieurs du bien »[12].

Peut-être y a-t-il, comme on l'a dit, « un certain illogisme » dans cette combinaison d'un état dernier « définitif » et d'un cours cyclique toujours ouvert, faute sans doute pour Origène d'avoir su concilier, selon Jean Daniélou, amour de Dieu et liberté humaine[13]. L'essentiel toutefois pour ce qui nous intéresse ici est que la succession des mondes, suivant les phases de rechutes et de nouveaux progrès des âmes, ne peut être conçue non plus comme un éternel Retour du même, qu'Origène récuse formellement, comme aussi contraire à la liberté spirituelle : « Si on parle d'un monde semblable en tout à un autre monde, il adviendra qu'Adam et Ève feront de nouveau ce qu'ils ont déjà fait : il y aura de nouveau le déluge ; le même Moïse conduira de nouveau hors d'Égypte un peuple de six cent mille personnes ; Judas trahira une seconde fois le Seigneur ; Paul gardera une seconde fois les vêtements de ceux qui trahiront Étienne ; et il faudra que tout ce qui a été déjà dans cette vie soit refait une seconde fois : je ne pense pas que cela puisse être prouvé par un raisonnement, puisque les âmes se meu-

11. *Traité des Principes,* I, 6, 1-3, puis III, 6, 3, trad. par Marguerite Harl, Gilles Dorival, Alain Le Boulluec, Paris, 1976.
12. Ibid., III, 1, 23.
13. Luneau, 121 et Daniélou, 282-283.

vent selon leur libre-arbitre et entretiennent leurs progrès ou leur recul selon le pouvoir de leur volonté. Les âmes ne sont pas mues par quelque mouvement circulaire se déroulant selon les mêmes cercles au cours de multiples siècles... » De là on peut conclure à une forme non identitaire de la succession des mondes : « Il me paraît impossible qu'un monde puisse recommencer une seconde fois, avec le même ordre et les mêmes caractéristiques pour ceux qui naissent et qui meurent et pour ceux qui agissent. Il se peut en revanche que des mondes divers existent, avec des changements considérables : par certains effets manifestes, l'état d'un monde peut être meilleur que celui d'un autre monde ; par d'autres aspects, il peut être inférieur ; et pour d'autres encore équivalent. J'avoue ne pas savoir quel nombre et quels types de mondes cela peut être »[14].

Ce qu'Origène rejette de la sorte, c'est donc l'interprétation stoïcienne tardive, selon laquelle après chaque conflagration embrasant l'univers, le même monde se reproduirait dans le même ordre des événements, du commencement à la fin, thèse ridicule s'il en est, même si ses défenseurs cherchent à l'accommoder à plus de vraisemblance en la restreignant à la périodicité d'individus très semblables, mais non numériquement identiques : « Je ne sais pas comment le monde est toujours le même, non un monde tout semblable à un autre, tandis que les choses qu'il renferme ne sont pas les mêmes, mais toutes semblables »[15]. Jamais Origène n'emploie le terme d'Ἀποκατάστασις pour désigner la répétition du même ou du semblable : il ne désigne pour lui que la thèse qui l'exclut, non le Retour, mais la Fin.

D'une certaine manière en effet, l'emploi origéniste ne fait que transposer et généraliser en doctrine du salut la signification première d'un mot dont le premier usage semble être celui qu'en faisait Aristote dans l'*Éthique à Eudème* (II, 7, 1204 b 36, 1205 a 4, b 11) : le plaisir est la restauration dans l'état naturel. D'un autre côté cependant, le même mot est entré aisément dans le vocabulaire de l'astronomie pour désigner le retour périodique d'un ou plusieurs astres à un point déterminé de leur trajectoire, d'où, spécialement, la reproduction intégrale du même état du Ciel au terme de la Grande Année[16]. Si l'on admet en outre ce que Leibniz appelle

14. Ibid., II, 3, 4.

15. *Contre Celse,* V, 20 ; cf. aussi VIII, 72. Éd. avec Introduction, texte critique, traduction et notes par Marcel Borret, Paris, 1968-1969.

16. Voir Mugler, *Dictionnaire historique de la terminologie géométrique des grecs,* Paris, 1959, 75-76. Le thème est bien développé dans Sextus Empiricus, *Contre les astronomes,* 305, 105 bd.

la « connexion stoïcienne », qui rend solidaire tous les êtres du monde, on peut aussi comprendre que, selon les termes rapportés par Eusèbe, la restauration (ἀναστάσις) qui accomplit la Grande Année entraîne aussi le renouvellement (ἀποκατάστασις) qui ramène la nature à recommencer, selon la même loi, la même suite d'événements[17]. De là le terme passe dans le Corpus hermétique, où il se trouve traduit par l'Asclepius par les mots latins de « reformatio » et « restitutio »[18].

La doxographie stoïcienne tardive est donc principalement responsable de l'emploi en ce sens d'un mot qui n'appartient pas au vocabulaire de l'ancien ni du moyen Portique. Le fragment le plus explicite provient de Némésius, qui a écrit à la fin du IVe siècle : « Lorsque chacun des astres errants, disent les Stoïciens, revient exactement, en longitude et en latitude, au point du ciel où il se trouvait au commencement, alors que le Monde fut constitué pour la première fois, ces astres errants produisent, au bout de périodes de temps bien déterminées, l'embrasement et la destruction de tous les êtres. Puis, lorsque ces astres recommencent de nouveau la même marche, le Monde se trouve reconstitué ; les astres décrivant derechef le chemin qu'ils ont déjà parcouru, chaque chose qui s'était produite en la précédente période s'accomplit une seconde fois, d'une manière entièrement semblable. Socrate existera de nouveau, ainsi que Platon, ainsi que chacun des hommes avec ses amis et ses concitoyens ; chacun d'eux souffrira les mêmes choses ; toute cité, toute bourgade, tout champ seront restaurés. Cette reconstitution (apokatastasis) de l'Univers se produira non pas une fois, mais un grand nombre de fois ; ou plutôt les mêmes choses se reproduiront indéfiniment et sans cesse »[19]. Ainsi est clairement désignée et dénommée la thèse combattue par Origène au nom d'une conception eschatologique opposée, qui reçoit pourtant la même appelation d'apocatastase. Cette dualité d'emplois du même vocable détermine au plus près les conditions sous lesquelles Leibniz

17. Témoignage d'Eusèbe, citant Arius Didyme, contemporain d'Auguste, *Préparation évangélique,* Liv. XV, chap. 19, art. 1, traduit par Duhem, tome 1, 277 (Von Arnim, *Veterum Stoïcorum fragmenta,* vol. II, n° 512).

18. Voir *Corpus Hermeticum,* Éd. Nolck-Festugière, tome 1, 90, note 17 ; Asclepius § 26, ibid., tome 2, 330-331. On trouve aussi « redintegratio », chez Julius Firmicus Maternus, *Matheseos Lib. III,* cité par Duhem, tome 1, 287.

19. Nemesius, Περί ἀνθρώπου, cité par Duhem, tome 1, 280 (Von Arnim, *Veterum Stoïcorum fragmenta,* vol. II, n° 625 ; les fragments 512 et 625 sont les seuls où le terme d'ἀποκατάστασις est attribué aux Stoïciens).

à son tour le réutilise pour désigner, à la manière stoïcienne mais avec d'autres arguments, l'idée de Retour.

On trouverait la même dualité d'usage quand l'apocatastase désigne plus spécialement le sort individuel des âmes. Chez Jamblique et Proclus, elle est la nouvelle entrée d'une âme non encore purifiée dans le cycle temporel des naissances, sa réincarnation dans la vie terrestre ; toutefois, dans l'hermétisme, elle est inversement la purification qui porte l'âme à une existence séparée, plus haute, selon une acception gnostique et sotériologique qui est aussi attestée chez Clément d'Alexandrie[20].

§ 12. L'idée du retour périodique d'un monde formé des mêmes êtres ou du moins d'êtres tout semblables vivant les mêmes existences successives, ne trouvait d'appui dans la régularité des répétitions astronomiques qu'en admettant en outre l'exacte détermination du moindre détail du devenir des choses par la situation du ciel. C'était assez trahir l'enseignement aussi bien de Platon que d'Aristote, chez qui l'invariance mathématique ne gouvernait que les révolutions des corps célestes et n'était pas transposable aux détails des existences singulières pas plus qu'au monde sensible en général[21]. Dans le Stoïcisme à l'inverse, le Retour éternel, tardivement et rarement nommé Apokatastasis, n'exprimait pas le caractère mathématique d'une région de l'univers : le Monde lui-même y devenait un vivant soumis aux alternances rythmées de la génération, de la corruption et de la régénération. L'impossibilité de fournir une détermination numérique exacte et incontestable de la Grande Année, dès lors qu'il était reconnu que les périodes des différents corps célestes n'entrent pas dans des rapports rationnels autorisant le calcul d'une multiple commun entier, rendait illusoire la mathématisation du Destin. Il fallait donc en revenir aux images et aux analogies cosmobiologiques : « Cette assimilation *réelle* de l'univers à un organisme vivant établit entre ses parties une solidarité, une dépendance réciproque,... qui contient la justification du fatalisme astrologique et des diverses formes de divination »[22].

Leibniz pour sa part a associé l'apocatastase à une détermination mathématique qui n'est plus celle d'un modèle géométrique

20. Cf. l'article ἀποκατάστασις d'Oepke dans le *Theologisches Wörterbuch zum Neuen Testament,* Bd. 1, 1933, 389-390.
21. Cf. V. Goldschmidt, 186-187.
22. J. Moreau, 169, note 11.

rendant calculables les positions des corps célestes. De même qu'il a arithmétisé la métaphore de l'horizon, il traite l'histoire comme un récit des états du monde, de ses événements publics et individuels, dont le texte devient l'objet d'un dénombrement combinatoire. D'où le paradoxe selon lequel Leibniz ne dit rien de la source stoïcienne de l'apocatastase-retour, mais évoque au contraire sa parenté avec le modèle physique du monde d'Épicure (supra, p. 73) : au contraire, comme on verra, la connexion universelle, fréquemment exprimée par la reprise du σύμπνοια πάντα hipocratique et stoïcien, soutient l'argumentation qui permet de sortir de l'hypothèse du Retour, celle-ci se trouvant désormais associée à la physique et à la cosmologie de l'atomisme.

Il est possible que cette transposition ait été à certains égards suggérée par la Cabale, voire encore par des réflexions issues de Plotin.

Si Leibniz n'a pas manqué d'ironiser sur les futilités et les superstitions de la « Cabale vulgaire » (GP 7, 184), il n'a pas craint pour autant de réhabiliter le titre même de Cabale au profit du « calcul général » ou de la caractéristique (GP 7, 49 ; GM 4, 515) : cabale des savants (*cabala sapientium*), qui serait aussi une « cabale non chimérique » (A I, 2, 168 ; GP 7, 199), elle opérerait la formalisation linguistique et la rationalisation mathématique de l'ésotérisme spéculatif de la « Magie naturelle »[23]. L'argument combinatoire de l'*AP* peut suggérer un rapprochement avec les calculs d'ailleurs tout à fait rudimentaires de la *Sefer Yesira,* naguère objet de la critique caustique de Mersenne[24]. On n'oubliera pas non plus le crédit qu'avaient trouvé chez les cabalistes chrétiens de la Renaissance, que Leibniz avait pratiqué, les essais d'estimation numérique du Jubilé qui reconduit le monde à sa restauration[25].

On rappellera enfin que Plotin a associé le fondement cosmologique ancien de l'idée de Retour à un raisonnement qu'on peut

23. Sur Leibniz et la Cabale, voir surtout désormais les remarques de Knecht, 31, 73, 157, 354 sq (avec les notes correspondantes) et antérieurement les indications interprétatives et bibliographiques données par Mahnke, 74 sq, 251 (notes 84-85), 265 (n. 135) et (n. 175).

24. Voir Henri Serouya : *La Kabbale. Ses origines, sa psychologie mystique, sa métaphysique,* Paris, 1947, 129-138 ; Georges Vajda : *Introduction à la pensée juive du Moyen Âge,* Paris, 1947, 9-17. Mersenne donne une traduction latine (*Liber de Creatione*) dans les *Observationes et Emendationes ad Francisci Georgii Veneti Problemata,* Paris, 1623, aux pages 255-260, suivie de remarques critiques acerbes, pages 259-264.

25. Voir François Secret, *Les Kabbalistes chrétiens de la Renaissance,* Paris, 1964, 79-87.

assimiler au style combinatoire : si les différences individuelles sont aussi essentielles, en ce sens qu'il y a bien une idée, modèle ou raison (λόγος) de chaque individu animé, on ne pourra concevoir, dans un monde qui dure pourtant éternellement, de limite à l'indéfinitude où les λόγοι se perdraient, que si ce monde même passe par des périodes successives, au cours desquelles les mêmes choses reviennent, suivant les mêmes raisons. L'univers pourra se suffire à lui-même si « au bout d'un temps donné, il revient toujours au même état, dans l'alternance mesurée de ses vies périodiques ». Ainsi, une période entière réalise toutes les raisons (λόγοι), de sorte que durant son intervalle, il n'existe jamais deux individus identiques, — par une sorte de principe restreint des indiscernables défini pour cet intervalle seulement ; inversement, chaque âme contenant en elle autant de raisons que le monde en contient, elle sera reproduite à l'identique, conformément au mouvement circulaire du monde, dans chacune de ses périodes[26]. Cette restitution très fragmentaire de la thèse plotinienne indique assez d'avance, en creux pour ainsi dire, comment l'argumentation de Leibniz viendra à la fois donner congé à la périodicité de l'univers et établir la validité universelle et sans restriction du principe des indiscernables.

Acceptons donc l'idée, plus que suggérée par le texte, d'une transposition aux suites intramondaines d'événements d'un modèle emprunté au « monde d'Épicure » : un atomisme combinatoire étendu à l'histoire. Dans le *DAC,* Leibniz rappelait comment « la doctrine de Démocrite s'est servie de l'exemple de tous les mots résultant d'un petit nombre de lettres, pour exposer l'origine des choses à partir des atomes » (GP 4, 89-90) et accompagnait ce rappel d'une bibliographie parfaitement informée de la question : Aristote : *De la génération et de la corruption* (I, 2, 315 b), *Métaphysique* (A, 4, 985 b 13) ; Lucrèce : *De la nature des choses* (Chant II, v. 1013-1022) ; Lactance : *Institution Divine* (liv. III, chap. 17) ; Gassendi : *Commentaire du Livre X de Diogène Laërce,* (Lyon 1649, f. 217) ; et enfin J. Chr. Magnenus, *Démocrite ressuscité (Democritus reviviscens,* Paris, 1646, Disp. 2, cap. 49, prop. 32). Il énonçait ainsi ce qui donnerait ultérieurement l'un des motifs

26. *Ennéades,* V, 7, 1-2 et IV, 3 (trad. Bréhier, Les Belles Lettres). Sur l'influence de Plotin, voir l'article classique de Rodier : « Sur une des origines de la philosophie de Leibniz », *Revue de Métaphysique et de Morale* 10, (1902), 552-564, et Mahnke, 554, note 83.

de sa critique de l'atomisme : si les choses, précisément les substances corporelles, sont les produits d'une complexion finie d'éléments, « la sagacité des créatures pourrait parvenir à la connaissance parfaite de l'univers », qui en serait comme la « lecture » intégrale, réduisant à une forme finie et calculable l'analyse infinie que la Raison divine peut seule achever[27].

C'est sans doute chez Gassendi que le texte canonique d'Aristote, selon lequel les atomes, comme des lettres, diffèrent par la figure (comme A et N), par la position (comme Z et N), enfin par l'ordre (comme AN et NA), a trouvé, *via* Lucrèce, son commentaire le plus développé et éclairant. Il n'est pas inutile d'en reproduire assez longuement la traduction :

> « De même que les lettres sont les éléments de l'écriture, et que les syllabes d'abord, puis les dictions, les périodes, les discours, les livres enfin en sont formés, de mêmes les atomes sont-ils les éléments des choses dont sont constitués d'abord les plus minuscules concrétions, ou les molécules, et ensuite de plus grandes et de plus en plus grandes, puis les corps ténus, les corps massifs et enfin les plus énormes. Et... de même que des figures diverses des lettres, par exemple A et O, présentent à la perception sensible, si on les regarde, un aspect différent et, rapportées à la prononciation, offrent un sens différent : de même les atomes selon que leurs figures seront aigües ou rondes ou autrement, et quand ils rencontreront les organes de la vue, de l'ouïe, de l'odorat ou des autres sens, créeront des espèces (*species*) différentes les unes des autres ou, ce qui est le même, des espèces de qualités différentes apparaîtront. Et de même que la même lettre placée différemment est différente au regard comme à l'audition, comme N et Z, ou pour ajouter les exemples de Philopon en lettres minuscules, γ et λ, comme sont aussi chez nous b d, p q ; ainsi le même atome placé différemment affectera diversement les sens, par exemple s'il est pyramidal et tantôt pénètre par la pointe, tantôt s'applique par la base. Et de même que deux ou plusieurs mêmes lettres, selon qu'elles se précèdent ou se suivent différemment, présentent à l'œil, à l'oreille et à l'esprit des mots aussi différents, par exemple ET, TE ; IS, SI ; MUS, SUM ; ROMA, AMOR, MARO, ORAM, MORA, ARMO, RAMO, etc., ainsi les mêmes atomes peuvent par des transpositions diverses exhiber au sens

27. Lettre à Gerhard Meier du 10 janvier 1693, A I, 228-229, traduite note (10) aux Textes VI-VII, supra p. 114.

des qualités ou des espèces très différentes les unes des autres. Et enfin, de même que des lettres dont les figures ne sont pas plus nombreuses que celles qu'on voit dans l'alphabet, peuvent par la seule variété de l'ordre faire une diversité innombrable de dictions, telle en effet qu'elles suffisent à tous les livres non seulement d'ores et déjà écrits mais encore à écrire plus tard ; ainsi il en va de même pour que les atomes aux innombrables figures, composés de façon variée, fassent une diversité de qualités et d'espèces de loin et hors de proportion plus innombrable, pour ne pas dire presque infiniment plus innombrable »[28].

Ce texte nous intéresse ici dans la mesure où il pousse aussi loin que possible, et avec un grand luxe de détail, l'exploitation du modèle alphabétique de l'intelligibilité atomiste, réduisant la variété qualitative des sensibles à la variation géométrique des éléments atomiques, sous le rapport de la grandeur, de la figure et de l'ordre. Il en indique par là-même la limite : avec un nombre fini de lettres on peut écrire des « dictions » et des livres « innombrables » dès lors que leur longueur n'est pas fixée ; mais il y a plus et la dernière analogie marque aussi en quoi l'atomisme déborde du cadre de l'intelligibilité alphabétique stricto sensu : *les atomes eux-mêmes sont innombrables*, et donc leurs combinaisons le sont davantage encore que ne le sont les combinaisons des lettres d'un alphabet fini, « presque infiniment », comme si l'on pressentait ici l'idée d'un infini d'ordre supérieur à celui du dénombrable.

La thèse leibnizienne, telle qu'elle se dégage de l'ensemble des textes repose sur une double reformulation des conditions d'interprétation de la métaphore brillamment développée par Gassendi : d'abord, elle arrête une longueur maximale des dictions et des livres, de sorte que leur nombre même à venir soit fini : on obtient l'horizon de la doctrine humaine. Ensuite, elle identifie strictement l'ensemble de base des atomes à un alphabet fini, de manière à ce que tout système désigné comme « monde d'Épicure » soit lui-même fini : on obtient ainsi le modèle physique et cosmologique de l'apocatastase universelle. Il faut donc par la combinaison de ces deux clauses associer à une conception analytique radicale qui réduit toute phrase complexe à une suite de lettres un atomisme

28. *Animadversiones in Decimum Librum Diogenis Laertis, qui est de Vita, Moribus, Placitisque* EPICURI, *Lyon, 1649, 227.*

tout aussi radical des faits ou événements : le sens rhétorique et le sens chrono-cosmologique de la « période » peuvent alors se confondre dans l'expression de la même circularité, qui prouve leur répétition cyclique. C'est ainsi seulement que Leibniz peut en venir à appliquer à l'histoire comme suite des faits publics et privés « mémorables » dont les récits sont mis en archive, l'idée et le mot d'apocatastase que les Stoïciens avaient associés à l'unité organique d'un monde ordonné par le λόγος et vivifié par le πνεῦμα.

Telle n'étaient pas pourtant, ce que Leibniz savait bien, la signification ni la portée de la physique et de la cosmologie épicuriennes : les *Lettres* à Hérodote et à Pythocles, exposent l'idée d'une infinité de mondes, formés par la conjonction d'un ensemble indéfini d'atomes, progressivement stabilisée au sein d'un monde déjà existant ou dans les « intermondes » vides : ces mondes sont dissemblables et, finalement, périssables par désagrégation[29]. Il y a donc une différence de principe entre l'idée d'un monde *unique,* qui se reproduit au cours d'une infinité de périodes successives *identiques,* dans l'ordre du *temps,* et celle d'une *pluralité* infinie de mondes simultanés *différents* dans l'immensité d'*espaces* « imaginaires ». Dans ce dernier cas l'identité semble exclue et la ressemblance accidentelle est d'autant plus improbable qu'on l'exige dans un plus grand détail. Sans doute, dans le cas exceptionnel de ressemblance, peut-on alors « considérer la représentation de ces mondes semblables se constituant à des endroits différents de l'immensité spatiale comme une généralisation, sur un plan cosmique, de la conception des périodes semblables qui se succèdent dans le devenir sublunaire de Platon, d'un cataclysme à l'autre, sur le plan terrestre »[30]. Mais il en va ici, pourrait-on dire, de la rencontre des doctrines comme de celle des atomes : elle est purement fortuite et non intentionnelle. Charles Mugler a bien mis en évidence l'incompatibilité fondamentale qui oppose « les théories pluralistes anciennes » à la « représentation du retour éternel ». Toute la question est alors de savoir non plus comment, mais pourquoi Leibniz a pu sinon les confondre, en tout cas leur trouver une parenté assez réelle pour associer l'apocatastase du même monde à une pensée qui débouchait nécessairement sur la pluralité des mondes.

29. Épicure, *Lettre à Hérodote,* dans ; Diogène Laerce : *Vies des Philosophes,* liv. X, 73-74, et *Lettre à Ménécée,* ibid., 88-90.
30. Mugler, 158.

§ 13. La pluralité infinie de mondes ou de systèmes physiques coexistants et séparés n'est pas *stricto sensu* logiquement inconcevable et ne rencontre pas de contradiction formelle : elle rend toutefois, et c'est ce qui la condamne, inintelligible à la fois l'existence d'un monde ordonné et beau comme notre présence d'esprits raisonnables précisément dans *ce* monde-là : « Métaphysiquement parlant, il serait possible qu'il y ait une infinité de mondes ou de systèmes des choses dans un temps et un espace infinis, et il ne serait pas étonnant que parmi cette infinité de mondes rassemblés au hasard s'en trouvassent de beaux et bien ordonnés, dont un seul nous serait échu par le sort. C'est à cette pure échappatoire qu'on eu recours jadis les Épicuriens » (Grua T, 315). C'est ce que Leibniz nomme encore ailleurs « le dernier retranchement de l'épicurisme raffiné » : si toutes les formes ou façons de mondes possibles existent, il s'en trouve sans doute nécessairement de bien faits, en entendant par là des mondes où s'appliquent harmonieusement des lois convenables de la liaison des phénomènes et des perceptions. Mais l'assimilation des atomes aux lettres se retourne ici, selon un argument classique, contre la thèse épicurienne : pour qu'un arrangement des uns comme des autres *fasse sens,* il ne suffit pas de se fier à un hasard dont la probabilité est encore plus faible que celle de la composition de l'Énéide par les fameux singes dactylographes chers à Émile Borel[31] : « Je demeure d'accord que cette fiction n'est pas impossible absolument parlant, c'est-à-dire qu'elle n'implique pas contradiction, quand on ne considère que le raisonnement présent pris dans l'ordre des choses (quoiqu'il y en ait d'autres qui le détruisent absolument) ; mais elle est aussi peu croyable que de supposer qu'*une bibliothèque entière* s'est formée un jour par un concours fortuit d'atomes. Car il y a toujours plus d'apparence que les choses se soient faites par une voie ordinaire que de supposer que nous soyions justement tombés dans ce monde heureux par hasard ». Comme des édifices veulent un architecte et des machines un machiniste, des livres témoignent en faveur de l'existence d'un « savant auteur »[32] ; Leibniz poursuit d'ailleurs :

31. Cf. Émile Borel, *Le Hasard,* Paris, 1914, éd. de 1938, 162 sq. Hans Blumenberg (1), 131, cite un curieux épigramme de Daniel Wilhelm Triller (1695-1782) : *Der Affe, ein seltsamer Buchdrucker und ein Eremit,* où se trouve la même image.

32. On retrouve les images de l'article 5 du *Discours de Métaphysique.* La fiction des livres composés au hasard illustre d'ailleurs une possibilité abstraite, qui répond à une probabilité extrêmement faible, afin de distinguer les phénomènes réels de ceux qui ne sont qu'imaginaires, comme les rêves : « Car il n'est point impossi-

« Si je me trouvais transporté dans une nouvelle région de l'univers, où je voyais des horloges, des *livres,* des bâtiments, j'engagerai hardiment tout ce que j'ai eu que cela serait l'ouvrage de quelque créature raisonnable, quoiqu'il soit possible absolument parlant que cela ne soit pas, et qu'on puisse feindre qu'il y a peut-être un pays dans l'étendue infinie des choses, où *les livres s'écrivent eux-mêmes* ; ce serait néanmoins un des plus grands hasards du monde et il faudrait avoir perdu l'esprit pour croire que ce pays, où je me rencontrerais, est justement le pays possible où *les livres s'écrivent par hasard* » (*Conversations du Marquis de Pianèse avec le P. Emery ermite,* VE, N 383, 1809).

Comme il fallait sortir de la fascination de l'écriture absolue pour définir le choix des livres signifiants et des énonciations vraies, de même faut-il aussi rejeter la fiction d'un univers où des mondes automates suivraient chacun à chacun la loi aveugle qui épuise tous les possibles, sans discernement ni orientation. A supposer encore que l'actualisation de tous les possibles fût métaphysiquement recevable (on sait assez que pour Leibniz elle ne l'est pas), la règle du jeu combinatoire serait encore à elle seule insuffisante : qu'ils soient conjonctions d'atomes ou compositions de lettres et de mots, un tri doit s'opérer entre tous les arrangements possibles : « Comme il ne faut point croire avec Lucrèce qu'il y a des mondes où au lieu d'animaux le concours des atomes forme des bras ou des jambes détachés, ni enfin que tout possible arrive, quelque déraisonnable qu'il soit... Et c'est comme si, feignant qu'il soit une perfection de Dieu d'être poète, on voulait que ce poète parfait fît tous les vers possibles, bons ou mauvais »[33].

La pluralité des mondes peut ainsi passer comme un détournement de la vérité, en ce qu'elle figure la réalisation, ou la réifica-

ble, métaphysiquement parlant, qu'il y ait un songe suivi et durable comme la vie d'un homme ; mais c'est une chose aussi contraire à la raison que pourrait être la fiction d'un livre qui se formerait par le hasard en jetant pêle-mêle les caractères d'imprimerie » (NE IV, 2, § 14).

33. Lettre à Fontenelle du 7 avril 1703 (Foucher de Careil, *Lettres et Opuscules inédits de Leibniz,* 1854, 227-228). Déjà le *DAC* mettait déjà en avant la subordination du pur calcul des combinaisons à des règles d'interprétation qui déterminent de l'extérieur le sens de ses applications ; on obtenait ainsi le criblage des formes valides de syllogisme ou des suites syllabiques qui font des vers latins conformes aux règles prosodiques (GP 4, 46 sq et 96 sq). Ici Leibniz exige un second filtrage, voire un troisième : car non seulement toute suite de lettres ne fait pas une phrase grammaticalement correcte, mais toute phrase ne fait pas un vers, et enfin tout vers n'est pas beau. D'où l'on voit que l'Art des combinaisons qui fait sens pour Dieu est bien autre chose que la technique des dénombrements finis, comme le souligne *Théodicée* § 225.

tion, imaginaire et illusoire, de l'infinité des mondes simplement possibles dont le lieu, « le pays », est l'entendement divin : supposer l'actualisation de tous ces mondes dans un espace et un temps infinis, c'est à la fois subvertir la notion véritable de l'espace et du temps pour en faire des contenants antérieurs aux choses, et violer la raison métaphysique qui veut que tous les possibles ne soient point compatibles, et que, par suite, tous les possibles ne puissent être réalisés.

Nous voyons maintenant quels sont les racines et l'effet de la réinterprétation de la physique épicurienne qui sert à l'argument de l'*AP* ; elle comporte deux aspects distincts et complémentaires : d'abord la réduction au fini du modèle atomiste ; ensuite l'application à ce modèle de la thèse modale, dite de Diodore, selon laquelle tout possible se réalise en fait.

1 — Pour identifier la thèse d'Épicure à la doctrine des répétitions cycliques d'un même monde, il faut l'assortir d'une prémisse complémentaire en supposant en outre que le nombre des atomes dont les combinaisons variables font les êtres d'un monde est *fini*. Cet amendement a été parfaitement formulé par Hume, au début de la 8e partie des *Dialogues sur la Religion naturelle* : « Au lieu de supposer la matière infinie, comme faisait Épicure, supposons la finie. Un nombre fini de particules n'est susceptible que de transpositions en nombre fini, et il doit forcément arriver, dans une durée éternelle, que chaque ordre ou chaque position possible soit revêtue un nombre infini de fois. Ce monde, avec tous ses événements, même le plus petit, a donc été auparavant produit et détruit, et sera de nouveau produit et détruit, sans aucune borne ni limite. Personne qui ait quelque conception des pouvoirs de l'infini, en comparaison du fini, ne mettra jamais en doute cette affirmation »[34].

La conception physique de l'univers qui résulte de cette prémisse a été excellemment analysée par Abel Rey, dans son livre suggestif sur *Le Retour éternel et la philosophie de la physique* (1927). L'équivalence et la réversibilité des états successifs d'un système ne sont identifiables que par l'abstraction qui sépare un ensemble fini de données initiales. Cette opération est pleinement légitime quand nous avons à rendre compte d'une machine, qui se définit justement par « un fonctionnement tel que le système puisse repasser périodiquement par les mêmes états » (p. 266) ; il en ira de

34. Trad. Maxime David, éd. Pauvert, Paris, 1964, 116.

même chaque fois que nous pouvons traiter une séquence isolée d'événements comme fermée sur elle-même, indépendante de l'environnement et telle que ses états partiels obéissent à une loi de conservation : « Le retour éternel se manifeste donc comme une virtualité de toute cette partie du réel que nous pouvons isoler et qui s'isole d'elle-même dans la catégorie de la matière et de l'objet » (p. 308). L'extrapolation à l'ensemble mondial repose sur l'admission que ce qui vaut d'un système partiel isolable vaut a fortiori de « la totalité du système, seul système vraiment isolé... : l'univers physico-chimique » (p. 293). Il est vrai à la lettre d'affirmer alors que « la machine-univers est susceptible de restaurer son état initial. Mieux dit encore, il n'y a pas d'état initial, sauf celui que nous prenons arbitrairement pour origine, sur l'évolution d'un cycle. Il y a cycle et retour éternel » (p. 14). Mais cette conséquence n'est bonne que pour autant qu'il soit légitime d'appliquer à l'univers une loi de composition élémentaire formellement équivalente à la juxtaposition pièce à pièce d'un mécanisme : « L'idée de retour éternel est liée, par la théorie cinétique, à l'atomisme et à la discontinuité du réel » (p. 11) ; encore faut-il, comme l'observe, à la suite de Rey, J. Delevski, que soit possible en droit sinon en fait le dénombrement fini des éléments discontinus et isolables de matière et d'énergie. Ces conditions réunies, « le nombre des arrangements possibles de la matière et de l'énergie dans l'espace et dans le temps serait fini, ces combinaisons pourraient être comptées, et après l'épuisement de tous les arrangements possibles, au cours d'une partie finie du temps infini, le renouvellement des combinaisons antérieures deviendrait inévitable. On se trouverait alors en face des cycles identiques répétés à l'infini »[35].

On sait assez que Nietzsche[36] avait développé des thèses similaires, pour conférer à la doctrine de l'Éternel Retour un fondement physique et cosmologique (§ 329, p. 299) ; toutefois, instruit par les travaux de Carnot et de Clausius, il observait qu'une semblable conception n'est pas strictement mécaniste, dans la mesure où un univers-machine ne recevant rien du dehors devrait, comme toute machine abandonnée à elle-même et à laquelle aucun renouvellement d'énergie n'est apporté, tendre à un « état final » d'équilibre (§ 324, pp. 296-297). Or dans un temps infini *a parte ante,*

35. Delevski, 398-9.
36. Nietzsche, *La Volonté de puissance,* trad. G. Bianquis, tome 1, Paris, 1947, éd. citée dans les lignes suivantes.

cet état aurait dû déjà être atteint et se conserver : puisque tel n'est pas le cas, « le mécanisme doit nous apparaître comme une hypothèse imparfaite et seulement provisoire » (p. 299) ; reste pourtant que « le principe de la conservation de l'énergie exige le Retour éternel » (§ 331, p. 300). Ce principe exclut d'ailleurs selon Nietzsche tout fondement transcendant (un Dieu créateur, qu'il soit celui de Descartes ou celui de Leibniz), comme aussi tout immanentisme qui ferait de la nature un substitut de puissance créatrice illimitée (le *Deus sive Natura* de Spinoza) : le concept même de « force infinie » est une *contradictio in adjecto,* s'il n'y a de force que mesurable ; c'est pourquoi « le monde n'est pas capable non plus d'une éternelle nouveauté » (§ 330, p. 300).

Avant la Thermodynamique, la science classique ne pouvait pas ne pas associer l'idée de conservation à celle de la répétition d'états résultant d'une sommation d'éléments quantifiables homogènes (somme des quantités de mouvement, de « force vive », etc.), en faisant précisément abstraction de la diversité qualitative des formes de l'énergie. C'était bien ainsi que Leibniz l'entendait, en fondant sa Dynamique toute entière sur un « axiome métaphysique » de l'égalité de la cause pleine et de l'effet entier, dont un des corollaires est que dans un système mécanique « l'effet peut reproduire sa cause »[37].

Si donc la conception du Retour est déductible dans un modèle mécaniste d'univers comportant une base finie de données initiales, la question de l'identité et de la forme de ces données est en un sens relativement secondaire ; c'est pourquoi le modèle pourra aussi bien être interprété comme atomiste ou « corpusculaire », et c'est en ce sens précisément que Leibniz n'hésite pas à trouver un air de famille aux mondes respectifs d'Épicure et de Descartes. A ses yeux le Monde cartésien réalise en une succession qui doit être périodique les « formes » que le pluralisme épicurien dissémine en systèmes coexistants. C'est ainsi que Leibniz a trouvé, au prix d'une

37. Texte fondamental : le *De Arcanis motus* (1676), édité par H.J. Hess, in *Leibniz à Paris,* Tome 1, *Les Sciences,* SL Supp. vol. XVII (1978), 202-205. Abel Rey dit fort bien que c'est l'apparition de la machine à vapeur qui à changé la conception même du mécanisme, en suggérant une « évolution dirigée » et irréversible de l'univers (16-17). Au contraire, si on peut faire historiquement remonter la notion d'énergie à Leibniz, celui-ci ne la concevait que comme énergie de mouvement : « si bien qu'on pouvait avoir une représentation qualitative de la réalité, comme Leibniz... ; mais on ne pouvait concevoir qu'une physique technique mécaniste, qu'une science mécaniste » (18-20), c'est-à-dire où le travail se « transforme » en un travail homogène, d'où l'abstraction de la mesure commune élimine les différences qualitatives.

déformation flagrante d'intention et de signification, un argument constant de sa polémique anticartésienne dans l'article 47 de la IIIe Partie des *Principes de la Philosophie.* De la même façon que parmi tous les mondes d'Épicure, il s'en trouve un qui est celui-ci, — le nôtre —, ainsi toutes les phases successives par où passe la matière cartésienne doivent parvenir à partir d'un état initial quelconque à l'état qui répond précisément à notre monde actuellement visible : « Pour le soutenir il faudrait supposer que le même état de l'univers revient toujours précisément après quelque période, puisqu'autrement, prenant un état du monde qui est postérieur en effet à un autre, on n'en saurait jamais déduire celui-ci, quand même la matière recevrait toutes les formes dont elle est capable. Mais ces périodes enveloppent d'autres inconvénients, d'autant qu'ainsi toutes les possibilités infinies devraient arriver dans cet intervalle fini, et toute l'éternité ne produirait plus rien de nouveau » (GP 4, 340-341).

2 — Bien entendu, la Physique de Descartes n'autorise pas l'idée d'un cycle universel dans la durée du monde[38], et encore moins ne soutient l'idée d'un retour des mêmes existences individuelles. Pour Leibniz, un monde étant une collection d'individus associés chacun à une suite d'événements, dès lors que cette collection comme cette suite sont supposées énumérables et finies, la reproduction du même monde entraîne celle des mêmes individus avec les mêmes événements ; or cette reproduction est certaine si on admet *la thèse modale selon laquelle tout ce qui est possible existe (a existé ou existera).* C'est là la traduction leibnizienne de la thèse de Diodore : n'est possible que ce qui est réel. On peut dire que, pour Leibniz, les mondes d'Épicure comme le monde de Descartes

38. En réalité l'article 47 de la IIIe Partie des *Principes* dit tout autre chose : Descartes n'y part pas d'un état quelconque, mais bien d'un état initial de désordre (le « Chaos des Poètes » dans *Le Monde*), ou de moindre différenciation (art. 46 des *Principes*) ; dans un mécanisme vraiment périodique, il n'y a pas d'état initial, même par supposition, et on peut tout au plus en choisir abstraitement un comme origine des mesures de temps. Descartes veut ensuite assurer qu'à partir de l'état initial, le jeu des lois de la nature suffit à faire apparaître un état stabilisé conforme à celui du monde actuellement observable : cet état est réputé ne plus donner lieu à de nouvelles transformations, et surtout pas à celles qui, par inversion, reproduiraient celui dont le monde est issu. Il y a donc là une sorte de téléologie implicite parfaitement assumée par Descartes. La notion de possible invoquée dans ce qui est une « supposition », et nullement une certitude mathématique déterminant l'ordre même de la réalité physique, renvoie à la possibilité de la modélisation de la connaissance, selon les démarches de notre entendement créé, aidé de l'imagination : il ne s'agit aucunement du possible logico-ontologique que Leibniz inscrit, avant même la Création, dans l'entendement divin.

constituent, en dépit de l'opposition des doctrines quant à la composition de la matière, les versions « physicalistes » de cette même thèse modale, en posant que toute combinaison d'éléments en vient à s'actualiser quelque part ou à quelque moment. Peu importe donc que les éléments soient de vrais atomes d'une infinie dureté, séparés par le vide, ou des corpuscules toujours divisibles dans un fluide omniprésent. Dans les deux cas, on admet des composants premiers en soi ou pour nous (par supposition) et l'on se donne une loi de composition dont les *Principes* de Descartes montrent assez qu'il est illusoire de tenter d'en suivre en détail tous les développements : « Je crois qu'il faudrait un livre aussi grand que le globe terrestre pour expliquer quel rapport quelque corps sensible peut avoir aux premiers éléments, s'ils étaient véritables et connus » (GP 1, 335 ; comme le livre *de omne scibili* évoqué dans le *DAC,* GP 4, 89).

Le champ des hypothèses théoriques déterminé par le principe de la réalisation de tout le possible peut être simplifié en le ramenant à deux versions : s'il y a infinité d'éléments, ils se répartissent en mondes différents, simultanés et disjoints, — si leur ensemble est fini, le monde qui en résulte passe par des retours périodiques (il est clair que dans le cas d'une infinité de mondes, certains pourraient être périodiques).

Telle était déjà, sans qu'on l'ait alors explicitée, la loi de l'écriture absolue : « Il suffit qu'un livre soit concevable pour qu'il existe », selon la formule de Borges[39]. D'où résultent d'« étranges conséquences : car si tout possible, et tout ce qu'on se peut figurer, quelqu'indigne qu'il soit, arrive un jour, si toute fable ou fiction a été ou deviendra une histoire véritable, il n'y a donc que nécessité et point de choix, ni providence » (GP 4, 341). En prolongement de cette formule, le *De libertate* assimile ouvertement la supposition cartésienne des *Principes* III, art. 47, à la réalisation quelque part ou à quelque moment des fables, des romans et des légendes, selon un argument que Leibniz oppose *a contrario* au nécessitarisme spinoziste, lui aussi ramené à une variante de la thèse de Diodore : « Je ne crois point qu'un Spinoziste dise que tous les Romans qu'on peut imaginer, existent réellement à présent, ou ont existé ou existeront encore dans quelque endroit de l'univers. Cependant on ne saurait nier que des Romans, comme ceux de Mademoiselle de Scudéry ou comme l'*Octavia,* ne soient possibles » (*Théodicée* § 173 ; cf. Grua T, 305, 325, 478 ; *Conf.* 57 : l'*Argenis* de Barclay).

39. Borges (2), 79 note.

A cela, Leibniz objecte les trois propositions suivantes qui soutiendront aussi la réfutation de l'apocatastase-retour :

1 — *L'idée même de monde exige la liaison* : « Il faut savoir que tout est *lié* dans chacun des Mondes possibles : l'Univers, quel qu'il puisse être, est tout d'une pièce, comme un océan » (*Théodicée* § 9) ; c'est aussi pourquoi il n'existe qu'un univers dont toutes les parties sont connexes par « la liaison de toutes les créatures » : « J'appelle *Monde* toute la suite et toute la collection de toutes les choses existantes, afin qu'on ne dise point que plusieurs mondes pouvaient exister en différents temps et différents lieux. Car il faudrait les compter tous ensemble pour un monde, ou si vous voulez, pour un *Univers* » (§ 8). C'est la connexion qui fait que toutes les histoires possibles ne sont pas réalisables dans le monde existant : « l'Astrée est possible absolument... parce qu'elle n'implique aucune contradiction. Mais pour qu'elle existât effectivement, il faudrait que le reste de l'Univers fût aussi tout autre qu'il n'est » (GP 3, 573).

2 — *Il y a une infinité disjonctive de mondes possibles non réalisés.* La fiction des romans est justement une manière d'en imaginer certains (*Théodicée* § 10). En général à tout monde possible est associé en représentation « un grand volume d'écritures » qui est « l'Histoire de ce monde » et « le livre de ses destinées » : « un autre monde, un autre livre »[40]. Mais le § 415 de la *Théodicée* que nous évoquons ici doit être lu avec plus de soin : dans l'appartement qui figure un monde possible, la vie d'un individu, un « Sextus approchant » ressemblant à celui de notre histoire romaine, est d'abord vue « d'un coup d'œil, et comme dans une représentation de théâtre » ; le livre qui y est en dépôt est indexé de sorte qu'on puisse trouver le passage ou se trouve « l'Histoire de Sextus plus ample que celle... vue en abrégé » ; qu'on choisisse une ligne de ce récit, et on verra « représenté dans son détail ce que la ligne marque en gros ». La descente au détail est en principe sans fin : du théâtre au livre, du livre à une ligne, et à autant de représentations de plus en plus fines, emboîtées à l'infini et dont les différences infimes peuvent toujours être développées. Au fond inaccessible pour nous de tous ces enveloppements, on trouverait « l'Archive de la Raison éternelle » (Grua T, 321).

40. « Un autre livre » figure dans l'édition originale, reproduite par Jacques Brunschwig, Garnier-Flammarion, Paris, 1969, 361, comme sur les manuscrits, mais pas dans GP 6, 363.

3 — Enfin, en vertu de la même loi de composition, *la connexion des choses dans l'univers existant est continue et enveloppe un détail infini* : c'est là précisément ce qui interdit la conception d'un monde d'Épicure, qui serait contraint à la répétition périodique des mêmes suites d'éléments isolables.

L'incompossibilité est le revers de la possibilité : l'une ne va pas sans l'autre et c'est là ce qui empêche la réalisation de tous les possibles. De la même façon que nous pouvions dire que l'existence de règles d'exclusion, qui interdisent la formation de certaines séquences de signes élémentaires, rend aussi possible, avec la complexité syntaxique, le pouvoir d'expression renouvelée d'une langue, c'est aussi l'existence d'incompatibilités qui interdit la combinaison de tous les possibles : d'où résulte qu'il y a infinité de mondes possibles (pluralité des langues) et que chacun d'eux enveloppe l'infini (créativité de la langue). C'est pourquoi enfin, il ne faut pas détourner de leur fonction restreinte les quelques textes où Leibniz formule un modèle alphabétique des « premiers possibles » et de leurs combinaisons exclusives les unes des autres (GP 7, 194-195 et Grua T, 285-286) : l'essentiel est ici d'illustrer l'effet de l'incompatibilité sur la répartition des possibles en ensembles disjoints, c'est-à-dire au fond l'empêchement de l'écriture absolue (il y a des suites de lettres qu'on ne peut pas écrire). Mais ici comme ailleurs, le principe de limitation procède, non de la combinatoire formelle aveugle aux propriétés intrinsèques des choses combinées, mais du domaine de significations dans lequel le calcul est interprété. Le caractère fini et discontinu du modèle alphabétique le rend du même coup inadéquat, du fait même de son abstraction et de son incomplétude[41].

Mais c'est aussi l'abstraction et l'incomplétude qui rendent inopérante la conclusion provisoire de l'*AP* à l'inéluctabilité du Retour. Qu'on lève l'abstraction, qu'on se rende les moyens de penser complètement la réalité, et la conclusion perdra son apparence de légitimité.

§ 14. L'idée du Retour éternel n'exerce chez les Anciens comme chez Nietzsche son pouvoir de fascination que pour autant qu'elle détermine aussi les existences successives identiques du même

41. Voir notre étude : « L'origine de la négation », *Les Études Philosophiques,* (1971), 31-33.

individu : « Homme, toute ta vie est un sablier que l'on tourne et que l'on retourne, et son contenu s'écoulera un nombre infini de fois, séparés par l'intervalle d'une longue minute de temps, jusqu'à ce que le cours cyclique de l'univers ramène toutes les conditions dont tu est né... Et dans chacun des cycles successifs de l'histoire humaine, il y a toujours une heure où pour un homme isolé, puis pour beaucoup, puis pour tous, se lève la pensée puissante entre toutes, celle du Retour éternel de toutes choses : chaque fois sonne alors pour l'humanité l'heure de *Midi* »[42].

Midi a-t-il ainsi sonné pour Leibniz quand il méditait son Ἀποκατάστασις πάντων ? Il peut le sembler à lire l'étonnante échappée que sa plume laisse s'ouvrir sur le premier brouillon, et qui ne sera pas reproduite dans la version revue et complétée : « Un temps viendra où la vie même des individus repassera au détail près par les mêmes circonstances. Moi même, par exemple, demeurant dans une ville appelée Hanovre, située au bord de la rivière Leine, occupé à l'histoire de Brunswick, écrivant aux mêmes amis des lettres ayant les mêmes significations » (supra, p. 65).

Il est remarquable et beau que Leibniz ait impliqué l'anticipation de son propre retour dans l'épreuve même de l'écriture[43], et plus spécialement encore dans le double exercice de l'historien, rédacteur des *Annales* de l'empire germanique, et de l'épistolier, au centre perspectif d'un réseau dense de communication : quelle est, pour la *Monadologie,* l'exemple par excellence d'une vérité contingente ou de fait ? C'est qu'« il y a une infinité de figures et de mouvements présents et passés, qui entrent dans la cause efficiente de *mon écriture présente,* et il y a une infinié des petites inclinations et dispositions de mon âme, présentes et passées, qui entrent dans la cause finale » (§ 36). Mais le geste d'écrire traduit cette double infinité en une suite bornée de lignes où se répètent les mêmes caractères : en se projetant hors d'elle même pour s'absorber dans

42. Nietzsche, o.c., § 296, 323.

43. « *Que je vous écrive,* en ce moment, ces lignes... admettons que cela dépende des corps célestes... ; alors la même cause reviendra, identique à ce qu'elle était et opérant de la même manière, en sorte que nous aussi, nous serons redevenus les mêmes et nous ferons les mêmes choses », Plutarque, *De fato,* cap. 1, Cité par Duhem, tome 2, 299. Mieux encore, ces lignes d'Auguste Blanqui, *L'Éternité par les astres,* 1872 : « Ce que j'écris en ce moment dans un cachot du fort du Taureau, je l'ai écrit et je l'écrirai pendant l'éternité sur une table, avec une plume, sous des habits, dans des circonstances toutes semblables » (cité par Rey, 7, d'autres extraits de ce livre de Blanqui dans Delevski).

sa trace écrite, la monade spirituelle se restreint à la finitude de son expression distincte d'aujourd'hui. Alors, comme le retour des événements est anticipé par la preuve de l'épuisement des livres possibles, son propre retour s'assimile pour Leibniz à la répétition du tracé des mêmes lettres, où seront impliqués le passé de l'Empire, l'invention du calcul de l'infini, la réunion des Églises, Arnauld, Overbeck, et les autres, tous pris dans la circularité où le geste d'écrire devient lui-même l'événement dont tous les autres tiennent la règle de leur reproduction. Les Histoires publiques des États, les vies lisibles des individus ne se répètent que pour autant qu'elles sont constamment réécrites par un scribe dont le geste monotone est coextensif à tous les temps. Nul autre que Leibniz ne pouvait aussi rigoureusement identifier sa propre durée au dépôt des traces écrites témoignant d'un passage pensant dans l'histoire des hommes.

Reste qu'en se relisant et en élaborant de nouveau son texte, Leibniz n'a pas voulu retenir ces lignes extraordinaires ; or cette élimination prend elle-même tout son sens si on l'intègre à l'ensemble des amendements qui résultent de la comparaison des deux états successifs de l'Ἀποκατάστασις πάντων.

Outre les variantes qui apportent surtout un surcroît d'explicitation aux formulations de la première version, la seconde, et pour nous définitive, comporte à la fois des omissions significatives et des ajouts qui déplacent notablement le point d'équilibre de l'exposé ; les unes et les autres produisent finalement le même effet de sens, en mettant au premier plan ce que le premier bouillon traitait, sous forme d'esquisse, comme un adoucissement marginal de la thèse du Retour : cette fois est affirmée fortement et premièrement la subordination du dispositif calculable de la combinatoire finie aux conditions métaphysiques de son dépassement.

Outre les lignes déjà citées, disparaissent de la seconde version celles où était affirmée sans aucune restriction la répétition à l'identique des mêmes existences individuelles : « Léopold ou Louis, ou Guillaume ou notre Georges » (supra, p. 63). Un développement nouveau, assez long et circonstancié, est au contraire ajouté (p. 73) : y est d'abord observé que les résultats du calcul ne peuvent cerner avec précision le retour de tel ou tel individu déterminé, « Léopold Ier ou Louis XIV ou moi ». Ainsi doit-on admettre que les uns reviennent, d'autres non ; en outre, pour les premiers, le retour de ce qui « offre matière à l'histoire » n'est pas pour autant celui du même individu numériquement identique, mais d'un autre semblable en tout ce que la description finie peut atteindre, et en cela seulement. De là peut-être l'amendement du titre même, et l'abandon du πάντων : il n'y a Restitution ni de *toutes* choses, ni à *tous* égards.

Trois thèses proprement métaphysiques viennent ensuite mettre en perspective le champ qui s'ouvre désormais au-delà du calculable et y introduire un autre genre de détermination intellectuelle :

1. D'abord « *le présent est gros de l'avenir* » (p. 73 et note 8) : de là que les séquences d'événements s'ordonnent en séries dont la seule combinatoire ne peut plus fournir la raison ni calculer la loi de formation. En apparence seulement, ce principe semble être introduit pour permettre l'extrapolation de la répétabilité d'une intervalle temporel restreint à toutes les classes d'intervalles plus longs où il est inclus. En réalité sa portée complète ne se révèle que par son association avec un second principe :

2. « *Le continu est actuellement divisé à l'infini* et toute partie de la matière est un monde d'une infinité de créatures » (ibid. et note 9). C'est à l'encontre de ce principe que le modèle d'une histoire répétable s'apparente à la machinerie finie d'un monde épicurien. C'est bien parce que :

3. L'ordre de l'univers n'est pas mécanique, mais *architectonique,* harmonique, guidé par le Principe du Meilleur, et *les raisons de la convenance.* Seules ces raisons permettent notamment de décider de l'identité personnelle qui échappe au calcul : on sait assez depuis le *Discours de Métaphysique* au moins que la notion complète d'une substance individuelle est irréductible à une collection finie de prédicats et implique une infinité de phénomènes et d'événements qu'aucune analyse finie ne peut achever. Ce qui fait qu'il nous est impossible d'avoir la connaissance des individus, parce que « l'individualité enveloppe l'infini, (...) ce qui vient de l'influence (...) de toutes les choses de l'univers les unes sur les autres. *Il est vrai qu'il n'en serait point ainsi, s'il y avait des Atomes de Démocrite* » (NE, III, 3, § 6).

On peut donc dire que c'est l'association des *Annales* de l'Histoire publique universelle avec la sommation de toutes les histoires individuelles qui conduit à l'éclatement le système des conditions sous lesquelles l'apocatastase pouvait être prise à la lettre comme restauration intégrale d'un même monde : à s'en tenir aux seules *Annales,* on ne saurait pas encore avec certitude comment échapper à la conclusion. Leurs histoires peuvent en effet être décrites de manière suffisante (*sufficienter*) par les registres des événements mémorables, fondés sur les actes publics ; ici, à l'ordre de grandeur des faits rapportés, il y a adéquation entre les suites des faits et les ensembles livresques, entre les choses et leur description. Pour les vies individuelles, les livres offrent le moyen d'une description qui n'est que détaillée (*minutatim*), et dont la convenance au sujet de l'histoire n'est que partielle[44] : cette description suppose en effet un choix qui isole une liste finie de prédicats, phénomènes et événements, sur fond d'infini virtuellement disponible, toujours prêt à nourrir une relation plus détaillée. Un tel sous-ensemble calculable de prédicats n'atteint qu'un individu « vague »[45], sans pouvoir déterminer l'identité numérique du sujet désigné. De sorte que s'il y a répétition par nouvelle occurrence du même sous-ensemble, elle est l'effet de la construction d'un récit, qui repose sur une sélection de sa trame discontinue et fini. Mais pour les sujets réels, substances individuelles ou individus complètement déterminés, la loi optimale de leur constitution et de leur appartenance au monde rend d'abord invraisemblable la répétition, et finalement la récuse. Il est donc vrai en cela, comme l'observe justement Hans Blumenberg, que chez Leibniz, l'ordre de la composition du livre n'est pas une métaphore de la réalité elle-même, mais de sa seule description finie[46].

Il en irait d'ailleurs de même pour l'histoire universelle si l'on ne s'y contentait pas du récit annalistique qui relate la chronologie des événements officiels, et si là aussi l'on voulait entrer dans le détail des liaisons causales. La même connexion et la même division du continu font qu'aucun « esprit borné, quelque pénétrant qu'il soit y puisse réussir. Une petite bagatelle en apparence peut changer tout le cours des affaires générales. Une balle de plomb, allant assez bas, rencontrera la tête d'un habile Général, et cela fera perdre la bataille ; un melon mangé mal à propos fera mourir un Roi. Un certain Prince ne pourra pas dormir cette nuit à cause de la nourriture qu'il aura prise le soir. Cela lui donnera des pensées chagrines, et le fera prendre une résolution violente sur les matières d'état. Une étincelle fera perdre Belgrade ou Nice. Il n'y a ni diable, ni ange, qui puisse prévoir toutes ces petites choses dont naissent de si grands événements, parce que rien n'est si petit, qui ne naisse d'une grande variété de circonstances encore plus petites, et ces circonstances encore d'autres, et cela à l'infini » (A I, 7, 35).

44. Blumenberg (1), 137, et (2), 31-32.

45. Au sens de l'« Adam vague » de la Correspondance avec Arnauld (GP 2, 19, 41-2, 54).

46. Id., (1), 140, et (2), 34.

Qu'on ne se méprenne pas en ne trouvant dans ce texte qu'un commentaire ingénieux de l'adage « petites causes, grands effets » : « On manquerait en philosophie comme en politique, en négligeant τό μικρόν, les progrès insensibles » (NE, Préface). Ce qui est en jeu ici, comme la suite de la lettre le montre, c'est bien l'application à la réalité historique du principe de continuité, avec pour conséquence la « naturalisation » de cette réalité : « Les Microscopes font voir que les moindres choses sont enrichies de variétés à proportion des grandes. De plus toutes les choses de l'univers ont une si étroite et si merveilleuse connexion entre elles, que rien ne se passe ici, qui n'ait quelque dépendance insensibles de choses qui sont à cent lieues d'ici. Car toute action ou passion corporelle, en quelque partie de son effet, dépend des impressions de l'air et autres corps voisins, et ceux ci encore de leurs voisins plus avant, et cela va par un enchaînement continuel à quelque distance que ce soit. Ainsi tout événement particulier de la nature dépend d'une infinité de causes, et souvent les ressorts sont tellements montés comme dans un fusil, que la moindre petite action qui survient fait que toute la grande machine se décharge » (A I, 7, 35).

On dira que les *Annales* ne relatent que les « décharges » des grandes machines et laissent dans l'obscurité le fond obscur des « petites actions » : or c'est ce fond obscur qui fomente les développements futurs qui interdiront *le retour à la lettre*.

Ainsi la pensée du progrès, si elle se nourrit bien, d'un côté, comme nous l'avons vu, de la conscience que Leibniz a eue de l'accélération du progrès des sciences en son temps et, si l'on y veille, dans le temps à venir, ne débouche pas pour autant sur une « historicité » au sens contemporain du mot. L'histoire reste le domaine du factuel plutôt que du devenir, et le principe de continuité rend homogène entre eux tous les domaines de la réalité qui tombent sous sa juridiction. En ce sens la forme annalistique de l'Histoire humaine la rend tout aussi descriptive et énumérative que l'histoire naturelle ; mais c'est parce qu'au fond leurs objets ne sont pas différents par essence : « L'identification de 'fait' et 'histoire', écrit Werner Schneiders, conduit moins à une historicisation générale de la réalité qu'à une réduction de l'histoire aux faits et aux processus d'après le mode de la nature. La dynamisation générale de la réalité chez Leibniz n'y change rien non plus. En fait, pour lui, toute substance, donc aussi tout morceau de pierre, a une histoire propre, qui est liée à l'histoire de toutes les autres dans une histoire globale de la réalité. Mais cette évolution universelle n'est proprement que la connexion logique et ontologique de tout avec tout considérée dans le temps, et n'a pas grand chose à voir avec les conceptions évolutionnaires ultérieures »[47].

La fin de l'*AP* le confirme, en même temps qu'elle donne un remplissement aux conclusions dont le *HDH* ne faisait qu'esquisser l'intention. En effet la reconnaissance d'un horizon du savoir transmissible avait en principe permis de déduire la finitude de la connaissance historique et, avec elle, la répétabilité des événements ; la thèse du Retour sera à l'inverse surmontée par l'ouverture de l'*ensemble du savoir* au progrès, tant sur la ligne des vérités démonstratives que sur celle des propositions historiques. Le progrès à venir des esprits s'y définit par les caractères des vérités qu'ils pourront atteindre : pour ce qui est de la science pure, démonstrative, ils accéderont à des théorèmes dont les énoncés croîtront au-delà de ce que nous pouvons présentement concevoir. Dans le cas des vérités contingentes, le concept d'histoire retourne à son acception purement descriptive, qui met à l'arrière-plan la temporalité des événements ; à la fin de l'Ἀποκατάστασις, il n'est plus question du récit chronologiquement ordonné de la vie des peuples ou des individus, mais de la description de régions de plus en plus différenciées de la réalité donnée. Le progrès consistera alors dans l'accroissement de la capacité à énumérer les marques ou caractères – ce qui est proprement donner la définition –, d'espèces naturelles de plus en plus spécifiées et restreintes. Le paradigme fourni ici par la définition constructive qui expliciterait la structure d'une mouche sanctionne cette primauté épistémologique et ontologique de l'histoire naturelle.

Pour l'heure, le caractère fini de nos descriptions les rend provisoires : « Et lorsque nous croyons avoir bien décrit une plante, on en pourra apporter une des Indes, qui aura tout ce que nous aurons mis dans notre description, et qui ne laissera pas de se faire connaître d'espèce différente : ainsi nous ne pourrons jamais déterminer *species infimas,* les espèces dernières » (NE II, 29, § 2). C'est ce genre d'éventualité que le progrès doit réduire, en trouvant un renouvellement à la matière des histoires dans une analyse qui démêlera davantage le détail des faits, en tirant du fond des idées confuses que nous en avons, les marques de « la contexture ou

47. Schneiders, 84.

constitution intérieure » des choses naturelles (NE III, 3, § 18) ; ce qui nous approcherait davantage d'une connaissance a priori de leur production, au lieu de seulement juxtaposer leurs caractères tirés des observations.

En cela il faut savoir toutefois que la continuité et la connexion qui s'appliquent partout ouvrent un champ illimité à cette exploration toujours plus fine du particulier, qui, pour un esprit fini, surpasse l'horizon de sa « science présente », mais qui sans doute n'atteint jamais non plus le singulier dernier, qui relève pour nous de la pratique : la moindre pierre, comme la sphère de marbre mise sur le tombeau d'Archimède, ouvre déjà, si l'on va au fond des choses, une perspective infinie : « C'est pourquoi dans les considérations individuelles ou de pratique, *quae versantur circa singularia,* outre la forme de la sphère il y entre la matière dont elle est faite, le lieu, le temps, et les autres circonstances, qui par un enchaînement continuel envelopperaient enfin toute la suite de l'univers, si on pouvait poursuivre tout ce que ces notions renferment » (GP 2, 39).

Ainsi n'est-ce pas une philosophie de l'histoire, mais bien au fond l'idée même de ce qu'est la nature, et de la manière dont nous la connaissons et la connaîtrons, en même temps que d'autres esprits plus puissants que n'est momentanément le nôtre, qui fait obstacle à l'acceptation d'une apocatastase qui serait un recommencement. Là où le calcul atteint ses limites s'ouvre alors le champ des hypothèses métaphysiques : le progrès de l'univers, sa nouveauté perpétuellement prorogée sont les plus vraisemblables ; elles vaudront démonstration par leur conformité avec l'harmonie des choses, qui s'accommode d'ailleurs de formes de déroulement du progrès entre lesquelles il n'y a pas de raison déterminante de choisir : qu'il soit continu ou par saut, et passe ou non par des périodes de recul (supra p. 59 et GP 3, 582 et 589).

§ 15. Telle est finalement l'ironie que recouvre le choix par Leibniz de l'intitulé d'Ἀποκατάστασις πάντων : une formule origéniste sert à nommer une conception du Retour qu'Origène combattait ; en même temps la reprise de l'acception stoïcienne de la formule s'accompagne d'une traduction « épicurienne ». Dans ce jeu subtil où les mots et les significations doctrinales permutent leurs dispositions, Leibniz exprime peut-être une sorte d'hésitation. Sans doute le rejet de l'apocatastase-retour laisse-t-il le champ libre sinon à l'acceptation franche, du moins à la considération indulgente de l'apocatastase-réconciliation. Leibniz a-t-il pour autant fait sienne la doctrine de la « salvation universelle » ? La question déborde assurément l'interprétation de l'opuscule que nous éditions ; pourtant sa teneur autant que son titre amènenet à la poser, au moins aux marges de notre interprétation.

Citant les écrits du couple Petersen et les *Parrhasiana* de Le Clerc[48], la *Théodicée* évoquait « plusieurs personnes pieuses, et même savantes, mais hardies », qui « ont renouvelé le sentiment d'Origène, qui prétend que le bien gagnera le dessus en son temps, en tout et partout, et que toutes les créatures raisonnables deviendront saintes et bienheureuses, jusqu'aux mauvais anges » (§ 17). Mais la défense de la Cause de Dieu s'en tient au dossier où la damnation éternelle reste considérée comme « doctrine établie » (§ 19), ce qui ne la rend pas absolument certaine, ni même tout à fait raisonnable. Il apparaît assez tout au long de sa plaidoirie que Leibniz s'emploie à réduire le champ d'application de la damnation, à suggérer aussi qu'un purgatoire temporaire suffirait à la sanction des fautes et à la justice de Dieu ; mais « quoiqu'il en soit il faut avouer que tout ce détail est problématique, Dieu nous ayant révélé ce qu'il faut pour craindre le plus grand des malheurs, et non pas ce qu'il faut pour l'entendre » (§ 272). Gaston Grua, en observant cette hésitation, soulignait que « l'hypothèse du purgatoire élargit le ciel, laisse même parfois espérer le salut de tous », quoique « cependant Leibniz n'ose affirmer le salut universel, avec Origène et ses émules modernes comme Petersen et Helmont ». Résumant ailleurs les marques de sympathie témoignée à Petersen par Leibniz, il y trouvait une « singulière souplesse d'esprit, ou habileté pour propager sans la patronner une hypothèse au moins possible et attrayante, car elle laisse, conformément à l'optimisme, le plus de champ à la bonté de Dieu sans compromettre sa justice, et se concilie mieux que les antithèses tranchées avec la métaphysique de la continuité ». Et si en cela Leibniz fait preuve d'un manque « de sens dramatique du péché »[49], ce serait au fond encore une manière indirecte de le rapprocher d'un Origène, dont Jean Danièlou observe pareillement qu'« il évacue le tragique de la des-

48. Voir note (19) au texte de l'Appendice II.

49. Nous citons successivement Grua (1) 516 et 344, (2) 213, et de nouveau (1) 521 et 281.

tinée humaine, le redoutable pouvoir que la liberté possède de refuser Dieu »[50]. Il est vrai qu'au sujet des esprits chagrins qui se complaisaient à évoquer la damnation de leurs adversaires religieux, Leibniz avouait : « Cela me déplait. Je n'aime pas les événements tragiques. Je souhaiterais que tout le monde fût à son aise » ; et pour ajouter, au moment où à Lünebourg Petersen commençait d'être mis en cause : « Et je ne voudrais pas non plus qu'on tourmentât ceux qu'on appelle les Chiliastes ou Millénaires, pour une opinion à laquelle l'Apocalypse paraît si favorable. La Confession d'Augsbourg semble n'être que contre les Millénaires turbateurs du repos public. Mais l'erreur de ceux qui attendent en patience le Royaume de Jésus Christ paraît très innocente » (A I, 7, 36 ; cf. aussi A I, 6, 548).

Quoiqu'il en soit l'*AP* s'en tient, en des termes semblables à ceux que l'on trouve dans d'autres fragments métaphysiques, comme bien sûr le *De rerum originatione radicali,* à l'évocation d'un progrès qui paraît bien ne concerner d'abord que le devenir des âmes humaines et le cours du monde dans les temps profanes de l'histoire et des Histoires. Mais pas plus que le genre humain ne peut être absolument privilégié et mis à part dans une Cité de Dieu ou République des esprits dont il « n'est qu'un fragment, une petite portion » (*Théodicée* § 146), la vie présente d'un homme en particulier n'est aussi qu'un « fragment » de « sa vie entière et perpétuelle », où il n'y a que « changement de théâtre » (A I, 13, 86). Aussi l'évocation leibnizienne du progrès ne se laisse pas diviser et fait vibrer en même temps toutes les harmoniques de sa métaphysique de la nature et de l'esprit comme de son inspiration religieuse. La commodité de l'analyse nous amènera à examiner un triple progrès : de monde, de l'humanité, de l'individu, — dont les textes, auxquels nous laisserons le plus souvent la place, entremêlent les desseins. C'est qu'en tout état de cause, la sommation des progrès individuels fait seule l'avancement du genre humain, comme le progrès des substances ou monades s'intègre dans la marche totale de l'univers.

On peut soutenir qu'en cela Leibniz a enrichi par une méditation ininterrompue une intuition qui était déjà nettement exprimée dans sa première philosophie, quand était affirmée l'impossibilité de transférer au monde dans sa plénitude la répétabilité des périodes astronomiques. Nous lisons en effet dans les manuscrits de

50. O.c., 281.

refonte de l'*Hypothesis physica nova* : « Il est certain toutefois que les complications non seulement des planètes, mais aussi de toutes les étoiles, sont tellement diversifiées qu'on ne peut douter qu'en un nombre presqu'inexprimable d'années une période entière des variétés de l'univers s'accomplirait, si elle doit jamais le faire. Mais pourtant, une fois introduit des esprits, tout ne revient pas ainsi à l'état antérieur, même si les aspects de toutes les étoiles revenaient autant de fois qu'on veut. Car il est impossible qu'un esprit oublie tout, et revienne de ce fait à l'état antérieur, et donc reproduise les mêmes actes. Or il suffit que les seuls esprits ne soient pas remis en l'état (*restitutis*), pour que l'Horloge de l'univers ne soit pas restaurée (*restituetur*), éternellement » (A VI, 3, 359-360 ; on n'oubliera pas que *restitutio* est la traduction d'ἀποκατάστασις). Ainsi est-ce par les esprits (*mentes*) et parce qu'ils sont doués de mémoire que le monde dans son ensemble échappe au Retour, qui est l'autre face de l'oubli[51]. Leibniz le redira peu après, dans les notes parisiennes d'avril 1676 : « Sitôt qu'ils sont produits sur ce théâtre, les esprits avancent de plus en plus » (A VI, 3, 510). De là la différence entre l'invariance qui régit les forces mécaniques et les lois du mouvement, d'un côté, la croissance en perfection de la science, de l'autre : « Est-ce que cet univers même croît continuellement en perfection, ou reste-t-il de la même perfection, ou en diminue-t-il ? La perfection totale des esprits paraît augmenter, celle des corps n'augmente pas, et telle est la vraie raison a priori pour laquelle les forces demeurent toujours les mêmes. Il y a toujours même puissance, mais notre science n'est pas toujours la même » (A VI, 3, 521-522).

1 — *Progrès mondial :*

Parce que le monde n'est pas gouverné seulement par les lois de mouvement mais qu'il observe aussi les causes finales, on peut dire que d'une certaine manière son progrès est l'occasion pour Dieu de quelque chose d'analogue au plaisir, qui suppose toujours le changement et la variation : « Le bonheur demande un progrès perpétuel à de nouveaux plaisirs et de nouvelles perfections »

51. Sur l'esprit et la mémoire voir Arthur Hannequin, *La première philosophie de Leibniz,* dans *Études d'Histoire et de Philosophie des sciences,* tome second, Paris, 1908, 157 sq. Écho de ces idées dans Rey, 308 : « L'impossibilité du retour éternel, l'impossibilité de toute possibilité (sic !) de retour éternel est au contraire la marque de l'interne, du subjectif, du règne de l'esprit ».

(Bod. 121 ; formule latine littéralement identique à celle qui clôt les *Principes de la nature et de la grâce,* § 18, GP 6, 606). C'est pourquoi, on croira « tout bien pesé, que le monde augmente continuellement en perfection, et ne revient pas en cercle, comme par une révolution ». Le plan de Dieu, à qui tout est présent, s'exécute en s'étalant dans le temps, dans un passage qui va de mieux en mieux, « sinon il n'y aurait pas de but à l'action. L'univers est tel jusqu'à présent qu'à l'instar d'une plante ou d'un animal il tend vers la maturité. Mais avec cette différence qu'il ne parvient jamais au plus haut degré de maturité, jamais non plus ne revient en arrière ni ne vieillit » (ib., 120-121). « Car rien n'étant hors de l'univers qui le puisse empêcher, il faut bien que l'univers avance continuellement et se développe » (GP 7, 543-541). Tel est « le progrès perpétuel et très libre de tout l'univers », qui va toujours à une culture supérieure (GP 7, 308). C'est aussi pourquoi, comme écrit fort bien Hans Blumenberg, « le monde ne serait pas le meilleur des mondes possibles s'il ne pouvait devenir meilleur dans la dimension de son histoire »[52] (comme le suggère *Théodicée* § 202 et Grua T 95, cité infra, p. 205).

2 — *Progrès humain en général :*

Aux cartésiens comme Régis, qui veulent étendre à la perfection de l'homme la même conservation que Dieu observe dans les lois générales du mouvement, on répliquera donc en concédant d'abord qu'il y a apparemment dans l'univers « des animaux raisonnables plus parfaits que l'homme », ensuite qu'il n'est pas impossible que certains soient de plus « forts ressemblants à l'homme » ; cela admis, il est concevable que les hommes passent dans le temps à des perfections que réalisent déjà des êtres avec lesquels ils coexistent sans le savoir ; en tout cas les lois du mouvement n'ont rien à voir quand il s'agit de ce qui détermine les esprits : « Il se peut même que le genre humain parvienne avec le temps à une plus grande perfection que celle que nous pouvons imaginer présentement » (*Théodicée* § 341).

Le progrès des sciences donne à cette possibilité un premier commencement d'actualisation. La maxime d'inspiration baco-

52. Blumenberg (2), 38, et (1), 145 : « Le paradoxe selon lequel le meilleur des mondes possibles doit pouvoir devenir encore meilleur, si on ne doit pas pouvoir en concevoir un meilleur qui, lui, le pourrait, détermine l'inadmissibilité de toute prédiction du retour du même ».

nienne « Naturam arti subjicere » (GP 4, 224) a déjà été mise en œuvre « au point que la plus grande partie de notre terre a reçu la culture et la recevra de plus en plus » (GP 7, 308), de sorte que la transformation qui humanise la nature extériorise la maturation même de l'esprit humain qui en connaît de mieux en mieux les lois. Il y a comme un principe général des causes finales, qui ordonne « le système du monde intelligible » que les esprits forment tous ensemble : elle fait qu'« à mesure que les esprits dominent dans la matière, ils y produisent des ordonnances merveilleuses. Cela paraît par les changements que les hommes ont fait pour embellir la surface de la terre, comme des petits Dieux qui imitent le grand architecte de l'univers, quoique ce ne soit que par l'emploi des corps et de leurs lois » (NE, IV, 3, § 27).

3 — *Progrès spirituel et individualité.*

D'où cela, sinon de ce que nous pensons, et de mieux en mieux, en distinguant toujours plus de variété et d'ordre en nos propres pensées ? C'est à l'individu enfin qu'il faut venir dans la double articulation qui noue l'une à l'autre la relève perpétuelle dans le temps d'esprits aux perceptions de plus en plus « distinguées » et l'ascension de chacun dans une éternité de joies intellectuelles renouvelées.

Au quasi-plaisir déjà évoqué de Dieu observant la réalisation pour le mieux de son œuvre répond en chaque substance spirituelle la jubilation de son épanouissement intérieur. Dès la *Confessio philosophi,* Leibniz associait pensée, plaisir, progrès : « Il n'y a point de pensée, et par suite de plaisir, sans nouveauté perpétuelle et sans progrès » (Conf. 85). Telle est la loi de toute pensée en effet, définie par le *De affectibus* de 1679 : elle se forme naturellement en série, qui est « une multitude avec une règle d'ordre » (Grua T, 526). Les séries s'ordonnent quant à l'origine selon la dualité du confus et du distinct : elles procèdent d'idées distinctes quand nous pensons les causes et les causes des causes, les effets et les effets des effets, mais aussi quand la loi de la série provient des degrés, des similitudes, des combinaisons (ibid., 523-4). Il y a enfin une cause de la détermination, qui fait passer d'une série à une autre quand les pensées d'une série enveloppent plus de perfection que celles de la précédente. Leibniz ajoute alors entre les lignes cette réflexion : « Tout devient de plus en plus parfait quoique par des périodes souvent longues et des reculs » (ibid., 526). C'est pourquoi la perfection de l'univers trouve sa raison concrète en ce qu'elle s'accroît par la perception de plus en plus distincte qu'en ont les esprits, qui est aussi leur jouissance : « Les âmes doivent-elles être toujours portées par périodes à des pensées qui expriment davantage ? S'il ne peut se faire qu'il y ait une perfection qui ne peut augmenter, il en résulte que la perfection de l'univers augmente toujours ; il est donc ainsi plus parfait que si elle n'augmentait pas. Le bonheur ne consiste pas en un dernier degré, mais en un accroissement perpétuel de joies » (Grua T, 95).

D'autres séries procèdent d'idées confuses : ce sont elles qui fournissent et renouvellent sans fin de quoi enrichir le développement des séries qui se distinguent ; elles sont ce fond de perceptions insensibles qui « constituent le même individu » et qui font « que les perceptions remarquables viennent par degré de celles qui sont trop petites pour être remarquées. En juger autrement c'est peu connaître l'immense subtilité des choses qui enveloppe toujours un infini actuel » (NE *Préface,* 42-43) : « les perceptions insensibles pour le présent se peuvent développer un jour, car il n'y a rien d'inutile, et l'éternité donne un grand champ aux changements » (II, 27, § 18).

Klaus Rüdiger Wöhrmann insiste justement sur cette idée que le progrès intime de l'esprit à des perceptions renouvelées est constitutif de l'individuation même et a une signification ontologique[53] : « *varia a me cogitantur* » c'est « *nova semper a me cogitantur* », et c'est cela être soi. Le retour du même individu « ailleurs » ou « en un autre temps » est exclu par le principe des indiscernables : la conscience psychologique de soi (la « consciosité ») ne fait pas l'identité d'un sujet, parce qu'elle ne distingue pas assez le fond d'individualité qui est impliqué dans les perceptions dont on ne s'aperçoit pas. Autrement « comment s'empêcher de dire que... deux personnes, qui sont en même temps dans... deux globes ressemblants, mais éloignés l'un de l'autre d'une distance inexprimable, ne sont qu'une seule et même personne ; ce qui est pourtant une absurdité manifeste ». La conception leibnizienne de l'idéalité de l'espace et du temps, qui ne fondent par eux-mêmes aucune différenciation réelle entre les choses, autorise la transposition des relations : en d'autres termes, ce qui est dit ici de deux sujets qui seraient en même temps en des lieux différents vaut pareillement pour deux individus qui vivraient en des temps différents dans le même lieu.

53. Wöhrmann, 47.

Accordée explicitement dans le cas de l'acceptation hypothétique du Retour (supra, p. 59), l'équivalence vaut *a fortiori* dans le cas de son rejet. Dans la coexistence comme dans la succession, une vraie différence interne doit fonder en nature la différence des sujets. Aussi l'équivalence partielle des perceptions distinguées de deux personnes très semblables recouvre une vraie diversité individuelle qui « consiste au moins dans les constitutions insensibles, qui se doivent développer dans la suite des temps » (NE II, 27, § 23)[54]. De plus au cours de ce développement le retour du même individu au même état est en soi contradictoire, s'il est vrai que « le passage au nouveau est le mode selon lequel s'accomplit pour le Moi son individuation », selon la forte formulation de K.R. Wöhrmann.

La continuation du progrès implique l'éternité de l'individu : « c'est une vérité certaine que chaque substance doit arriver à toute la perfection dont elle est capable, et qui se trouve déjà dans elle comme enveloppée. Il est encore bon de considérer que dans cette vie sensible nous vieillissons après être mûri, parce que nous approchons de la mort, qui n'est qu'un changement de théâtre ; mais la vie perpétuelle des âmes étant exempte de mort, est aussi exempte de de veillesse. C'est pourquoi elles avancent et mûrissent continuellement comme le monde lui-même dont elles sont les images » (GP 7, 543), fût-ce à l'occasion au prix de « reculer pour mieux sauter » (ibid., 548). C'est bien dans ce progrès d'éternité qu'on doit juger qu'un esprit n'a pas d'horizon de sa science future : « nous ne savons pas jusqu'où nos connaissances et nos organes peuvent être portés dans toute cette éternité qui nous attend » (NE II, 21, § 41). Ainsi la vie éternelle n'est pas un état, mais un devenir illimité[55].

La même loi qui trace la destinée singulière de chaque « esprit connaissant et recherchant la vérité » s'exprime dans un ordre selon lequel les esprits se suivent « sur ce théâtre » dans la suite des généalogies : tout se passe comme si la succession des hommes poursuivait dans le temps effectif de l'histoire la même ascension que chaque âme accomplit dans son éternité. Comme l'écrit Hans Blumenberg, ici « évolution et apocalypse convergent »[56]. Ici aussi vient

54. On retrouvera une citation plus détaillée de ce passage dans notre note (11) aux Textes VI-VII, p. 115.

55. Baruzi (2), 97, cf. Mahnke, 246 (n. 68-69) : « Leibniz ne défend pas un optimisme de l'être, mais du devenir et de la joie d'agir ».

56. Blumenberg (1), 143, et (2), 36.

s'inscrire l'évocation, plus suggérée qu'affirmée, de la relève du genre humain par des êtres raisonnables supérieurs, des esprits plus lumineux, qui seraient, après l'homme, plus qu'homme, et briseraient par là-même l'horizon de l'Éternel Retour : pour cette raison post-humaine, les théorèmes de la science pure s'allongeraient indéfiniment et s'approcheraient asymptotiquement du détail infini des futurs contingents et des plus infimes espèces naturelles.

Il résulte de cette idée du progrès et de sa mise en œuvre cette conséquence apparemment paradoxale qu'il ne s'opère pas par croissance externe, mais du dedans, par élucidation ; le progrès n'est pas extensif ou cumulatif, il est intensif ou expressif. La représentation qu'un esprit enveloppe en lui de son monde, et qui constitue sa substance en point de vue, est coextensive à l'universalité des choses qu'elle perçoit toujours plus ou moins confusément, plus ou moins distinctement aussi. « Grâce à l'infini enveloppé en chacun de nous, notre 'point de vue' est inrecommençable. Mais ce point de vue ne peut pas cesser, ni non plus se transformer d'un coup et radicalement »[57]. A la suite de ces lignes, Jean Baruzi insistait sur la richesse et la profondeur de l'idée de *détail*, enveloppée au cœur de la méditation leibnizienne. Or, on l'a vu précédemment, c'était aussi le passage au détail (*minutatim*) des vies individuelles qui permettait de mettre en évidence le caractère de l'histoire d'être la représentation d'enchaînements infiniment complexes d'un point de vue fini. Si minutieuse soit-elle, une histoire narrative, chronique, laisse toujours hors de son dire la plénitude du détail qui va à l'infini et fonde l'individualité et l'irrépétabilité des acteurs et des événements.

C'est pourquoi aussi, si le progrès s'opère par réflexion, on peut dire que notre présent le contient déjà : restes du passé, marques de l'avenir, et traces de tout l'univers[58]. En lui, sans plus attendre, nous avons à déterminer et promouvoir le progrès. Avec les autres, celui des sciences d'abord, en « allant plus loin » et en faisant « reculer nos frontières » : recollection et novation, inventaire et avancement seraient alors réciproques : « La revue exacte de ce que nous avons acquis faciliterait merveilleusement de nouveaux acquets ». Il suffirait d'ordonner « le principal dont tout le reste dépend » (GP 7, 158-159). Il n'y a pas à se reposer ni attendre, d'autant que « la tranquillité est un degré pour avancer vers la stu-

57. Baruzi (2), 99.
58. « Restes, traces, marques » : *Discours de Métaphysique*, art. 8, s.f.

pidité... Il faut toujours trouver quelque chose à faire, penser, projeter, pour le public et pour le particulier »[59]. C'est pourquoi derechef il faut choisir, sachant que la nature nous offre à connaître des richesses plus utiles et plus belles que l'écume de nos histoires : « Toute connaissance serait bonne s'il ne fallait du temps pour l'acquérir. Et comme il n'est rien de si précieux que le temps, puisque notre temps est notre vie, il faut préférer le plus utile, ou plutôt, le plus nécessaire... La connaissance de la nature passe toutes les autres curiosités. L'histoire humaine nous apprend les desseins des princes et les intrigues des hommes ; mais lorsqu'on connaît la nature, on est pour ainsi dire du conseil de Dieu » (LH IV, 8, f. 54)[60].

Et quant à nous mêmes, au plus intime de notre singularité, l'exploitation de « notre temps » fait l'extension, pour ce qui n'est que de nous, de notre vie. Il suffit de vouloir « creuser » dans ce présent, par une réflexion « qui n'est qu'une attention à ce qui est en nous » (NE, *Préface*). Le *détail*, là encore, fournit la solution : c'est le temps de l'ennui qui est court, parce qu'il est vide ; le temps s'allonge quand on le remplit : « La grandeur de la vie ne peut être estimée que d'après la multitude des actes : *'Ne contons pas les ans, les gestes font la vie' dit Ronsard dans un poème sur la mort de Charles IX*. Le temps n'apparaît grand que par la multitude des changements qui y arrivent. C'est pourquoi vivre longtemps est en notre pouvoir, si vraiment nous rendons sensibles les parties même des plus ténues de notre temps. On pourrait écrire une Dissertation sur la façon de prolonger la vie » (A VI, 3, 378)[61].

*

* *

En faisant suivre de ces quelques commentaires notre édition des textes, nous voulions seulement mettre en lumière ce qui nous est apparu depuis longtemps comme l'originalité et la force de la thèse de Leibniz dans l'exploitation d'idées et de thèmes qu'il traduit et recompose dans une parfaite rigueur de pensée et d'écri-

59. Lettre à Luise de Zollern, novembre 1705, citée Davillé, 708 note 7, et Mahnke, 586, note 212.

60. Cité par Baruzi (1), 444 et (2) 351-352.

61. Toute la phrase en italique est en français dans le texte. La citation exacte est : « L'âge ne sert de rien, les gestes font la vie », *Le Tombeau du feu Roy Tres-Chretien Charles IX* (1574). Beau commentaire de ce fragment de Leibniz dans Hochstetter, 18-19.

ture ; et suggérer la puissance créatrice du paradoxe qui fait qu'Horizon et Apocatastase sont devenus sous sa plume les points d'appui d'un brillant retournement du pour au contre.

Une dernière et simple observation permettra de confirmer qu'à aucun moment Leibniz n'a vraiment admis l'Éternel Retour comme une possibilité autre que théorique, qui devrait effectivement se produire. En effet, affirmer comme vrai l'Éternel Retour, c'est attester *qu'il a toujours déjà eu lieu* : « Quel que soit l'état que ce monde puisse atteindre, il doit l'avoir atteint, et cela non pas une fois, mais des fois innombrables. Ainsi ce moment présent a déjà existé bien des fois et reviendra de même... »[62]. Or toute l'argumentation des textes est prospective et la répétition du même n'y est jamais formulée autrement que comme un état à atteindre dans un temps futur : « *Tempus affuturum esse quo...* » Pas un instant Leibniz ne semble se laisser gagner, fût-ce pour l'évoquer comme une hypothèse complémentaire, par l'idée que les règles du calcul différentiel auraient pu déjà être énoncées. La *Nova Methodus* de 1686 promeut un usage inédit des signes dans l'expression d'une nouveauté qui a des antécédents et des prodromes, elle n'est pas une redite[63]. L'historiographie qui lui a coûté tant de temps en « distractions », Leibniz sait bien que ni lui, ni un autre ne l'a déjà extraite des fonds d'archives où en étaient conservés les « actes ».

Sans doute aussi, le « nouveau » leibnizien, *Nouvelle méthode de la jurisprudence,* ou *des maxima et minima, Système nouveau de la nature et de la communication des substances,* etc., n'est pas « moderne »[64]. Les *Nouveaux Essais* viennent précisément réfuter la table rase : la nouveauté y est de retrouver l'idée, vieille comme la pensée même, que l'innovation naît, subjectivement, de la mise au jour de ce que les « replis » de l'âme enveloppent originairement, et, historiquement, de la recollection du passé remémoré, où rien n'est à mépriser ni à perdre. C'est ainsi que nous inventons, en héritiers et continuateurs à qui il peut échoir d'accélérer l'histoire des découvertes, non d'en rompre la trame. Jamais Leibniz ne se pose comme premier absolument, jamais non plus comme dernier : ni Descartes, ni Hegel, plutôt un jalon, visible de loin, le point d'inflexion où se condense l'allure d'une courbe.

62. Nietzsche, o.c., § 323, 296.

63. Sur l'inventivité leibnizienne en mathématiques, voir les fines remarques dans l'Introduction de Marc Parmentier à : Leibniz, *Naissance du calcul différentiel,* Paris, 1989.

64. Cf. André Robinet : « Tradition, actualité et architectonique liebnizienne », *V. Int. Leibniz-Kongress 1988, Vorträge II,* Hannover, 1989, 314-328.

Si Leibniz n'entretient aucune illusion rétrospective sur le Retour, c'est bien parce qu'il croit à une Création au regard de laquelle « nous sommes encore dans l'enfance du monde » (Grua T, 272). Mais si ce qui est aujourd'hui n'est pas la copie, dans les mots et dans les faits, de ce qui était jadis, il est peu croyable que ce qui sera doive être à son tour la reproduction de ce qui est. Si la rétrospection est vide, la projection est aveugle, comme l'indique d'ailleurs assez le caractère formel des calculs de l'*Horizon*. L'anticipation de répétition, privée du soutien d'un impossible ressouvenir, se révèle ainsi définitivement pour ce qu'elle est : une fiction.

Bibliothécaire et logicien, historien et encyclopédiste, Leibniz nous aura ainsi averti qu'aucun système ne mettra pour toujours le savoir en mémoire, en mettant fin à l'invention. Ni qu'on ne ressuscitera du grand sommeil des archives toutes les vies enfouies dont les rencontres singulières tressèrent nos généalogies.

BIBLIOGRAPHIE

1 — LISTE DES ÉDITIONS DES ŒUVRES DE LEIBNIZ ET DES OUVRAGES LES PLUS SOUVENT CITÉS

A	*Sämtliche Schriften und Briefe,* édition de l'Académie prussienne des sciences (devenue Académie des sciences de Berlin), 1923-..., le chiffre romain désigne la Série, le premier chiffre arabe le volume, suivi de la pagination.
Bod	Eduard Bodemann : *Die Leibniz-Handschriften der Königlichen öffentlichen Bibliothek zu Hannover,* Hanovre-Leipzig, 1895.
C	*Opuscules et fragments inédits* édités par Louis Couturat, Paris, 1903.
C *Logique*	Louis Couturat : *La Logique de Leibniz d'après des documents inédits,* Paris, 1901.
D A C	*Dissertatio de Arte combinatoria,* Leipzig, 1666, citée d'après G P 4.
Dutens	*Leibnitii Opera omnia* ed. Ludovicus Dutens, Genève, 1768, I-VI, le chiffre romain désigne le tome, le premier chiffre arabe la division dans ce tome, s'il y a lieu.
F C	*Lettres et Opuscules inédits...* par A. Foucher de Careil, Paris, 1854.
G M	*Mathematische Schriften,* éd. par C.I. Gerhardt, 1-7 Halle, 1855-1863.
G P	*Die philosophischen Schriften,* éd. par C.I. Gerhardt, 1-7 Berlin, 1875-1890.
Grua J U	Gaston Grua : *Jurisprudence universelle et Théodicée selon Leibniz,* Paris, 1953.
Grua T	*Textes inédits* publiés par Gaston Grua, 2 vol. en pagination continue, Paris, 1948.

Klopp — *Die Werke von Leibniz...* Ed. d'Onno Klopp. Erste Reihe : Historisch-politische und staatswissenschaftliche Schriften, 1-11 Hanovre, 1864-1884.

Knobloch S — Eberhard Knobloch : *Die mathematischen Studien von G.W. Leibniz zur Kombinatorik,* S L Supp XI, 1973.

Knobloch T — *Die mathematische Studien von G.W. Leibniz zur Kombinatorik. Textband...* éd. par Eberhard Knobloch, S L Supp XVI, 1976.

L Br — Leibniz' Briefwechsel (correspondance de Leibniz, conservée à la Bibliothèque de Hanovre), avec indication de la cote.

L G — *Leibniz als Geschichtsforscher. Symposion... Ferrara 1980,* S L Sond 10, 1982.

L H — Leibniz' Handschriften (Manuscrits de Leibniz, conservés à la Bibliothèque de Hanovre), avec indication de la cote conforme à Bodemann.

S L — *Studia Leibnitiana,* Hanovre 1 (1969)-...

S L Sond — *Studia Leibnitiana, Sonderhefte,* avec numéro du Cahier.

S L Supp — *Studia Leibnitiana Supplementa,* avec numéro du volume.

Theodicée — *Essais de Theodicée sur la Bonté de Dieu, la Liberté de l'Homme et l'Origine du Mal,* Amsterdam, 1710, cités par §.

V E — *Vorausedition zur Reihe VI — Philosophische Schriften — in der Ausgabe der Ak. der DDR,* document ad usum collegialem (hors librairie) préparé par la Leibniz-Forschungsstelle de l'Université de Münster, 9 fascicules parus, 1982-1990, pagination et numérotation des textes (N) continues.

2 — RÉFÉRENCES BIBLIOGRAPHIQUES DE LA POSTFACE

(Nous ne mentionnons dans cette liste que les études qui ont nourri nos propres réflexions et qui se rapportent aux mêmes thèmes).

« Apokatastasis » « ἀποκατάστασις », « Eschatologie », « Horizont », Articles dans :
Historisches Wörterbuch der Philosophie, Hrsg Joachim Ritter, Bd. 1 et 3.
Reallexicon für Antike und Christentum, Hrsg Theodor Klauser, Bd. 1, Stuttgart, 1950.
Theologische Realenzyklopädie, Hrsg Gerhard Krause und Gerhard Müller, Bd. 10, Berlin-New York, 1982.
Theologisches Wörterbuch zum Neuen Testament, Hrsg Gerhard Kittel, Bd. 1, Stuttgart, 1933.

Baruzi Jean : (1) *Leibniz et l'organisation religieuse de la terre,* Paris, 1907.
(2) *Leibniz,* Paris, 1909.

BLUMENBERG Hans : (1) *Die Lesbarkeit der Welt,* Frankfurt-am-Main, 1981.
(2) « Eine imaginäre Universalbibliothek », *Akzente* 28 (1981), 27-40.

BORGE Jorge Luis : (1) *Histoire de l'Éternité,* trad. Roger Caillois et Laure Guille, coll. 10/18, Paris, 1964.
(2) *Fictions,* trad. P. Verdevoye, Ibarrara et Roger Caillois, coll. Folio, Paris, 1986.

BREGER Herbert : « Der Begriff der Zeit bei Newton und Leibniz », *Kasseler Philosophische Schriften,* Band 17, Kassel, 1987, 37-54.

BREKLE Herbert Ernst : « Die Idee einer generativen Grammatik in Leibnizens Fragmente zur Logik », *S L* 3 (1971), 141-149.

CADIOU R. : « Atomes et éléments graphiques », *Bulletin de l'Association Guillaume Budé,* 4e série, n° 3 (oct. 1958), 54-64.

CEÑAL Ramon : *La Combinatoria de Sebastian Izquierdo* « Pharus Scientiarum » (1659), *Disp. XXIX, De Combinatione.* Texto latino y traduccion española, Madrid, 1974.

CHOMSKY Noam : (1) *La linguistique cartésienne,* suivi de *La nature formelle du langage,* trad. fr. E. Delannoe et D. Sperber, Paris, 1966.
(2) *Le langage et la pensée,* trad. fr. L.J. Calvet, Paris, 1968.

COUMET Ernest : (1) « Mersenne : Dénombrements, Répertoires, Numérotations de Permutations », *Mathématiques et Sciences Humaines* 10 (1972), 5-37.
(2) « Des permutations au XVIe et au XVIIe siècles », in *Permutations. Actes du Colloque de Paris, juillet 1972,* Paris, 1974, 277-289.
(3) « Mersenne : 'Dictions' nouvelles à l'infini », *XVIIe siècle* (1975), 3-32.

CONZE Werner : *Leibniz als Historiker,* Berlin, 1951.

DANIÉLOU Jean : *Origène,* Paris, 1948.

DASCAL Marcelo : (1) « About the idea of a Generative Grammar in Leibniz », *S L* 3 (1971), 272-290.
(2) *La Sémiologie de Leibniz,* Paris, 1978.

DAVID Madeleine V. : *Le débat sur les écritures et l'hiéroglyphe aux XVIIe et XVIIIe siècles et l'application de la notion de déchiffrement aux écritures mortes,* Paris, 1965.

DAVILLE Louis : *Leibniz Historien,* Paris, 1909.

DERRIDA Jacques : *De la Grammatologie,* Paris, 1969.

DELEVSKI J. : « L'idée de cycle éternel dans l'histoire du monde », in *Studies and Essays in the History of Science and Learning offered in hommage to George Sarton,* ed. M.F. Ashley Montagu, New York, 1946.

DELSEDIME Piero : « L'infini numérique dans l'Arénaire d'Archimède », *Archive for the history of exact sciences* 6 (1970), 343-359.

DUHEM Pierre : *Le Système du Monde, Histoire des Doctrines cosmologiques de Platon à Copernic,* Tome 1 et 2, Paris, 1913 et 1914.

ETTLINGER Max : *Leibniz als Geschichtsphilosoph. Mit Beigabe eines bisher unveröffentlichten Leibnizfragments über 'Die Wiederherstellung aller Dinge' (*Ἀποκατάστασις πάντων), München, 1921.

GAUDIN Claude : « Lettres, chiffres, Figures comme langage formel de la Logique », *Acta Universitatis Lodziensis. Folia Philosophica* 7 (1990), 19-32.

GOLDSCHMIDT Victor : *Le Système stoïcien et l'idée de temps,* Paris, 1953.

GROSS Maurice et LENTIN André : *Notions sur les Grammaires formelles,* Paris, 1967.

GRUA Gaston : (1) *Jurisprudence universelle et Théodicée selon Leibniz,* Paris, 1953.
(2) *La Justice humaine selon Leibniz,* Paris, 1956.

HEINEKAMP Albert : (1) « Ars characteristica und natürliche Sprache bei Leibniz », *Tijdschrift voor Filosofie,* 34 (1972), 19-32.
(2) « Natürliche Sprache und allgemeine Charakeristik bei Leibniz », *Akten des II. Int. Leibniz-Kongresses 1972, SL Supp,* 15, Wiesbaden, 1975, 257-286.
(3) « Sprache und Wirklichkeit bei Leibniz », *History of linguistic thought and contemporary linguistics,* ed. Herman Parret, Berlin New York, 1976, 518-570.
(4) « Die Rolle der Philosophiegeschichte in Leibniz' Denken », in LG (vide infra).

HERMES Hans : « Ideen von Leibniz zur Grundlagenforschung : Die ars inveniendi und die ars iudicandi », in *Akten des Int. Leibniz-Kongresses 1966, SL Sup* 3, Wiesbaden 1969, 92-102.

HOCHSTETTER Erich : *Zu Leibniz Gedächtnis,* Berlin, 1948.

HÜBENER Wolfgang : (1) « Die notwendige Grenze des Erkenntnisfortschritts als Konsequenz der Aussagenkombinatorik nach Leibniz' unveröffentlichten Traktat 'De l'Horizon de la Doctrine Humaine' », in *Akten des II. Int. Leibniz-Kongresses 1972, SL Supp* 15, Wiesbaden, 1975, 55-71.
(2) « Leibniz — ein Geschichtsphilosoph ? », in LG (vide infra).

KNECHT Herbert : *La logique chez Leibniz,* Lausanne, 1981.

KNOBLOCH Eberhard : « The mathematical studies of G.W. Leibniz on combinatorics », *Historia Mathematica* 1 (1974), 409-430.

LEBLANC Hughes : « Deux rêves de Leibniz. Réflexions sur une lecture de Skolem et de Gödel », in *La Communication. Actes du XVe Congrès de l'Association des Sociétés de Philosophie de langue française 1971,* Tome 2, Montréal 1973, 139-199.

LEISEGANG Heinrich : « Palingenesia », in PAULY-WISSOWA *Realenzyklopädie* vol. 36-3, Stuttgart, 1949, 139-148.

LG : *Leibniz als Geschichtsforscher, Symposium des Istituto di Studi filosofici Enrico Castelli und der Leibniz-Gesellschaft 1980, SL Sond* 10, Wiesbaden, 1982 (vide Heinekamp, Hübener, Schneiders, Seifert).

LUNEAU Auguste : *L'Histoire du Salut chez les Pères de l'Église. La Doctrine des Âges du monde,* Paris, 1964.

MAHNKE Dietrich : *Leibnizens Synthese von Universalmathematik und Individualmetaphysik,* Halle, 1925.

MEHAT André : « 'Apocatastase'. Origène, Clément d'Alexandrie, Act. 3, 21 », *Vigiliae Christianae* 10 (1956), 196-214.

MOREAU Joseph : *L'Âme du Monde de Platon aux Stoïciens,* Paris, 1939.

MUGLER Charles : *Deux thèmes de la Cosmologie grecque : Devenir cyclique et Pluralité des mondes,* Paris, 1953.

MÜLLER Gotthold : « Origenes und die Apokatastasis », *Theologische Zeitschrift* 14 (1958), 174-190.

NAERT Émilienne : *Mémoire et Conscience de soi selon Leibniz,* Paris, 1961.

OLGIATI Francesco : *Il significato storico di Leibniz,* Milano, 1929.

REY Abel : *Le Retour éternel et la philosophie de la physique,* Paris, 1927.

RISSE Wilhelm : *Die Logik der Neuzeit, Band 2 : 1640-1780,* Stuttgart-Bad-Canstatt 1970.

ROSSI Paolo : *Clavis Universalis. Arti mnemoniche e logica combinatoria da Lullo a Leibniz,* Milano, 1960.

SCHEPERS Heinrich : (1) « Begriffsanalyse und Kategorialsynthese. Zur Verflechtung von Logik und Metaphysik bei Leibniz », in *Akten des Int. Leibniz-Kongresses 1966, SL Supp* 3, 1966, 34-49.
(2) « Glück durch Wissen », *Archiv für Begriffsgeschichte* 26 (1982).

SCHNEIDERS Werner : « Aufklärung durch Geschichte. Zwischen Geschichtstheologie und Geschichtsphilosophie : Leibniz, Thomasius, Wolff », in LG (vide supra).

SCHULENBURG Sigrid von der : *Leibniz als Sprachforscher,* hrsg. von Kurt Müller, Frankfurt-am-Main 1973.

SCHMITZ Hans Georg : *Übersetzung und Kommentierung des Apokatastasis-Fragments von Leibniz,* dactyl. sd. (= Frankfurt-am-Main 1963).

SEIFERT Arno : « Neuzeitsbewusstsein und Fortschrittsgedanke bei Leibniz », in LG (vide supra).

SERRES Michel : *Le Système de Leibniz et ses modèles mathématiques,* Paris, 1968.

STERLING M.C. : « Recent Discussions of eternal recurrence : some critical comments », *Nietzsche-Studien* 6 (1977), 261-291.

TOGNON Giuseppe : « 'Ad maiorem semper cultum' : limiti e calcolabilitá della perfectione dell'universo e dell'uomo nel pensiero di Leibniz », in *L'Infinito in Leibniz, problemi e terminologia,* Lessico intellettuale europeo, Roma, 1990, 157-172.

VUILLEMIN Jules : *Nécessité ou contingence. L'aporie de Diodore et les systèmes philosophiques,* Paris, 1984.

WÖHRMANN Klaus Rüdiger : « Leibniz' metaphysische Begründung der ars inveniendi », in *Akten des II. Int. Leibniz-Kongresses 1972, SL Supp* 15, Wiesbaden, 1975, 39-53.

ZUBOFF Arnold : « Nietzsche and eternal recurrence », in *Nietzsche : A Collection of critical Essays,* ed. Robert C. Salomon, New York, 1973.

TABLE DES MATIÈRES

POSTFACE : « *PLUS ULTRA* »

Photocomposé en Times et achevé d'imprimer en Juillet 1991
par l'Imprimerie de la Manutention à Mayenne
N° 245-91